개정7판

개념이해를 위한 운영체제

임성락 · 정원일 共著

21세기사

머 리 말

운영체제는 컴퓨터 시스템에서 가장 중요한 시스템 소프트웨어로써 컴퓨터 시스템의 자원을 효율적으로 관리하고 사용자에게 편의성을 제공하기 위한 프로그램이다. 컴퓨터 시스템을 사용해 본 사람이라면 누구나 운영체제를 접해 본 경험이 있으며 그 중요성을 인식하고 있을 것이다. 운영체제의 복잡성 때문에 대부분의 일반 사용자들은 오로지 사용법에만 관심이 있으며 컴퓨터 시스템의 동작 원리 곧 프로그램이 실행되는 원리에 관해서는 관심이 없다. 그러나 컴퓨터를 전공하는 학생이라면 컴퓨터 시스템에서 가장 중요한 시스템 소프트웨어인 운영체제를 반드시 공부해야 한다.

필자의 경험에 의하면, 컴퓨터와 관련된 전문가가 되길 원한다면 운영체제에서 사용되고 있는 기본개념들에 대한 정확한 이해가 절대적으로 요구된다. 다시 말해서, 운영체제를 모르고서는 컴퓨터와 관련된 어느 분야의 전문가도 될 수 없을 것이다. 물론, 운영체제의 도움 없이도 프로그램은 실행될 수 있지만, 향후 프로그래머로서 여러분이 주로 개발하게 될 프로그램은 반드시 운영체제의 도움이 필요한 응용 프로그램이기 때문이다. 또한, 새로운 운영체제가 발표될 때마다 운영체제에서 사용되고 있는 기본개념들에 대한 이해 없이 어떻게 운영체제의 선택을 결정하고 적응할 수 있겠는가?

운영체제에 관련된 대부분의 전문 서적들은 마치 새로운 운영체제를 설계하고 구현할 수 있을 정도의 전문가 수준의 기법들을 다루고 있으며, 그 범위도 분산 시스템 및 네트워크를 포함하여 너무 방대함으로 한 학기 강좌로 진행하기엔 항상 부담이었다. 이러한 현실적인 부담을 개선하고자 단일 처리기 시스템에서 다중 처리를 지원하는 범용 운영체제의 기본적인 개념을 중심으로 설명하였으며, 이들에 대한 이해를 돕기 위하여 리눅스 커널에서의 적용 사례를 소개하였다.

이 책에서는 운영체제를 컴퓨터 시스템이 보유하고 있는 자원을 효율적으로 관리하고, 사용자에게 편의성을 제공하기 위하여 여러 가지의 루틴들이 유기적으로 결합 된 집합체로 정의하고, 컴퓨터 시스템이 보유하고 있는 자원들을 관리하기 위한 기법들을 설명하였다. 1장에서는 운영체제의 정의, 필요성 및 중요성에 대한 이해를 돕기 위하여 컴퓨터 시스템의 동작 원리를 설명하였으며 나머지 부분에서는 프로세스(2, 3, 4장), 메모리(5장), 파일(6장)로 구분하여 각각에 대한 관리 기법들을 설명하였다. 마지막으로 리눅스 환경에서 실습에 필요한 vi 편집기, 리눅스 기본 명령어를 부록에 수록하였다.

운영체제의 기본개념들을 이해하는 데 많은 도움을 주기 위하여 이상과 같은 내용으로 구성하였으나 부족한 점은 앞으로 계속 보완할 것을 약속하며 독자 여러분의 많은 충고를 바란다.

끝으로 원고 정리에 수고해주신 21세기사 편집실 여러분과 이 범만 사장님께 감사드립니다.

2023년 02월

저 자 씀

목 차

제1장 운영체제

운영체제란 무엇인가? 이 장에서는 시스템 관점에서 운영체제를 정의해 본다. 운영체제의 필요성을 컴퓨터 시스템의 기본 동작 원리를 중심으로 살펴보고 사용자와 입출력 장치 사이의 인터페이스를 위한 운영체제 진입점에 대하여 알아본다. 마지막으로 운영체제의 사례로써 리눅스 커널을 소개하고 예제 프로그램을 통하여 운영체제를 이해하는데 필요한 기본개념을 확인한다.

1.1 개요

운영체제란 무엇인가? 운영체제는 컴퓨터 시스템에서 실행되고 있는 가장 기본적인 소프트웨어 중의 하나로써 컴퓨터 시스템을 사용해 본 사람이면 누구나 운영체제를 접해 본 경험이 있다. 그러함에도 불구하고 운영체제를 명확하게 정의하기란 쉽지 않다. 왜냐하면 "운영체제란 이런 것이다"라고 정의된 후에 운영체제가 나타난 것이 아니고, 컴퓨터 시스템을 보다 효율적이고 편리하게 이용할 목적으로 개발된 단순 프로그램에서 출발하여 복잡하고 다양한 형태의 프로그램으로 발전해 오고 있기 때문이다.

운영체제는 그림 1.1과 같이 하드웨어와 사용자 혹은 응용 프로그램 사이에 위치하고 사용자들은 주로 응용 프로그램을 통하여 컴퓨터 시스템을 사용하기 때문에 운영체제를 인지하지 못할 수도 있다.

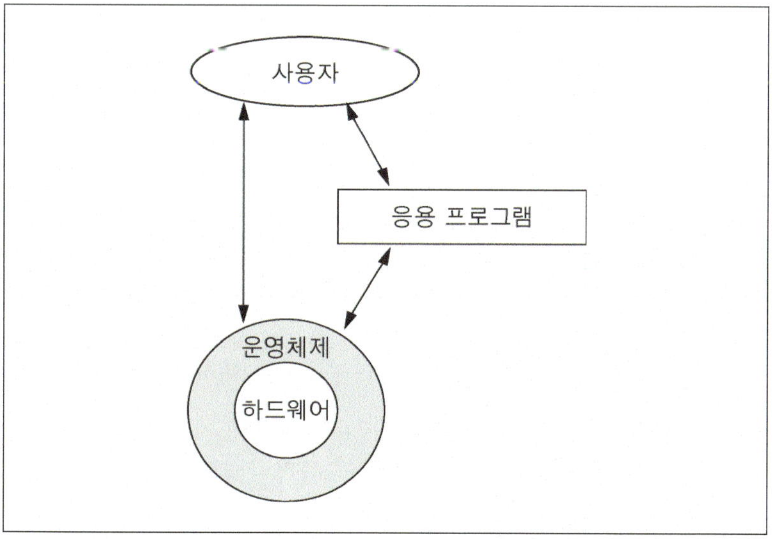

[그림 1.1] 운영체제 위치

일반적으로 운영체제는 “응용 프로그램의 실행을 제어하고 컴퓨터 시스템의 입출력 장치와 사용자 사이의 인터페이스 역할을 하는 프로그램”으로 정의되고 있지만, 운영체제를 바라보는 관점에 따라 다양하게 정의할 수 있다. 예를 들어 시스템 사용자 입장은 “컴퓨터 시스템을 보다 더 편리하게 사용할 수 있는 환경을 제공해 주는 프로그램”으로 정의할 수 있을 것이고, 시스템 관리자 입장은 “컴퓨터 시스템의 자원들을 효율적으로 이용할 수 있도록 제어하는 프로그램”으로 정의할 수 있을 것이다.

그러나 운영체제마다 그 역할과 기능들이 매우 다양하므로 운영체제를 한마디로 정의하기란 쉽지 않다. 따라서 운영체제를 명확하게 정의하기 위해서는 기존의 운영체제들이 가지고 있는 공통적인 속성을 살펴보고, 컴퓨터 시스템의 동작 원리를 중심으로 응용 프로그램들이 실행되는 원리를 이해하는 것이 매우 중요하다.

이 책에서는 시스템 관점에서 운영체제를 정의해 보도록 한다. 사전적으로 시스템(system)은 “어떤 주어진 목적을 달성하기 위하여 여러 개의 구성요소가 유기적으로 결합 된 집합체”를 의미한다. 그렇다면 운영체제(operating system)도 하나의 시스템이기 때문에 주어진 목적과 그 목적을 달성하기 위한 구성요소들이 있을 것이다.

1.1.1 운영체제 목적

먼저, 운영체제가 추구하는 목적에 대하여 알아보자. 기존의 운영체제들이 가지고 있는 속성들을 살펴볼 때 이들이 추구하는 주된 목적은 컴퓨터 시스템 자원의 효율적 관리와 사용자의 편의성 제공이라 할 수 있다.

운영체제가 관리해야 할 컴퓨터 시스템 자원에는 CPU, 메모리, 디스크, 프린터, 키보드 등과 같은 하드웨어는 물론 파일, 서비스 루틴과 같은 소프트웨어가 있음을 유의하자. 컴퓨터 시스템마다 보유하고 있는 자원의 종류는 다르지만, 그 보유량은 모두 제한적이다. 따라서 컴퓨터 시스템을 보다 경제적으로 이용하기 위해서는 제한된 자원들에 대한 효율적인 관리 기능이 요구된다.

또한, 사용자의 편의성이란 사용자의 프로그램 작성 및 실행을 쉽게 할 수 있는 환경을 의미한다. 예를 들어 하나의 프로그램을 작성하여 이를 실행시키기 위한 일련의 모든 작업을 사용자가 직접 해야 한다면 얼마나 어렵고 복잡하겠는가?

따라서 기존의 운영체제들이 추구하는 궁극적인 목표는 자원의 이용률과 사용자의 편의성을 극대화하는 것이다. 그러나 이 두 가지의 목표는 서로 이율배반적(trade-off)으로 하나가 좋아지면 다른 것은 나빠짐을 유의하자. 다시 말해서 많은 자원을 유지하면 사용자의 편의성은 좋아지겠지만, 많은 자원을 유지하다 보면 자원의 이용률은 떨어지기 때문이다.

1.1.2 운영체제 구성요소

다음으로, 운영체제가 추구하는 목적을 달성하기 위하여 어떠한 구성요소들이 유기적으로 결합 되어 있는지를 알아보자. 운영체제의 구성요소는 컴퓨터 시스템의 용도에 따라 차이가 있겠지만, 기존 운영체제들의 구조를 살펴볼 때 기본적으로 그림 1.2와 같이 관리하는 대상에 따라 CPU 관리 루틴, 메모리 관리 루틴, 파일 관리 루틴, 입출력 장치 관리 루틴, 그리고 사용자 인터페이스를 담당하는 루틴들로 구성되어 있다. 이 루틴들은 독립적인 것이 아니고, 서로 다른 루틴에 존재하는 함수들의 상호 호출 관계를 유지하면서 결합 되어 있다.

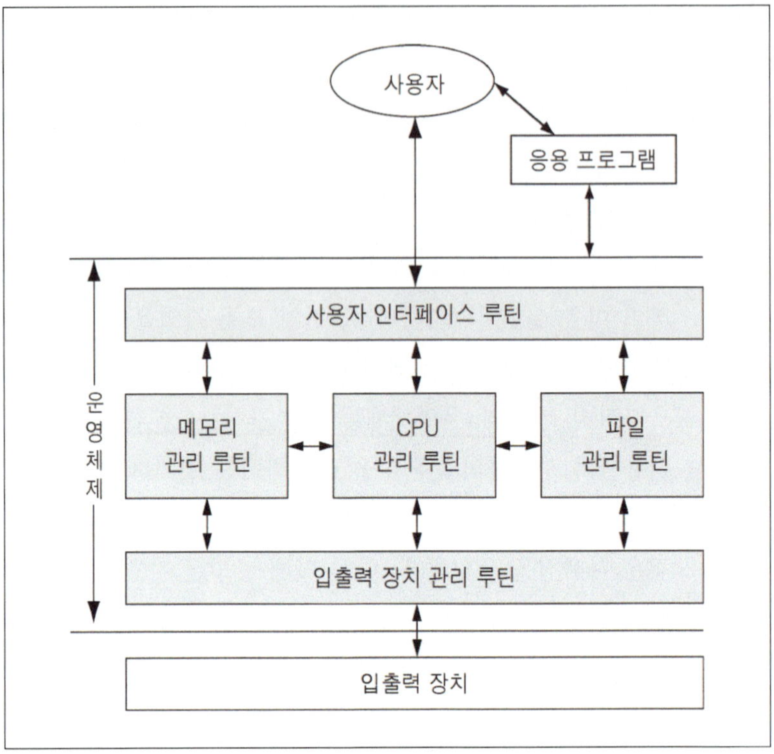

[그림 1.2] 운영체제 구성요소

결론적으로 시스템 관점에서 볼 때, 운영체제란 "컴퓨터 시스템이 보유하고 있는 자원들을 효율적으로 관리하고 사용자에게 편의성을 제공하기 위하여 CPU 관리, 메모리 관리, 파일 관리, 입출력 장치 관리, 그리고 사용자 인터페이스를 담당하는 루틴들이 유기적으로 결합한 프로그램"이라고 정의할 수 있을 것이다.

1.2 운영체제 필요성

초기 컴퓨터 시스템에는 운영체제가 없었다. 프로그램 작성에서부터 실행을 위한 일련의 모든 작업을 컴퓨터 시스템 사용자가 직접 해야 하므로 컴퓨터 시스템 사용이 매우 불편함은 물론 비싼 컴퓨터 시스템 자원의 이용률이 매우 저조하였다. 따라서 사용자의 불편함을 덜어주고 컴퓨터 시스템 자원의 이용률 향상을 위한 프로그램 즉 운영체제 개발이 요구되었다.

이러한 요구를 제공하기 위하여 출발한 초기의 운영체제는 단순 모니터 프로그램 수준이었다. 그러나 운영체제는 컴퓨터 시스템의 하드웨어와 매우 밀접한 관계가 있으므로 새로운 하드웨어가 개발됨에 따라 계속 발전하게 되어 오늘날에는 복잡한 형태의 다양한 운영체제들이 존재한다.

1.2.1 컴퓨터 시스템 동작 원리

운영체제 필요성의 이해를 돕기 위하여 컴퓨터 시스템의 동작 원리에 대하여 살펴보도록 하자. 컴퓨터 시스템은 하드웨어와 소프트웨어로 구성되며 소프트웨어는 하드웨어에 의해 실행된다. 컴퓨터 시스템의 하드웨어는 그림 1.3과 같이 CPU, 메모리, 그리고 다양한 종류의 입출력 장치들로 구성되어 있다.

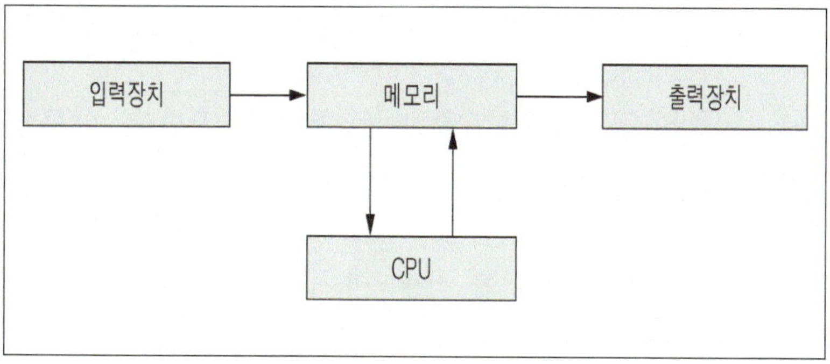

[그림 1.3] 컴퓨터 시스템의 하드웨어 구성요소

그림 1.3에서 CPU(중앙처리장치: Central Processing Unit)는 메모리에 적재된 명령어(instruction)를 처리하는 장치이다. 메모리에 적재된 일련의 명령어 집합이 곧 기계어로 작성된 프로그램이다. 메모리에 적재된 프로그램의 명령어가 처리되고 있을 때 우리는 "프로그램이 실행되고 있다"라고 말한다. 결국, 프로그램은 CPU에 의해 실행되는 것이다.

이때 CPU는 메모리에 적재된 프로그램에 포함된 여러 명령어 중에서 어느 명령어를 처리해야 할까? 이를 위하여 CPU 내부의 PC(Program Counter) 레지스터를 사용한다. 즉 PC 레지스터의 값에 해당하는 메모리 주소에 적재된 명령어를 CPU 내부로 읽어와 처리한다. 결국, 컴퓨터 시스템에 전원이 가해지는 순간부터 CPU는 PC 레지스터의 값에 해당하는 메모리 주소에 적재된 명령어 처리하기를 반복할 것이다. 만약 읽어온 명령어를 처리할 수 없으면 프로그램 실행은 진행되지 않을 것이다. 따라서 컴퓨터 시스템의 동작원리는 기계어로 작성된 명령어들의 집합, 곧 프로그램을 메모리에 적재시켜놓고, CPU가 그 명령어들을 하나씩 처리하도록 PC 레지스터의 값을 조작하는 것이다.

예를 들어, 개인용 컴퓨터(IBM 호환 PC)에서 사용되고 있는 i80x86 계열의 CPU는 CS, EIP 레지스터가 PC 레지스터 역할을 담당한다. 이 컴퓨터에 전원이 가해지는 순간 CS:EIP 레지스터의 초깃값은 F000:FFF0로 설정된다. CPU는 CS:EIP 레지스터의 값을 사용하여 메모리 주소를 FFFF0로 변환하고, FFFF0 번지에 적재된 명령어를 메모리로부터 읽어와 처리를 시도한다. 이 주소에 적재된 명령어가 바로 BIOS(Basic Input Output System)라고 일컫는 프로그램의 첫 번째 명령어이다. 한편, 이 프로그램은 전원이 가해지기 전부터 메모리에 적재되어 있어야 하므로 비휘발성 메모리인 ROM을 사용하고 있어 일반적으로 이 프로그램을 "ROM-BIOS"라고 부른다.

ROM-BIOS의 첫 번째 명령어부터 시작하여 CS:EIP 레지스터의 값에 따라 해당 명령어가 실행될 것이다. ROM-BIOS의 마지막 명령어는 부팅 디바이스(예: HDD, FDD,...)로부터 부트 프로그램(boot program)을 메모리 7C00 번지에 적재하고, CPU는 7C00 주소에 적재된 명령어, 즉 부트 프로그램의 첫 번째 명령어부터 시작하여 CS:EIP 레지스터의 값에 따라 해당 명령어가 실행된다.

부트 프로그램은 부팅 디바이스로부터 운영체제를 메모리에 적재한 후, CS:EIP 레지스터의 값을 운영체제가 적재된 메모리 주소로 설정함으로써 운영체제 프로그램이 초기화된다. 마지막으로 운영체제가 초기화된 후, 바탕화면 혹은 명령어를 받아들이기 위한 프로그램이 메모리에 적재된 후 무한 루프를 돌면서 입력 장치를 통한 사용자의 명령어를 기다리게 된다. 이 단계에 이르면 "컴퓨터 시스템이 정상적으로 부팅되었다"라고 말한다. 이처럼 운영체제의 도움 없이도 프로그램(예: ROM-BIOS, 부트 프로그램)을 실행시킬 수 있다.

그러나 응용 프로그램을 실행시키고자 할 경우, 정상적으로 부팅된 후 사용자는 그 프로그램에 해당하는 아이콘을 더블클릭하거나 파일명을 직접 입력하면 된다. 그러나 파일명에 해당한 응용 프로그램이 실행되기 위해선 부팅 과정에서와 마찬가지로 그 프로그램이 저장된 보조 기억 장치로부터 메모리로 적재되고, CPU의 CS:EIP 레지스터의 값이 프로그램이 적재된 메모리 주소로 설정되어야 한다. 이러한 복잡하고 어려운 과정을 운영체제가 서비스해 주기 때문에 사용자는 컴퓨터 시스템에서 응용 프로그램을 쉽게 실행할 수 있다.

지금까지 살펴본 바와 같이 응용 프로그램을 실행시키기 위하여 바탕화면에서 아이콘을 마우스로 더블클릭하거나 키보드로 파일명을 입력했을 경우, 보조 기억 장치에 저장된 해당 프로그램이 실행되기 위해서는 기본적으로 다음과 같은 기능들이 요구된다.

- 인터럽트 처리 : 마우스 혹은 키보드 인터럽트를 처리한다.
- 파일 관리 : 응용 프로그램을 보조 기억장치에서 찾는다.
- 메모리 관리 : 메모리의 빈 공간을 찾는다.
- 입출력 장치관리 : 응용 프로그램을 메모리로 적재한다.
- CPU 관리 : CPU를 할당한다.

이처럼 프로그램 실행에 필요한 여러 가지 기능들을 운영체제에서 제공하기 때문에 일반 사용자들은 컴퓨터 시스템에서 응용 프로그램을 쉽게 실행시킬 수 있다. 따라서 이러한 기능들을 제공하는 운영체제에서 사용하고 있는 개념과 기법들을 이해하는 것이 매우 중요하다.

1.2.2 다중 프로그래밍

다중 프로그래밍(multi-programming)은 CPU 이용률(utilization)을 극대화하기 위하여 고안된 기법으로써 운영체제 발전과정의 커다란 전환점이 되었다. 프로그램이 실행되는 과정에서 입출력 요구가 발생하게 되면 입출력 처리가 완료될 때까지 CPU는 유휴 상태에서 기다리게 된다. 이 시간을 "CPU의 유휴 시간(idle time)"이라고 한다. 다중 프로그래밍의 기본개념은 여러 개의 프로그램을 메모리에 적재시켜놓고 하나의 프로그램이 실행되는 과정에서 CPU의 유휴 시간이 발생할 경우, 운영체제에서 다른 프로그램이 실행되도록 CPU 할당을 전환함으로써 CPU 이용률을 향상하는 것이다.

다중 프로그래밍 기법은 컴퓨터 시스템 내부에서 여러 개의 프로그램이 동시에 처리되는 것과 같은 효과를 얻을 수 있다. 또한, 컴퓨터 시스템에서 단위 시간당 처리되는 프로그램의 수 즉, 시스템의 처리율(throughput)이 향상될 수 있다. 예를 들어 그림 1.4와 같이 실행과 대기를 반복하는 두 개의 프로그램이 처리될 경우, CPU 이용률과 시스템 처리율을 계산해보자.

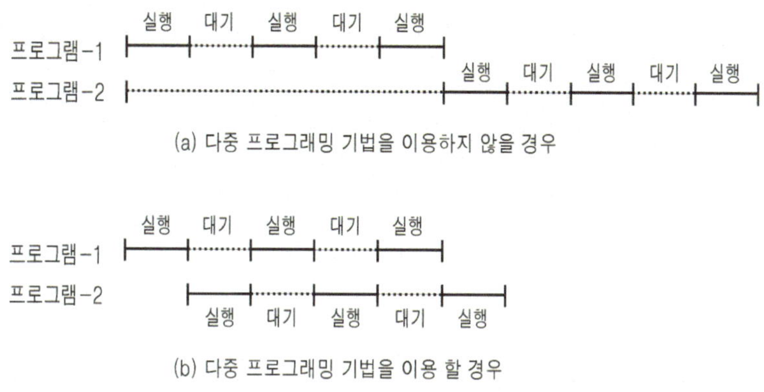

[그림 1.4] 다중 프로그래밍 기법

그림 1.4에서 프로그램-1과 프로그램-2는 모두 5초 동안 1초 실행과 1초 대기를 반복한다. 5초 동안 CPU 사용 시간은 3초이고, CPU의 유휴 시간은 2초이다. 그림 1.4(a)와 같이 다중 프로그래밍 기법을 이용하지 않을 경우, 두 개의 프로그램이 처리되는 데 걸리는 시간은 10초가 소요된다. 그 중 CPU 사용 시간은 6초이며 나머지 4초는 대기하는 데 소요된다. 따라서 CPU의 이용률은 60%이고 처리율은 2/10(프로그램/초)이다.

반면 그림 1.4(b)와 같이 다중 프로그래밍 기법을 이용하여 처리할 경우, 두 개의 프로그램이 처리되는 데 걸리는 시간은 6초가 소요된다. 그 중 CPU 사용 시간은 6초이며 대기하는 데 소요된 시간은 없다. 따라서 CPU 이용률은 100%이고 처리율은 2/6(프로그램/초)이다. 결국, 다중 프로그래밍 기법을 이용함으로써 CPU의 이용률과 시스템의 처리율이 향상됨을 알 수 있다.

그러나 다중 프로그래밍 기법을 이용하여 CPU의 이용률과 시스템의 처리율 향상 효과를 얻기 위해서는 프로그램이 실행되는 과정에서 실행과 대기가 적절히 발생해야 하며 반드시 여러 개의 프로그램이 메모리에 존재해야 한다. 따라서 이 기법을 지원하기 위한 운영체제는 여러 개의 프로그램을 적재시키기 위한 메모리의 분할 및 할당과 메모리에 적재된 여러 개의 프로그램 중에서 어느 것을 선택할 것인지를 결정하는 CPU 스케줄링과 같은 다양한 기법들이 요구된다. 결국, 다중 프로그래밍 기법은 운영체제 발전과정에서 커다란 전환점이 되었으며 운영체제의 복잡성을 초래하였다.

1.2.3 운영체제 기능

1.1절에서 살펴본 바와 같이 운영체제의 목적은 자원을 효율적으로 관리하면서 사용자에게 프로그램 개발 및 실행을 위한 편리한 환경을 제공하는 것이다. 이를 위하여 운영체제는 기본적으로 다음과 같은 기능 제공이 요구되며 이 모든 기능을 효율적으로 수행하는 것이 매우 중요하다.

① CPU 관리 : 프로그램 실행 및 종료, 프로그램 간의 CPU 공유 등의 기능을 제공한다.

② 메모리 관리 : 메모리의 사용 및 빈 영역을 관리하여 새로운 영역의 요구와 사용 영역의 반납 등의 기능을 제공한다.

③ 파일 관리 : 사용자가 입력한 프로그램이나 데이터를 파일 형태로 보조기억장치에 저장하고 사용자의 요청에 따라 해당 파일을 보조 기억장치로부터 읽어 들이는 등의 기능을 제공한다.

④ 입출력 장치 관리 : 실행 중인 프로그램에서 필요로 하는 입출력 장치들을 사용할 수 있도록 관리하는 기능을 제공한다.

⑤ 네트워킹 : 서로 다른 컴퓨터 시스템 간의 통신을 위한 네트워

킹 기능을 제공한다.

⑥ 보호 : 효율적인 자원 관리를 위해 공유하는 자원에 대한 보호 기능을 제공한다.

⑦ 오류 처리와 복구 : 컴퓨터 시스템의 오류를 탐지하며, 이를 복구하거나 사용자에게 경고하는 기능을 제공한다.

1.3 운영체제 진입점

그림 1.2와 같이 사용자 혹은 응용 프로그램은 운영체제를 통하여 입출력 장치를 사용한다. 운영체제는 사용자 혹은 응용 프로그램 사이의 인터페이스 역할을 담당한다. 이러한 역할을 담당하기 위해서는 운영체제로의 진입점(entry point)이 있어야 한다. 다시 말해서 CPU의 PC 레지스터의 값이 사용자 프로그램이 적재된 메모리 주소에서 운영체제가 적재된 메모리 주소로 변경되어야 한다.

그러나 다중 프로그래밍 환경에서는 다수의 사용자 프로그램들은 하나의 운영체제를 공유하면서 실행되기 때문에 운영체제를 보호하기 위한 통제된 진입점이 요구된다. 운영체제로의 진입을 통제하기 위하여 프로그램의 실행 모드를 두 가지(사용자 모드, 커널 모드)로 구별한다. 일반적으로 CPU의 프로그램 상태 레지스터(PSW: Program Status Word)를 이용하여 프로그램의 실행 모드를 구별한다.

운영체제는 사용자의 응용 프로그램과 운영체제가 사용하는 메모리 영역을 사용자 영역과 운영체제 영역으로 분리하여 관리한다. 사용자 프로그램을 사용자 영역을 사용하며 운영체제 영역을 직접 접근할 수 없다. 응용 프로그램은 사용자 모드에서 실행되고, 운영체제는 반드시 커널 모드에서 실행되도록 제한한다. 예를 들어 입출력 장치를 사용하기 위한 명령어를 포함하여 특정 명령어들은 사용자 모드에서는 실행할 수 없으며 반드시 커널 모드에서 실행해야 한다. 또한, 응용 프로그램은 사용자 모드에서 실행되는 반면 운영체제는 커널 모드에서 실행되도록 한다. 따라서 응용 프로그램에서 운영체제의 서비스를 이용하려면 반드시 사용자 모드에서 커널 모드로 모드 변환을 거치도록 함으로써 운영체제로의 진입을 통제한다. 이러한 모드 변환은 시스템 호출(system call), 인터럽트(interrupt) 그리고 예외 현상(exception)과 같은 사건이 발생 될 경우만 허용되며 이것이 운영체제로의 진입점이다. 따라서 운영체제는 이러한 운영체제로의 진입점을 지원하기 위한 각각의 서비스 루틴을 가지고 있어야 한다.

1.3.1 시스템 호출

시스템 호출(system call)은 사용자 프로그램과 운영체제 사이의 인터페이스 수단으로써 사용자 프로그램에서 운영체제 내부의 함수 호출을 의미한다. 사용자 모드에서 사용자 프로그램 내부의 함수를 호출할 경우, 직접 호출할 수 있지만, 커널 모드에서 실행되는 운영체제 내부의 함수는 직접 호출할 수 없다. 사용자 모드에서 커널 모드로 변환하기 위한 진입점이 필요하다. 이 진입점이 바로 시스템 호출이며, 운영체제에 대한 프로세스의 모든 서비스 요청은 시스템 호출을 통해 이루어진다. 따라서 사용자 모드에서 사용자 프로그램이 실행되고 있는 동안에 시스템 호출이 발생하면 이를 처리하기 위하여 운영체제로 진입하게 된다. 시스템 호출을 처리하는 커널 코드는 실행 중인 프로세스의 문맥 속에서 실행된다. 사용자 프로그램은 시스템 호출을 통하여 운영체제 서비스를 사용할 수 있으므로 API(Application Programming Interface) 함수라고도 부른다.

1.3.2 인터럽트

인터럽트(interrupt)는 입출력 장치에서 CPU로 보내는 신호로써 CPU와 입출력 장치 사이의 인터페이스 수단이다. CPU는 입출력 장치에 제어 신호를 보내고, 입출력 장치는 CPU에 인터럽트 신호를 보낸다. 일반적으로 인터럽트가 발생하면 CPU는 실행하던 프로그램을 잠시 중단하고 인터럽트 처리 루틴을 실행한 후, 중단된 프로그램의 실행을 재개한다. 이러한 인터럽트는 언제 발생할지 예상할 수 없으므로 인터럽트 처리 루틴을 운영체제 내부에 구현한다. 따라서 사용자 모드에서 프로그램이 실행되고 있는 동안에 인터럽트가 발생하면 인터럽트 처리 루틴을 실행하기 위하여 운영체제로 진입하게 된다. 인터럽트를 처리하는 커널 코드는 실행 중인 프로세스의 문맥 속에서 실행된다.

1.3.3 예외 현상

예외 현상(exception)은 프로그램이 실행되는 중에 CPU 내부에서 발생하는 치명적인 오류 현상이다. 예를 들어 " i = j / k"와 같은 나누기 연산 명령어를 처리하는 과정에서 k 값이 0일 경우와 같이 "0으로 나누기(divide by zero)"를 수행해야 하는 오류에 해당한다. 이러한 오류는 인터럽트처럼 언제 발생할지 예상할 수 없고 신속하게 처리되어야 하므로 일반적으로 예외 현상 처리 루틴은 인터럽트 처리 루틴과 함께 운영체제 내부에 구현된다. 따라서 사용자 모드에서 프로그램이 실행되고 있는 동안에 예외 현상이 발생하면 예외 현상 처리 루틴을 실행하기 위하여 운영체제 모드로 변환되어 운영체제로 진입하게 된다.

1.4 리눅스 커널

1991년 리누스 토발스(Linus Torvalds)에 의해 개발된 리눅스는 1970년대 초 켄 톰슨(Ken Thompson)에 의해 개발된 유닉스 시스템을 호환성을 유지하기 때문에 유닉스의 중심 개념이 그대로 녹아 있다. 그것이 바로 “프로세스”와 “파일” 개념이다. 유닉스에서는 모든 입출력 장치를 파일 개념으로 취급하며 프로세스는 자원을 파일처럼 사용한다. 따라서 유닉스의 주된 역할은 프로세스와 파일을 관리하는 것이다. 이러한 중심 개념이 녹아있는 리눅스 커널 내부는 그림 1.5와 같이 크게 프로세스 관리 서브 시스템, 파일 서브 시스템, 입출력 장치 구동기로 구분되는 루틴들로 구성되며 한 덩어리 형태의 모노리딕(monolithic) 구조로 구현되어 있다.

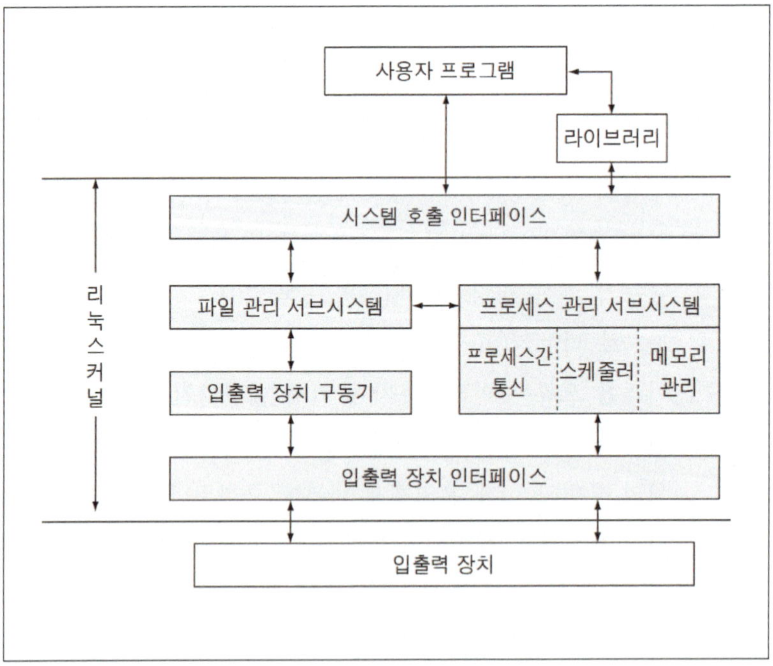

[그림 1.5] 리눅스 커널 구조

1.4.1 커널 구성요소

(1) 파일 관리 서브 시스템

파일 관리 서브 시스템은 파일이 생성되어 삭제될 때까지 파일 관리를 총괄적으로 담당하는 함수들의 집합으로써 일반 파일, 디렉터리 파일, 그리고 장치 파일 관리를 위한 루틴들을 포함한다. 이 루틴들은 프로세스 관리 서브 시스템과 밀접한 관계를 유지하고 있다.

(2) 프로세스 관리 서브 시스템

프로세스 관리 서브 시스템은 프로세스가 생성되어 종료될 때까지 프로세스 관리를 총괄적으로 담당하는 함수들의 집합으로써 프로세스 스케줄링, 프로세스 간 통신, 그리고 메모리 관리를 위한 루틴들을 포함한다. 이 루틴들은 운영체제의 많은 기능을 담당하며 매우 밀접한 관계를 유지하고 있으므로 세분화하기 어렵다.

(3) 시스템 호출 인터페이스

사용자 모드에서 실행되는 사용자 프로그램은 시스템 호출을 통하여 커널에서 제공하는 서비스들을 요청한다. 시스템 호출 인터페이스 루틴은 사용자 프로그램과 커널 사이의 인터페이스를 담당하는 루틴으로써 시스템 호출에 의한 커널 진입점이다. 이 루틴에서는 시스템 호출의 종류를 구별하여 내부에 존재하는 해당 서비스 함수를 호출한다.

(4) 입출력 장치 인터페이스

입출력 장치 인터페이스 루틴은 입출력 장치와 커널 사이의 인터페이스를 담당하는 루틴으로써 인터럽트에 의한 커널 진입점이다.

이 루틴에서는 입출력 장치에 의한 인터럽트의 종류를 구별하여 해당 서비스 함수를 호출한다. 따라서 입출력 장치를 제어하기 위한 디바이스 드라이버와 매우 밀접한 관계를 유지하고 있다.

1.4.2 예제 프로그램

지금까지 소개한 컴퓨터 시스템의 동작 원리와 운영체제를 이해하는데 필요한 기본개념을 간단한 예제 프로그램을 통하여 확인해 보자.

(1) 컴퓨터 시스템의 입출력

1.2.1에서 살펴보았듯이 컴퓨터 시스템의 입출력은 입출력 장치를 통하여 이루어진다. 여기에서 입출력의 주체(subject)가 사람 아니라는 점을 유의하자. 사람이 입력 장치에서 입력하기 때문에 입력 장치라고 일컫는 것이 아니고, 컴퓨터 시스템이 입력 장치에서 입력받기 때문에 입력 장치라고 일컫는다. 마찬가지로 사람이 출력 장치로 출력하는 것이 아니고, 컴퓨터 시스템이 출력 장치로 출력하기 때문에 출력 장치라고 일컫는다. 또한, 컴퓨터 시스템의 입출력 동작은 프로그램이 실행되면서 입출력 장치를 통하여 이루어지는 것이다. 즉, 입출력의 주체는 사람 혹은 컴퓨터 시스템의 하드웨어가 아니고, 소프트웨어(프로세스)이다.

〈예제 프로그램 1-1〉은 그림 1.3과 같이 입력 장치(키보드)를 통하여 데이터를 입력받아 메모리에 저장하고, 메모리에 저장된 데이터를 출력 장치(모니터)를 통하여 출력하기 위한 프로그램이다. 컴퓨터 시스템의 입출력 동작은 프로그램이 실행될 때 표준 입출력 장치를 통하여 이루어짐을 확인할 수 있다.

〈예제 프로그램 1-1〉

```
/*** ex1-1.c ***/

#include    <stdio.h>
#include    <unistd.h>

int main() {
     char c;
            while(1) {
                  scanf( " %c " , &c);
                   printf("%c", c);
             }
}
```

〈예제 프로그램 1-1〉의 컴파일 및 실행 결과는 다음과 같다.

```
$ gcc ex1-1.c  -o ex1-1 ↵
$ ./ex1-1 ↵
A ↵     <--- 입력(키보드)
A       <--- 출력(모니터)
B ↵
B
C ↵
C
^C
$
```

☞ 확인: 키보드 입력을 기다리고 있다가 키보드로부터 문자를 입력받아 메모리에 저장하고, 메모리에 저장된 문자를 모니터에 출력하는 동작을 무한 반복함을 확인할 수 있다. 〈Ctrl + C〉 키 입력으로 반복 실행을 강제 종료시킨다. 입출력의 주체가 사용자 혹은 장치가 아니고, 실행 중인 프로그램임을 유의하자.

(2) 다중 프로그래밍

1.2.2에서 살펴보았던 CPU 이용률 및 처리율(throughput) 향상을 지원하기 위한 다중 프로그래밍의 효과를 확인해 보도록 하자. 〈예제 프로그램 1-2〉는 그림 1.4와 같이 실행과 대기를 3회 반복 실행하는 단순한 프로그램이다. 프로세스 ID(PID)와 명령 줄에 입력된 문자열(argv[1])을 출력하고 1초 동안 대기한다. 참고로 getpid()는 PID값을 반환하고, sleep(1)은 1초간 대기하는 시스템 호출 함수이다.

〈예제 프로그램 1-2〉

```
/*** ex1-2.c ***/

#include    <stdio.h>
#include    <unistd.h>

int main(int argc, char *argv[]) {
    int i;
    for(i = 0; i < 3; i++) {
        printf("PID(%d) : %s\n", getpid(), argv[1]);
        sleep(1);
    }
}
```

〈예제 프로그램 1-2〉의 컴파일 및 실행 결과는 다음과 같다.

```
$gcc ex1-2.c  -o ex1-2 ↵
$ ./ex1-2 A ↵
PID(2176) : A
PID(2176) : A
PID(2176) : A
$
```

☞ 확인: PID 번호와 명령 줄에서 주어진 문자열(“A”)이 1초 간격으로

3회 출력되며 이 작업이 처리되는데 약 3초 소요된다. 참고로 PID 번호(2176)는 실행할 때마다 다를 수 있다.

이제 〈예제 프로그램 1-2〉를 동시에 두 번 실행시켜 보자. 다중 프로그래밍 기법을 이용하지 않은 경우와 이용한 경우, 처리되는데 소요 시간의 차이를 확인할 수 있을 것이다.

[경우-1] 다중 프로그래밍 기법을 이용하지 않을 경우

특수 문자(;)를 이용하여 〈예제 프로그램 1-2〉를 동시에 실행시킨다. 참고로 셸 명령의 마지막에 특수 문자(;)를 첨가하면 주어진 명령들이 순서대로 실행된다. 첫 번째 명령을 실행한 후 두 번째 명령을 실행한다.

```
$ ./ex1-2 A ;  ./ex1-2 B ↵
PID(2332) : A
PID(2332) : A
PID(2332) : A
PID(2333) : B
PID(2333) : B
PID(2333) : B
$
```

☞ 확인: 서로 다른 PID(2332, 2333)에서 두 작업이 모두 처리되는데 소요된 시간은 약 6초이다.

[경우-2] 다중 프로그래밍 기법을 이용할 경우

특수 문자(&)를 이용하여 〈예제 프로그램 1-2〉를 백그라운드 작업과 포그라운드 작업으로 동시에 실행시킨다. 참고로 셸 명령의 마

지막에 특수 문자(&)를 첨가하면 그 명령은 백그라운드 작업으로 실행된다. 첫 번째 명령은 백그라운드로, 두 번째 명령은 포그라운드로 동시에 실행한다.

```
$ ./ex1-2 A & ./ex1-2 B ↵
[1] 2542
PID(2543) : B
PID(2542) : A
PID(2543) : B
PID(2542) : A
PID(2542) : A
PID(2543) : B
[1]+  Done                ./ex1-2 A
$
```

☞ 확인: 서로 다른 PID(2542, 2543)에서 두 작업을 모두 처리하는데 소요된 시간은 약 3초이다. 사실, 3초 안에 더 많은 작업을 동시에 처리할 수 있다.

(3) 시스템 호출

1.3.1에서 살펴보았던 시스템 호출에 의한 운영체제 진입을 확인해 보도록 하자. 〈예제 프로그램 1-3〉은 printf()를 호출하여 문자열("Hello World!!!")을 화면에 출력하는 간단한 프로그램이다.

〈예제 프로그램 1-3〉

```
/*** ex1-3.c ***/

#include <stdio.h>

int main() {
   printf("Hello World !!!\n");
}
```

〈예제 프로그램 1-3〉의 컴파일 및 실행 결과는 다음과 같다.

```
$ gcc  ex1-3.c  -o  ex1-3 ↵
$ ./ex1-3 ↵
Hello World !!!
$
```

〈예제 프로그램 1-3〉이 실행되는 동안 어떤 시스템 호출이 몇 회 발생했는지를 확인해 보자. 다음과 같이 strace 도구를 이용하여 〈예제 프로그램 1-3〉을 실행시킨다. 참고로 strace는 시스템 호출과 시그널을 추적하기 위한 도구이다. 다음과 같이 '-o' 옵션을 지정하여 strace의 출력과 〈예제 프로그램 1-3〉의 출력이 섞이지 않도록 한다. strace의 출력은 파일(hello.log)에 저장된다.

```
$ strace  -o  hello.log  ./ex1-3 ↵
Hello World !!!
$
```

☞ 확인: 프로그램(hello)의 실행 결과로 화면에 문자열("Hello World !!!")을 출력하고 종료한다.

이제 vi 편집기를 이용하여 strace의 출력이 저장된 hello.log의 내용을 확인해 보자.

```
$ vi  hello.log  ↵
  1 execve("./ex1-3", ["./hello"], 0x7ffd811ada10) = 0
  2 brk(NULL)       = 0x55b1bc8f8000
       - 중간 생략 -
 33 write(1, "hello world !!!\n", 16)        = 16
 34 exit_group(0)                          = ?
 35 +++ exited with 0 +++
$
```

☞ 확인: 간단한 프로그램임에도 불구하고 다양한 종류의 시스템 호출이 여러 번(34회) 발생 되었음을 알 수 있다. 특별히 줄 번호 33의 write() 시스템 호출에서 문자열("Hello World !!!")이 출력되고 있음을 확인한다.

(4) CPU의 실행 모드

1.3에서 살펴보았던 CPU의 실행 모드(사용자 모드, 커널 모드)에 대한 이해를 돕기 위하여 sar 도구를 이용하여 CPU의 동작 모드를 확인해 보자. 참고로 sar는 CPU를 포함하여 시스템 자원들의 사용률을 측정하기 위한 도구이다. 예를 들어 다음과 같은 명령으로 1초 동안 CPU의 동작 상태를 확인할 수 있다.

```
$ sar -P ALL 1 1 ↵
Linux 5.15.0-56-generic(ubuntu) _x86_64_ (2 CPU)
                :
        - 중간 생략 -
                :
Average: CPU %user %nice %system %iowait %steal    %idle
Average:  all  0.00    0.00    0.50      0.00     0.00      99.50
Average:   0   0.00    0.00    1.00      0.00     0.00      99.00
Average:   1   0.00    0.00    0.00      0.00     0.00      100.00
$
```

☞ 확인: CPU는 두 개의 코어(0, 1)를 가지고 있으며 각 코어에 대한 정보를 보여주고 있다. 두 코어 모두 대부분 유휴 상태(%idle), 즉 사용자 모드에서 실행되고 있음을 보여주고 있다.

이제 아무 일도 하지 않고 단순히 무한 루프를 도는 프로그램과 시스템 호출을 반복하면서 무한 루프를 도는 프로그램이 실행되는 경우의 CPU 실행 모드를 확인해 보자.

[경우-1] 사용자 모드에서 주로 실행될 경우

① 〈예제 프로그램 1-4〉와 같이 단순히 무한 루프를 도는 프로그램(ex1-4.c)을 작성한다.

〈예제 프로그램 1-4〉

```c
/*** ex1-4.c ***/

#include <unistd.h>
int main() {
   for(;;)
      ;
}
```

② 다음과 같이 〈예제 프로그램 1-4〉를 컴파일하여 백그라운드(&)로 실행시킨 후, sar를 이용하여 1초 동안 CPU의 동작 상태를 확인해 보자.

```
$ gcc ex1-4.c  -o  ex1-4 ↵
$ ./ex1-4 & ↵
[1] 3714
$ sar -P ALL  1  1 ↵
Linux 5.15.0-56-generic(ubuntu) _x86_64_ (2 CPU)
        - 중간 생략 -
Average: CPU %user %nice %system %iowait %steal  %idle
Average: all  50.25   0.00   0.50     0.00    0.00    49.75
Average:   0  100.00  0.00   0.00     0.00    0.00     0.00
Average:   1   0.00   0.00   0.00     0.00    0.00   100.00
$ kill -9 3714
$
```

☞ 확인: pid가 3714인 백그라운드 작업[1]이 무한 루프를 돌면서 실행되고 있음을 확인한다. CPU 코어(0)는 무한 루프 프로그램(ex1-4)을 사용자 모드(%user)에서 100% 동작하였고, 또 다

른 CPU 코어(1)는 100% 유휴 상태(%idle)이었음 알 수 있다. 마지막으로 kill 명령을 사용하여 백그라운드 프로세스(pid: 3714)를 강제 종료시킨다.

[경우-2] **커널 모드에서 주로 실행될 경우**

① 〈예제 프로그램 1-5〉와 같이 단순히 getpid()를 호출하면서 무한 루프를 도는 프로그램(ex1-5.c)을 작성한다. 참고로 getpid()는 프로세스 ID(PID)를 얻기 위한 시스템 호출 함수이다.

〈예제 프로그램 1-5〉

```
/*** ex1-5.c ***/

#include <unistd.h>
int main() {
     for(;;)
          getpid();
}
```

② 다음과 같이 〈예제 프로그램 1-5〉를 컴파일하여 백그라운드(&)로 실행시킨다.

```
$ gcc ex1-5.c  -o  ex1-5 ↵
$ ./ex1-5 & ↵
[1] 3583
$
```

☞ 확인: pid가 3583인 백그라운드 작업[1]이 무한 루프를 돌면서 실행되고 있음을 확인한다.

③ 이 상황에서 sar를 이용하여 1초 동안 CPU의 동작 상태를 확인해 보자.

```
$ sar -P ALL 1 1 ↵
Linux 5.15.0-56-generic(ubuntu) _x86_64_ (2 CPU)
          - 중간 생략 -
Average: CPU %user %nice %system %iowait %steal   %idle
Average:  all  22.11   0.00    28.14    0.00    0.00    49.75
Average:    0  44.00   0.00    56.00    0.00    0.00     0.00
Average:    1   0.00   0.00     0.00    0.00    0.00   100.00
$ kill -9 3583
$
```

☞ 확인: CPU 코어(0)는 무한 루프 프로그램(ex1-5)을 사용자 모드(%user) : 커널 모드(%system) = 44.00% : 56.00% 비율로 실행하였고, 또 다른 CPU 코어(1)는 100% Idle 상태(%idle)이었음을 알 수 있다. 100% 커널 모드(%system)가 아님을 유의하자. 그 이유는 getpid() 함수를 반복적으로 호출하기 위한 준비작업이 사용자 모드(%user)에서 처리되기 때문이다. 마지막으로 kill 명령을 사용하여 백그라운드 프로세스(pid: 3583)를 강제 종료시킨다.

연습문제

1. 운영체제란 무엇인지 정의하시오.

2. 컴퓨터 시스템의 동작 원리를 중심으로 운영체제의 필요성을 설명하시오.

3. 운영체제가 추구하는 주된 목표를 제시하고, 자원의 공유와 보호의 필요성에 대하여 설명하시오.

4. 운영체제를 구성하는 기본요소를 제시하고, 각각의 구성요소에 요구되는 기능들에 대하여 설명하시오.

5. 다음과 같은 관점에서 운영체제를 국가의 정부와 비교 설명하시오.

   (1) 추구하는 목표
   (2) 구성요소
   (3) 구성요소 간의 관계

6. 개인용 컴퓨터 시스템의 부팅 과정을 스마트폰과 비교 설명하시오.

7. **다음과 같은 관점에서 컴퓨터 시스템의 운영체제 기능을 스마트폰에 적용하여 설명하시오.**

(1) CPU 관리
(2) 메모리 관리
(3) 파일 관리
(4) 입출력 장치 관리
(5) 네트워킹
(6) 보호
(7) 오류 처리 및 복구

8. **다중 프로그래밍 기법의 기본개념은 무엇인가? 이 기법을 지원하기 위하여 요구되는 CPU와 입출력 장치 사이의 인터페이스 방법에 대하여 설명하시오.**

9. **운영체제에서 두 가지의 실행 모드(사용자 모드, 커널 모드)를 사용하는 이유에 대하여 설명하시오.**

10. **부팅 후 다음과 같은 사건들이 발생할 경우, 운영체제가 실행된다.**

(1) 입출력 장치로부터 인터럽트가 발생할 경우.
(2) 응용 프로그램으로부터 시스템 호출이 발생할 경우.
(3) 예외 현상으로 시스템 오류가 발생하였을 경우.

각 경우에 대한 실례를 제시하고 이들이 처리되는 과정을 설명하시오.

제2장 프로세스

프로세스는 CPU와 메모리를 추상화한 개념으로써 운영체제에서 생성하고 관리하는 매우 중요한 개체이다. 이 장에서는 프로세스 및 스레드에 대한 개념과 스케줄링 정책들에 대하여 알아본다. 마지막으로 이러한 개념들의 이해를 돕기 위하여 리눅스에서의 프로세스 및 스레드 관리 기법을 소개하고 예제 프로그램을 통하여 확인한다.

2.1 개요

일반적으로 프로세스(process)란 "실행 중인 프로그램"이라고 정의한다. 프로세스는 실행이 가능한 형태의 프로그램과 다름을 유의하자. 프로그램은 디스크와 같은 보조 기억 장치에 저장된 파일이다. 1.2.1에서 살펴보았듯이 프로그램이 실행되기 위해서는 메모리에 적재되어 CPU가 할당되어야 한다. 파일은 정적이며 수동적이고, 프로세스는 동적이며 능동적이다. 프로세스는 CPU와 메모리를 추상화한 개념으로써 컴퓨터 시스템 내부의 생명체(life)와 같은 것이다. 흔히 "컴퓨터 시스템이 살아 있다"라고 함은 컴퓨터 시스템 내부에 최소한 하나의 프로세스가 존재함을 의미한다.

이러한 의미가 있는 프로세스는 운영체제에서 생성하여 관리하는 개체로써 운영체제를 이해하는 데 매우 중요한 개념이다. 운영체제는 자원을 관리하는 주체이고, 자원을 사용하는 주체는 프로세스이다. 따라서 프로세스가 자원을 사용하려면 자원 관리자인 운영체제에 요청하여 할당받아 사용한 후 반납하여야 한다. 이것이 운영체제와 프로세스와의 관계이다.

프로세스는 1960년대 멀티태스킹(multi-tasking) 시스템의 효시인 멀틱스(Multics)를 개발하면서 처음 사용된 용어로써 오늘날에는 태스크(task) 혹은 스레드(thread) 개념과 함께 혼용하여 사용되고 있다. 사전적으로 프로세스는 "어떤 일이 시작되어 끝날 때까지 단계별로 진행되는 일련의 과정"을 의미한다. 유의할 점은 프로세스를 "처리" 혹은 "과정"이라고 번역하여 사용하지 않고 그냥 "프로세스"라고 부른다. 그러므로 프로세스는 CPU와 같은 처리기를 일컫는 "프로세서(processor)"와 반드시 구별하여 사용하여야 한다. 운영체제에서는 프로세스를 다음과 같이 여러 가지 형태로 정의하고 있다.

- 실행 중인 프로그램(program in execution)
- CPU를 할당하는 대상(dispatchable objects of CPU)
- 시스템 내부에서의 작업 단위(unit of works in a system)
- PCB가 있는 개체(entity of Process Control Block)
- 하나의 스레드(thread)로 구성된 태스크(task)

이 중에서 "실행 중인 프로그램"이라는 정의가 가장 일반적으로 사용되고 있지만, 프로세스 개념을 좀 더 명확히 이해하기 위하여 프로세스가 가지고 있는 일반적인 속성에 대하여 알아보도록 한다.

2.1.1 프로세스 상태

프로세스 속성에는 상태(state)가 있다. 마치 하나의 생명체가 태어나서 죽을 때까지 생명 주기(life cycle)를 거치는 것처럼 프로세스도 운영체제에 의해 생성되어 실행되다가 종료할 때까지 여러 가지 상태를 거치게 된다. 프로세스의 상태는 운영체제마다 다양한 종류의 상태를 정의하고 있지만, 기본적으로 다음과 같은 세 가지 상태가 존재하며 이들 사이의 상태 변환도는 그림 2.1과 같다. 이들 중에서 CPU가 할당된 실행(running) 상태는 쉽게 구별할 수 있지만, 비 실행 상태로써 준비(ready)와 대기(waiting)는 할당되기는 기다리고 있는 대상에 따라 구별됨을 유의하자.

① 실행(running) : CPU가 할당된 상태.
② 준비(ready) : CPU가 할당되기를 기다리고 있는 상태.
③ 대기(waiting) : 요청한 사건(예: 입출력)이 발생하기를 기다리고 있는 상태.

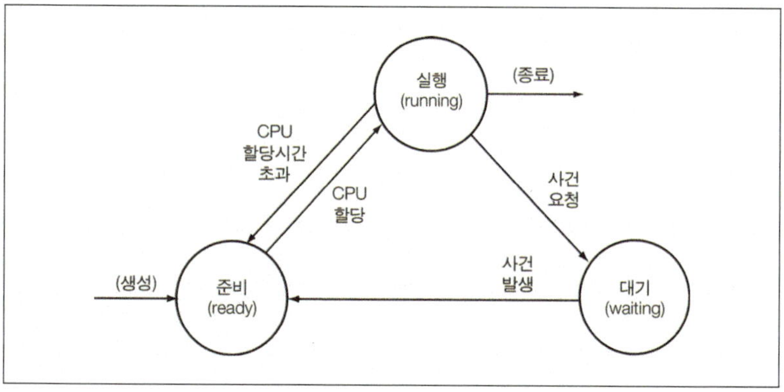

[그림 2.1] 프로세스의 상태 변환도

그림 2.1에서 프로세스가 생성되면 준비 큐(ready queue)에 등록되어 준비상태에서 CPU 할당을 기다린다. 운영체제는 준비 큐에 등록된 준비상태의 프로세스 중에서 우선순위가 가장 높은 프로세스를 선정한 후, 그 프로세스에 CPU를 할당한다. CPU가 할당된 프로세스는 준비상태에서 실행 상태로 변환된다. 실행 상태의 프로세스가 실행을 완료할 경우, 종료된다. 그러나 프로세스가 실행되는 과정에서 어떤 사건(예: 입출력)을 요청할 경우, 대기 상태로 변환된다.

한편, 시분할(time-sharing) 시스템을 지원하기 위한 운영체제에서는 한 프로세스가 CPU를 너무 오랫동안 사용하는 것을 방지하기 위하여 일정 시간 동안만 CPU를 사용하도록 제한한다. 이 시간을 프로세스의 "CPU 할당 시간(time quantum)"이라고 한다. 시분할 시스템에서는 실행 상태의 프로세스가 CPU 할당 시간을 초과할 경우, 준비상태로 변환된다.

마지막으로 대기 상태의 프로세스는 자신이 요청한 사건이 발생할 때까지 대기 큐(waiting queue)에서 기다리고 있다가 요청한 사건이 발생하면 대기 상태에서 준비상태로 변환된다. 결국, 다중 프로그래밍 환경에서는 여러 개의 프로세스가 존재할 수 있으며 단일 코어의 CPU일 경우 실제로 실행 중인 프로세스는 오직 하나뿐이다. 이러한 관점에서 볼 때 오직 "실행 중인 프로그램"이라는 프로세스에 대한 일반적인 정의에 한계가 있음을 유의해야 한다. 또한, 운영체제는 준비 큐에 등록된 어느 프로세스에 CPU를 할당할 것인가를 결정하여야 한다. 이러한 관점에서 프로세스를 "CPU를 할당하는 대상"이라고 정의할 수 있다.

2.1.2 프로세스 주소 공간

실행이 가능한 형태의 파일로 보조 기억 장치에 존재하는 프로그램이 실행되기 위해서는 반드시 그 프로그램이 메모리에 적재되어 프로세스 형태로 존재하여야 한다. 이때 프로세스의 주소 공간(메모리)은 파일 형태로 저장된 프로그램 주소 공간(보조 기억장치)과 같지 않다. 파일 형태의 프로그램은 코드(혹은 명령어) 영역과 데이터 영역으로 구성되지만, 프로세스는 힙 영역과 스택 영역이 추가되어 다음과 같은 네 가지 영역으로 구성된다.

① 코드(code) 영역 : 프로그램의 코드(명령어)가 저장된 영역.
② 데이터(data) 영역 : 프로그램의 데이터가 저장된 영역.
③ 힙(heap) 영역 : 프로그램이 실행되는 과정에서 동적으로 할당된 영역
④ 스택(stack) 영역 : 프로그램이 실행되는 과정에서 일시적으로 생성되는 데이터(예: 함수의 복귀주소, 지역변수 등)를 저장하기 위해 LIFO(Last-In First-Out) 방식으로 관리되는 영역.

프로세스의 주소 공간은 프로세스가 접근할 수 있는 메모리 영역으로써 사용자 영역과 운영체제 영역으로 구성된다. 사용자 영역은

사용자 프로그램이 실행될 때 사용되는 영역으로써 프로세스마다 할당된 고유의 영역이다. 반면 운영체제 영역은 운영체제가 실행될 때 사용되는 영역으로써 모든 프로세스가 접근할 수 있는 공유 영역이다. 프로세스가 사용자 영역에서 실행 중에 시스템 호출을 통하여 운영체제 영역으로 진입하여 실행할 수 있음을 의미한다. 프로세스는 사용자 영역과 운영체제 영역에서 실행된다.

운영체제는 프로세스마다 사용자 영역을 할당하고, 프로세스가 실행 중에 동적 메모리를 요청할 경우, 힙 영역의 메모리를 할당해 준다. 결국, 운영체제는 CPU, 메모리를 포함하여 컴퓨터 시스템의 자원을 관리하는 주체이고 자원을 사용하는 주체가 바로 프로세스임을 알 수 있다. 프로세스는 자원을 사용하기 위하여 자원 관리자인 운영체제에 요청하고 운영체제는 요청한 자원을 프로세스에 할당하게 된다. 그러나 모든 자원은 한정되어 있으므로 프로세스가 요청한 자원을 항상 할당해 줄 수 없다. 요청한 자원을 할당할 수 없는 경우 요청한 프로세스는 자원이 할당될 때까지 대기 상태에서 기다려야 한다.

2.1.3 프로세스 제어 블록

운영체제는 프로세스 생성에서부터 종료까지의 모든 과정을 관리한다. 일반적으로 프로세스는 생성되어 계속 실행되지 못하고 잠시 정지되었다가 다시 실행되기를 반복하다 종료하게 된다. 따라서 운영체제는 정지된 프로세스를 다시 실행하는 데 필요한 정보를 저장하고 관리하기 위한 자료구조가 요구된다. 프로세스 관리에 필요한 정보를 저장하기 위한 운영체제의 자료구조를 “프로세스 제어 블록(PCB: Process Control Block)”이라고 부른다.

운영체제는 프로세스를 생성할 때마다 PCB를 할당하여 그 프로세스 관리에 필요한 정보를 저장한다. 프로세스마다 고유의 PCB가 존재하며 시스템 내부에 존재하는 모든 PCB를 연결한 자료구조를 "프로세스 리스트(process list)"라고 한다. 따라서 프로세스의 생성은 새로운 PCB를 할당하여 프로세스 리스트에 등록함을 의미하고, 프로세스 종료는 그 프로세스의 PCB가 삭제되어 프로세스 리스트에 존재하지 않음을 의미한다. 이러한 관점에서 프로세스를 "PCB를 가지고 있는 개체"라고 정의할 수 있다.

운영체제는 프로세스를 관리하기 위해서 PCB에 어떤 정보를 유지하여야 할까? 기본적으로 프로그램이 위치한 메모리 주소 공간을 포함하여 이미 할당된 자원과 프로세스의 속성들에 대한 자세한 정보를 많이 유지할수록 유리할 것이다. 그러나 필요 이상의 정보를 유지 관리하는 것은 비효율적이기 때문에 최소의 정보를 유지 관리하면서 효율적으로 관리하는 것이 중요하다. 프로세스 관리를 위해 유지되는 정보는 운영체제에 따라 다르지만, 기본적으로 다음과 같은 내용을 가지고 있다. 실제로 이보다 훨씬 많은 정보를 유지하고 있음을 유의하자.

- 프로세스의 상태
- 프로세스 스케줄링 정보
- 프로세스 주소 공간
- CPU 레지스터값
- CPU 사용 시간
- 접근이 가능한 파일
- 할당된 자원에 대한 정보
- 프로세스 식별자
- 부모 프로세스 식별자
- 자식 프로세스 식별자

2.1.4 프로세스 문맥 교환

프로세스의 문맥 교환(context switch)은 "현재 실행 중인 프로세스의 정보를 PCB에 저장하고 다른 프로세스의 정보를 PCB로부터 복구시키는 작업"을 말한다. 앞에서 살펴보았듯이 프로세스는 실행과 정지를 반복한다. 실행 상태의 프로세스가 정지될 때마다 문맥 교환이 발생하게 된다.

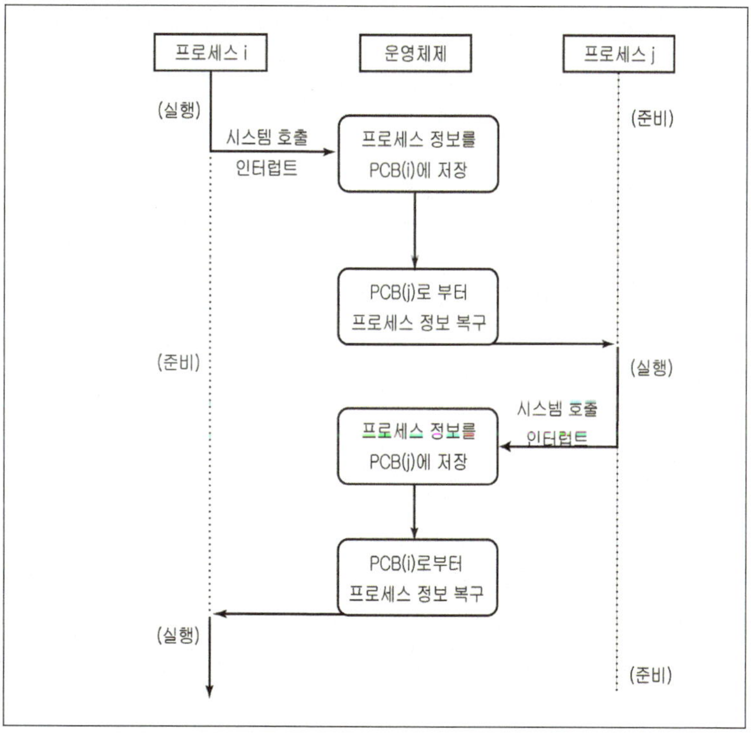

[그림 2.2] 문맥 교환(context switch)

그림 2.2는 실행 상태의 프로세스(i)가 CPU 할당 시간을 초과하여 준비상태로 변화되고, 스케줄러에 의해 준비상태의 프로세스(j)가 선택되어 실행될 경우, 발생하는 문맥 교환 과정과 실행 상태의 프로세스(j)가 CPU 할당 시간을 초과하여 준비상태로 변화되고 스

케줄러에 의해 준비상태의 프로세스(i)가 선택되어 다시 실행될 경우, 발생하는 문맥 교환 과정을 나타내고 있다.

운영체제는 타이머 인터럽트에 의해 CPU 할당 시간 초과를 인지한 후 실행 상태의 프로세스 정보를 그 프로세스의 PCB에 저장하고 스케줄러에 의해 다음 실행할 프로세스를 선택한다. 실행시킬 프로세스의 정보를 그 프로세스의 PCB로부터 복구함으로써 문맥 교환이 이루어진다. 마지막으로 선택된 프로세스의 PCB로부터 PC 레지스터값을 복구함으로써 새로운 프로세스가 실행된다.

문맥 교환을 처리하는 데 걸리는 시간은 PCB에 저장하고 복구해야 할 프로세스의 정보량, 메모리의 속도, 레지스터의 수 등 하드웨어에 따라 상당한 차이가 있지만, 문맥 교환의 소요 시간은 프로세스가 처리해야 할 작업과는 상관없는 오버헤드(overhead)이다. 문맥 교환이 빈번히 발생할 경우, 이 오버헤드는 시스템 성능 저하에 직접적인 영향을 미치게 되므로 문맥 교환의 소요 시간을 최소화하는 것은 운영체제에서 매우 중요하다.

2.1.5 프로세스 생성 및 종료

프로세스는 운영체제에 의해 생성된다. 따라서 새로운 프로세스 생성은 시스템 호출을 통하여 이루어진다. 이때 시스템 호출을 실행한 프로세스를 “부모(parent) 프로세스”라고 부르고 새롭게 생성된 프로세스를 “자식(child) 프로세스”라고 부른다. 그러므로 시스템 내부에 존재하는 모든 프로세스는 부모-자식 관계를 유지하게 된다. 결국, 새로운 프로세스를 생성하기 위해서는 프로세스가 필요하다. 그러면 최초의 프로세스는 어떻게 생성될까?

최초의 프로세스는 컴퓨터 시스템이 부팅될 때 운영체제 초기화 과정에서 내부적으로 생성한다. 이후로는 시스템 호출을 통하여 자식 프로세스를 생성한다. 사용자 인터페이스를 위한 프로세스는 무한 루프를 돌면서 사용자의 명령 입력을 기다린다. 만약 입력된 명령이 임의의 응용 프로그램을 실행시키기 위한 것이면 운영체제는 응용 프로그램을 실행하기 위하여 새로운 자식 프로세스를 생성한다. 또한, 응용 프로그램이 실행되는 과정에서 시스템 호출을 통하여 자식 프로세스를 생성할 수도 있다. 이처럼 시스템 내부에 존재하는 모든 프로세스는 부모-자식 관계의 계층 구조를 유지하게 된다. 운영체제 내부에서 새로운 프로세스가 생성되는 개략적인 과정은 다음과 같다.

① 프로세스 주소 공간을 확보한다.
② PCB를 할당하고 PID 번호를 부여한다.
③ PCB의 모든 정보를 초기화한다.
④ 프로세스 리스트에 등록한다.

한편, 대부분 프로세스는 정상적으로 종료되지만, 비정상적으로 종료될 수도 있다. 프로세스의 정상적인 종료는 시스템 호출을 통해 이루어지지만, 비정상적인 종료는 오류로 인해 발생한다. 프로세스가 종료될 때 운영체제는 그 프로세스에 할당된 PCB를 포함하여 그 프로세스에 할당된 모든 자원을 회수하고 프로세스 리스트에서 삭제한다.

프로세스 관리 방법과 유사한 관리 방법은 일상생활에서도 흔히 찾아볼 수 있다. 예를 들어 학교에서는 학생 관리를 위하여 다수의 신상기록 카드를 마련해 두었다가 신입생이 입학하면 학생 관리에 필요한 모든 정보(이름, 학과, 학번, 학년, 현주소 등)를 학생 신상기록 카드를 작성하여 재학생 목록에 추가한다. 이 경우 신상기록 카드는 PCB, 학번은 PID, 학년은 프로세스의 우선순위, 현주소는 프로세스가 적재된 메모리 주소에 해당할 것이다. 또한, 정상적으로 졸업하거나 비정상적으로 퇴학이 될 경우, 해당 신상기록 카드를 재학생 목록에서 삭제한다.

2.2 스레드

사전적으로 스레드(thread)는 '실' 혹은 '실타래'를 의미한다. 한 가닥으로 감겨 진 실타래(단일 스레드: single thread)와 여러 가닥으로 감겨 진 실타래(다중 스레드: multiple threads)를 생각해 볼 수 있을 것이다. 이러한 사전적 의미가 있는 스레드가 운영체제에서는 어떤 의미로 사용되고 있는지 알아보도록 하자.

2.2.1 스레드 정의

스레드는 프로세스와 매우 유사한 속성을 가지고 있으며 일반적으로 다음과 같이 정의한다.

- CPU 제어의 흐름(flow of CPU control)
- 실행 단위(unit of execution)
- 한 프로세스 내부에서 스케줄링이 가능한 개체

프로세스가 실행되는 과정에서 프로세스 내부의 일련의 명령어들이 CPU에 의해 처리되는 경로를 상상해 볼 수 있을 것이다. 프로세스 내부의 명령어에는 조건문 혹은 반복문들이 있을 수 있으므로 항상 정해진 경로로 진행되는 것은 아니다. 하지만 프로세스가 실행되는 동안 CPU 제어의 흐름을 따라 지나온 경로를 그려보면 마치 실타래의 실이 감겨 져 있는 것처럼 보일 것이다. 이런 관점에서 스레드를 "CPU 제어의 흐름"이라고 정의할 수 있다. 이같이 프로세스 내부에는 기본적으로 하나의 스레드가 존재하고 있으므로 2.1에서 프로세스를 "하나의 스레드로 구성된 태스크"라고 정의한 것이다.

스레드는 프로세스처럼 생명 주기를 가지고 있으며 CPU를 할당하는 대상으로써 스레드 단위로 스케줄링이 이루어진다고 볼 수 있다. 사실 프로세스 내부에는 하나의 스레드가 존재함으로 프로세스 단위로 CPU를 할당함은 스레드 단위로 할당함과 같다. 이러한 관점에서 스레드를 지원하는 운영체제에서는 스레드를 "실행 단위"라고 정의한다.

사실 프로세스 내부에 오직 하나의 스레드만 허용할 경우, 프로세스 내부에 존재하는 스레드 개념을 별도로 언급할 필요가 없다. 그러나 프로세스 내부에 다수의 스레드 존재를 허용할 경우, 스레드 단위로 스케줄링하여 CPU를 할당하기 때문에 프로세스 내부의 스레드들을 반드시 구별할 필요가 있다. 이러한 관점에서 스레드를 "한 프로세스 내부에서 스케줄링이 가능한 개체"라고 정의한다.

2.2.2 다중 스레드

다중 스레드를 지원하는 운영체제에서는 프로세스 내부에 다수의 스레드를 허용하며 스레드 단위로 스케줄링한다. 프로세스가 생성될 때 기본적으로 하나의 스레드가 프로세스 내부에 존재하지만, 프로세스가 실행되는 과정에서 자식 스레드를 생성할 수 있으므로 하나의 프로세스 내부에 다수의 스레드가 존재할 수 있다. 프로세스 내부에 존재하는 스레드는 그림 2.3과 같이 프로세스 주소 공간의 코드와 데이터 영역을 공유하지만, 스택 영역은 별도로 유지해야 한다.

다중 스레드를 지원하는 운영체제에서 스레드 관리는 프로세스 관리와 매우 유사하다. 운영체제는 스레드 관리에 필요한 정보를 저장하기 위한 자료구조, TCB(Thread Control Block)를 유지하며 PCB와 함께 관리한다. 스레드를 생성할 때마다 TCB를 할당하여 PCB에 포함한다. 동일 프로세스 내부에서 생성된 스레드는 PCB 정보를 공유하기 때문에 TCB 정보량은 훨씬 적어진다.

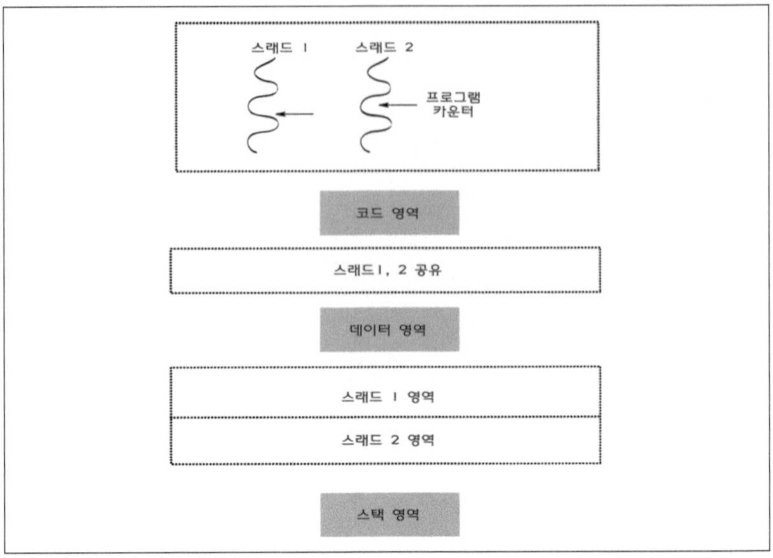

[그림 2.3] 다중 스레드 개념

다중 스레드를 지원하는 운영체제는 스레드 단위로 스케줄링하여 CPU를 할당한다. 각각의 스레드는 프로세스처럼 생명 주기를 가지고 있으며 생성되어 종료될 때까지 여러 가지 상태를 거치게 된다. 스레드 단위로 스케줄링할 때 발생하는 스레드의 문맥 교환은 "현재 실행 중인 스레드의 정보를 TCB에 저장하고 다른 스레드의 정보를 TCB로부터 복구시키는 작업"을 말한다. 동일 프로세스 내부에서 생성된 스레드의 문맥 교환에 의한 오버헤드는 프로세스의 문맥 교환보다 훨씬 적어진다. 이러한 관점에서 기존의 프로세스를 "중량 프로세스(heavyweight process)"라고 부르고 스레드를 "경량 프로세스(lightweight process)"라고 부른다.

다중 스레드 개념의 이해를 돕기 위하여 제과점에서 빵을 만드는 작업(일)이 처리되는 과정에 비유해 보자. 빵을 만들기 위해선 밀가루, 물과 같은 여러 가지 재료(데이터)와 오븐과 같은 도구(입출력 장치) 그리고 만드는 순서를 설명하는 조리법(코드)이 갖춰진 작업장(메모리 공간)이 필요할 것이다. 이러한 제반의 여건의 준비된 환경(준비상태의 프로세스)에서 제빵사(CPU)가 조리법(코드)의 순서에 따라 처리하면 최종적으로 맛있는 빵이 만들어질 것이다. 이 과정에서 제빵사가 움직이는 동선을 그려보면 실타래 모양처럼 보일 것이다. 이것이 바로 스레드 개념에 해당한다.

만약 같은 종류의 빵 여러 개 만들기 작업을 단일 스레드 개념으로 처리한다면 진행 중이던 빵 만들기(스레드-1)가 완성될 때까지 새로운 빵 만들기(스레드-2)를 시작할 수 없다. 그러나 빵 만들기(스레드-1)를 진행하다가 오븐(입출력 장치)에서 구워지고 있는 동안 제빵사가 또 다른 빵 만들기(스레드-2)를 시작함으로써 동시에 여러 개의 빵 만들기를 진행할 수 있다. 이것이 바로 다중 스레드 개념에 해당한다. 이 경우 모든 빵 만들기에 필요한 재료와 도구들은 공유한다.

한편, 동일 상황을 다중 프로그래밍 개념으로 처리한다면 두 개의 작업 공간을 마련하여 첫 번째 작업장(프로세스-1)에서 빵 만들기를 진행하다가 오븐에서 구워지고 있는 동안 제빵사가 또 다른 작업장(프로세스-2)으로 이동하여 새로운 빵 만들기를 시작함으로써 동시에 여러 개의 빵 만들기를 진행할 수 있다. 이 경우 같은 빵 만들기임에도 불구하고 빵 만들기에 필요한 재료와 도구들을 갖춘 별도의 작업 공간이 있어야 한다.

오늘날 대부분 운영체제는 다중 스레드를 지원함으로써 시스템의 성능과 CPU 이용률을 향상하고 있다. 예를 들어 웹 서버를 단일 스레드로 지원할 경우, 하나의 서비스 요청에 대한 처리가 완료될 때까지 다른 서비스 요청을 처리하지 못한다. 그러나 다중 스레드를 지원할 경우, 하나의 서비스 요청을 처리하다가 입출력 요구가 발생할 경우, 또 다른 서비스 요청을 병행하여 처리할 수 있으므로 웹 서버의 성능과 CPU 이용률이 향상된다.

2.3 스케줄링

지금까지 설명한 것처럼 운영체제는 프로세스 혹은 스레드 단위로 CPU를 할당한다. 프로세스 스케줄링은 준비상태에 있는 여러 프로세스 중에서 하나를 선정하여 CPU를 할당하는 것으로써 스케줄링 정책에는 여러 가지가 있다. 한편, 준비상태에 있는 여러 스레드 중에서 하나의 스레드를 선정하여 CPU를 할당하는 스레드 스케줄링은 프로세스 스케줄링과 같다. 따라서 이 절에서는 프로세스를 중심으로 스케줄링의 기본개념과 정책들에 대하여 알아보도록 한다.

2.3.1 기본개념

1.2에서 설명한 것처럼 CPU의 이용률을 극대화하기 위하여 대부분 운영체제는 다중 프로그래밍 환경을 제공한다. 다중 프로그래밍 환경에서는 다수의 프로세스가 제한된 자원들을 경쟁적으로 사용하기 때문에 이 경쟁을 조정하는 기능이 요구된다. 프로세스 스케줄링은 CPU 사용에 대한 프로세스들의 경쟁을 조정하는 기능으로써 준비상태에 있는 여러 프로세스 중 하나의 프로세스를 선정하여 CPU를 할당하는 것이다.

이러한 기능을 담당하는 프로세스 스케줄러는 하나의 프로세스를 선정하는 스케줄링 정책(policy) 부분과 선정된 프로세스에 CPU를 할당하는 디스패처(dispatcher) 부분으로 구성된다. 또한, 여러 개의 준비상태 프로세스를 관리하기 위한 준비 큐(ready queue)를 유지한다. 결국, 프로세스 스케줄링이란 "준비 큐에 등록된 여러 개의 프로세스 중에서 스케줄링 정책에 따라 하나의 프로세스를 선정하고 선정된 프로세스에 CPU를 할당하는 것"이라고 정의할 수 있다.

2.3.2 선점/비 선점

모든 프로세스 스케줄링 정책들은 크게 선점(preemptive) 혹은 비 선점(nonpreemptive) 스케줄링으로 구분되며 프로세스 스케줄링이 발생한 경우를 기준으로 구별할 수 있다. 기본적으로 프로세스 스케줄링이 발생할 수 있는 경우는 그림 2.4와 같다.

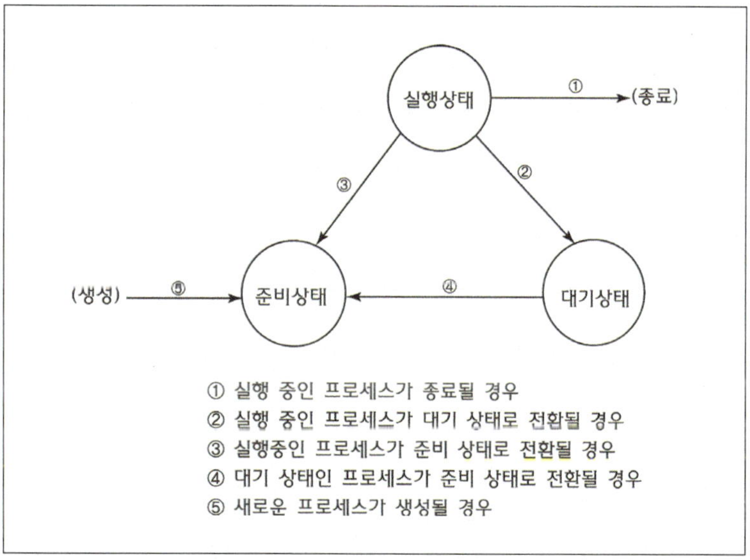

[그림 2.4] 프로세스 스케줄링의 발생

그림 2.4에서 비 선점 스케줄링은 ①,② 경우에만 스케줄링이 발생하고, 선점 스케줄링은 ①,②는 물론 ③,④,⑤의 경우에도 스케줄링이 발생한다. ①,②는 현재 실행 중인 프로세스가 CPU를 필요하지 않기 때문에 자발적으로 CPU 사용권을 내놓은 경우라고 볼 수 있다. 반면 ③은 실행 중인 프로세스가 CPU 사용 시간 초과로 인해 강제적으로 CPU 사용권을 빼앗긴 경우이다. 또한 ④,⑤는 입출력 완료 및 새로운 프로세스 생성으로 인해 강제적으로 CPU 사용권을 빼앗긴 경우이다.

이같이 비 선점 스케줄링 정책에서는 어떤 프로세스가 CPU를 할당받으면 자발적으로 CPU 사용권을 내놓을 때까지 CPU 사용권이 보장된다. 그러나 선점 스케줄링 정책에서는 실행 중인 프로세스의 CPU 사용권이 강제적으로 빼앗길 수 있음을 유의하여야 한다.

2.3.3 스케줄링 정책

프로세스 스케줄링 정책은 준비 큐에 등록된 여러 프로세스 중에서 하나의 프로세스를 선정하기 위한 알고리즘이다. 여러 가지 종류의 스케줄링 정책들을 비교하기 위하여 다음과 같은 요소들을 고려한다.

- CPU 이용률(CPU utilization) : 처리 시간 중 CPU 사용 시간.
- 처리율(throughput) : 단위 시간당 처리된 프로세스의 개수.
- 반환 시간(turnaround time) : 프로세스가 생성 후 종료 때까지 소요된 시간.
- 대기시간(waiting time) : 프로세스가 준비상태에서 소요된 시간.
- 응답시간(response time) : 어떤 사건이 발생 후 첫 번째 응답에 소요된 시간.

이들 요소 중에서 CPU 이용률과 처리율은 최대화하고 반환 시간, 대기시간, 응답시간은 최소화하는 것이 바람직하다. 그러나 모든 요소를 최적화할 수 있는 스케줄링 정책은 없다. 결국, 프로세스 스케줄링 정책은 시스템의 사용 목적에 가장 적합한 요소를 우선 고려하여 결정할 수밖에 없다.

예를 들어 대화식(interactive) 시스템에서는 가능한 한 빠른 응답시간이 중요하며 실시간(real time) 시스템에서는 주어진 시간 내의 응답시간을 보장할 수 있도록 하는 것이 중요하다. 여기에서는 여러 가지 스케줄링 정책 중에서 일반적으로 잘 알려진 스케줄링 정책들의 알고리즘을 소개하고 각각의 장단점에 대하여 알아본다.

(1) 선입 선처리(FCFS)

선입 선처리(FCFS : First-Come First-Served)는 가장 먼저 준비 큐에 등록된 프로세스를 선정하는 전형적인 비 선점 스케줄링 정책이다. 이때 유의할 점은 프로세스가 생성된 순서가 아니라 준비 큐에 등록된 순서라는 것이다. 예를 들어 다음과 같은 세 개의 프로세스(P1, P2, P3)가 준비 큐에 등록되어 있을 경우를 가정해 보자.

프로세스	CPU 사용 시간(초)
P1	13
P2	4
P3	2

준비 큐에 등록된 순서가 P1, P2, P3라고 가정하면 프로세스가 처리되는 순서는 P1, P2, P3이고 각 프로세스의 대기시간과 평균 대기시간은 다음과 같이 계산된다.

P1의 대기시간 = 0초
P2의 대기시간 = 13초
P3의 대기시간 = 17초
평균 대기시간 = (0+13+17)/3=10(초)

한편 준비 큐에 등록된 프로세스 순서가 P2, P1, P3라고 가정하면 프로세스가 처리되는 순서는 P2, P1, P3이고 각 프로세스의 대기시간과 평균 대기시간은 다음과 같이 계산된다.

P2의 대기시간 = 0초
P1의 대기시간 = 4초
P3의 대기시간 = 17초
평균 대기시간 = (0+4+17)/3=7(초)

위의 예에서 알 수 있듯이 FCFS 스케줄링은 매우 간단하지만, CPU 사용 시간이 긴 프로세스가 CPU 사용 시간이 짧은 프로세스들을 오랫동안 기다리게 하는 "호송 효과(convoy effect)"가 발생 수 있다. 호송 효과의 정도는 준비 큐에 도착한 프로세스의 순서에 따라 다르지만, 일반적으로 FCFS 스케줄링 정책에서는 호송 효과에 의한 평균 대기시간이 길어지는 단점이 있다.

(2) 최단 작업 선처리(SJF)

최단 작업 선처리(SJF: Shortest Job First)는 준비 큐에 등록된 프로세스 중에서 CPU 사용 시간이 가장 짧은 프로세스를 선정하는 비 선점 스케줄링 정책이다. SJF 스케줄링은 CPU 사용 시간이 가장 짧은 프로세스를 선정하기 때문에 호송 효과를 방지할 뿐 아니라 최소의 평균 대기시간을 보장할 수 있다. 예를 들어 다음과 같은 세 개의 프로세스(P1, P2, P3)가 준비 큐에 등록되어 있을 경우를 가정해 보자.

예를 들어 다음과 같은 세 개의 프로세스(P1, P2, P3)가 준비 큐에 등록되어 있을 경우를 가정해 보자.

프로세스	CPU 사용 시간(초)
P1	13
P2	4
P3	2

이 경우, 준비 큐에 등록된 프로세스 순서에 상관없이 이들이 처리되는 순서는 P3, P2, P1이고, 각각의 대기시간과 평균 대기시간은 다음과 같이 계산된다.

P3의 대기시간 = 0초
P2의 대기시간 = 2초
P1의 대기시간 = 6초
평균 대기시간 = (0+2+6)/3 = 8/3(초)

FCFS 스케줄링에 비교하여 평균 대기시간이 훨씬 단축됨을 알 수 있다. 이같이 SJF 스케줄링은 최소의 평균 대기시간을 보장할 수 있다. 그러나 정확한 CPU 사용 시간의 예상이 불가능하므로 SJF 스케줄링은 주로 다른 스케줄링 정책들의 평균 대기시간을 이론적으로 평가하기 위한 기준으로 이용되고 있다.

프로세스의 CPU 사용 시간을 정확하게 예상할 수는 없지만, 다음과 같은 지수 평균(exponential average) 공식을 이용하여 프로세스의 CPU 사용 시간을 예측할 수 있다.

$$\tau_{n+1} = \alpha t_n + (1-\alpha)\tau_n \text{ , } (0 \le \alpha \le 1)$$

지수 평균 공식에서 t_n, τ_n은 실제 측정된 CPU 사용 시간과 예측한 CPU 사용 시간을 의미하고, 매개 변수 α는 τ_{n+1}을 결정하는데 두 정보(t_n, τ_n) 에 대한 가중치를 각각 의미한다. 예를 들어 초기 예측값($\tau 0$)이 10이고 α=1/2이라면, τ_{n+1}= $t_n/2$ + $\tau_n/2$ 임으로 실제 측정값과 예측값의 관계는 그림 2.5와 같다. 초기의 예측값 (10)은 임의로 부여된 값으로 측정과 차이가 나지만, 횟수가 반복되면서 점점 측정값에 접근해 감을 볼 수 있다.

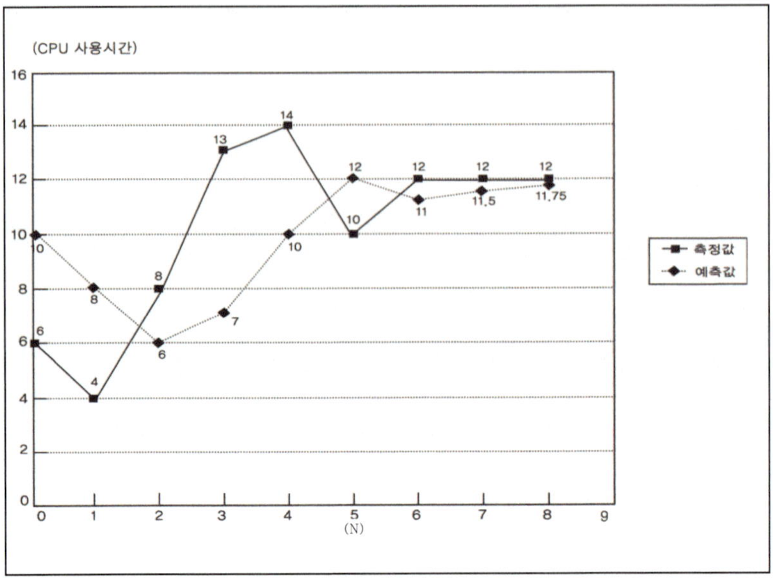

[그림 2.5] 지수 평균을 이용한 CPU 사용 시간 예측 (α =1/2)

기본적으로 SJF 스케줄링은 CPU 사용 시간이 가장 짧은 프로세스에 CPU를 할당하고 그 프로세스가 자발적으로 CPU를 반납할 때까지 CPU를 독점적으로 사용하는 비 선점 방식이다. 그러나 프로세스가 실행되는 동안에 새로운 프로세스가 준비 큐에 등록될 경우, 새로운 프로세스의 CPU 사용 시간과 실행 중인 프로세스의 CPU 잔여 시간을 비교하여 짧은 프로세스에 CPU를 할당할 수 있다. 이러한 스케줄링을"최단 잔여 시간 선 처리(SRTF: Shortest Remaining-Time First)" 혹은 "선점 SJF"라고 부른다.

예를 들어 세 개의 프로세스(P1, P2, P3)가 다음과 같은 순서로 준비 큐 등록되어 있을 경우를 가정해 보자. P2는 P1 실행 4초 후, P3는 6초 후에 준비 큐에 등록된다. 이 경우, SJF와 SRTF 스케줄링 정책에 의한 평균 대기시간과 문맥 교환 횟수를 비교하여 보자.

프로세스	등록시간	CPU 사용 시간(초)
P1	0	13
P2	4	5
P3	6	2

SJF 스케줄링으로 프로세스가 처리되는 순서는 P1, P3, P2이고, 각각의 CPU 대기시간, 평균 대기시간 그리고 문맥 교환의 횟수는 다음과 같이 계산된다.

P1의 대기시간 = 0초
P3의 대기시간 = (13-6) = 7초
P2의 대기시간 = (13-4+2) = 11초
평균 대기시간 = (0+7+11)/3 = 6(초)
문맥 교환 횟수 = 2회

한편, SRTF 스케줄링으로 프로세스가 처리되는 순서는 P1, P2, P3, P2, P1이고, 각각의 CPU 대기시간, 평균 대기시간 그리고 문맥 교환의 횟수는 다음과 같이 계산된다.

P1의 대기시간 = (2+2+3) = 7초
P2의 대기시간 = 2초
P3의 대기시간 = 0초
평균 대기시간 = (7+2+0)/3 = 3(초)
문맥 교환 횟수 = 4회

위의 예에서 SRTF 스케줄링은 SJF 스케줄링과 비교하여 평균 대기시간이 훨씬 단축됨을 알 수 있다. 그러나 SRTF 스케줄링은 SJF

스케줄링과 비교하여 문맥 교환의 오버헤드가 더 발생함을 유의하여야 한다. 한편, SJF 스케줄링에서 CPU 사용 시간이 짧은 프로세스들이 계속해서 준비 큐에 등록될 경우, CPU 사용 시간이 긴 프로세스는 무한정 기다리게 되는 "기아 현상(starvation)"이 발생할 수 있다. 이러한 기아 현상을 방지하기 위하여 Brinch Hansen이 제안한 HRN(Highest-response Ratio Next) 스케줄링 정책이 있다. HRN 스케줄링에서는 프로세스의 우선순위를 다음과 같이 계산한다.

우선순위 = (CPU 대기시간 + CPU 사용 시간) / CPU 사용 시간

위의 식에서 알 수 있듯이 프로세스의 우선순위는 CPU 사용 시간과 CPU 대기시간을 고려하여 결정된다. 다시 말해서 CPU 사용 시간이 짧고 CPU 대기시간이 길수록 프로세스의 우선순위는 높아질 것이다. 따라서 SJF 스케줄링에서 CPU 사용 시간이 긴 프로세스가 무한정 기다리게 되는 기아 현상을 방지할 수 있게 된다. 이같이 프로세스 스케줄링에서 기아 현상을 방지하기 위하여 CPU 대기시간을 고려하여 프로세스의 우선순위를 결정하는 기법을 "에이징(aging)"이라고 한다.

(3) 우선순위

우선순위(priority) 스케줄링은 준비 큐에 등록된 프로세스 중에서 프로세스의 우선순위가 가장 높은 프로세스를 선정하는 비 선점 스케줄링 정책이다. 우선순위 스케줄링에서는 프로세스의 크기, CPU 사용 시간, 입출력 대기시간 등의 내적 요소와 프로세스의 중요성, 사용자의 직급 등의 외적 요소를 고려하여 프로세스에 우선순위를 부여한다. FCFS와 SJF는 프로세스에 우선순위를 부여하지는

않지만, 우선순위 스케줄링의 특별한 경우이다. 왜냐하면, FCFS는 준비 큐에 도착하는 순서, SJF는 CPU 사용 시간이 프로세스의 우선순위에 해당하기 때문이다.

우선순위 스케줄링은 기본적으로 비 선점 방식이다. 그러나 프로세스가 실행되는 동안에 새로운 프로세스가 준비 큐에 도착할 경우, 새로운 프로세스의 우선순위가 실행 중인 프로세스의 우선순위보다 높으면 새로운 프로세스에 CPU를 할당할 수도 있다. 이러한 스케줄링을 "선점 방식의 우선순위 스케줄링"이라고 부른다.

또한, 프로세스의 우선순위는 정적 혹은 동적으로 부여할 수 있다. 우선순위를 정적으로 부여할 경우, 우선순위가 높은 프로세스가 계속 들어오게 되면 우선순위가 낮은 프로세스는 무한정 기다리게 되는 기아 현상이 발생할 수 있다. 이러한 기아 현상은 에이징 기법을 이용하여 우선순위를 동적으로 부여함으로써 해결할 수 있다.

(4) 순환 처리(RR)

순환 처리(RR:Round-Robin) 스케줄링은 시분할 시스템을 지원하기 위하여 개발된 전형적인 선점 스케줄링 정책이다. 시분할 시스템에서는 모든 프로세스에 CPU 할당 시간을 부여하여 CPU 사용 시간을 제한한다.

RR 스케줄링은 기본적으로 FCFS처럼 준비 큐에 먼저 도착한 프로세스를 선정한다. 선정된 프로세스는 주어진 CPU 할당 시간 동안 CPU를 독점적으로 사용한다. 만약 CPU 사용 시간이 CPU 할당 시간을 초과할 경우, 그 프로세스는 선점되어 준비 큐의 맨 뒤에 등록되어 또다시 CPU 할당을 기다리게 된다.

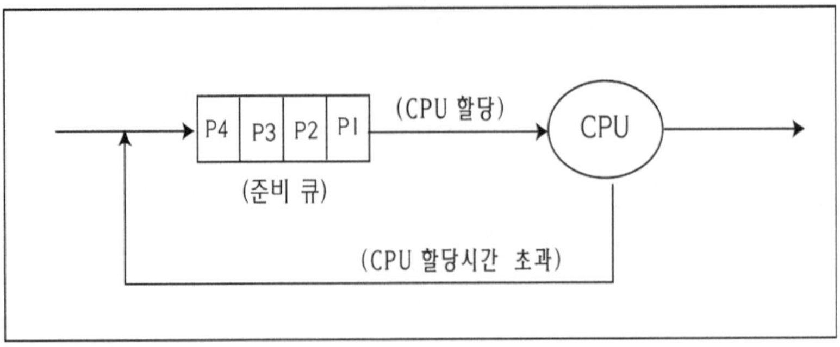

[그림 2.6] 순환 처리(RR) 스케줄링

그림 2.6에서 프로세스 P1, P2, P3, P4 순서로 준비 큐에 등록되었을 경우 가장 먼저 등록된 P1을 선정하여 CPU를 할당한다. 만약 P1이 실행되는 동안 P1의 CPU 사용 시간이 CPU 할당 시간을 초과할 경우, P1은 선점되어 P4 다음에서 기다리고 P2에 CPU를 할당한다.

RR 스케줄링에서 적절한 CPU 할당 시간 결정은 매우 중요하다. 만약 CPU 할당 시간이 너무 크면 FCFS와 유사하게 되어 호송 효과가 예상되고 너무 적으면 빈번한 문맥 교환에 의한 오버헤드가 발생하게 될 것이다.

예를 들어 스케줄링 시점에서 다음과 같은 네 개의 프로세스(P1, P2, P3, P4)가 준비 큐에 등록된 경우, 그림 2.7과 같이 평균 반환 시간이 CPU 할당 시간에 영향을 받음을 알 수 있다.

프로세스	CPU 사용 시간(초)
P1	6
P2	3
P3	1
P4	7

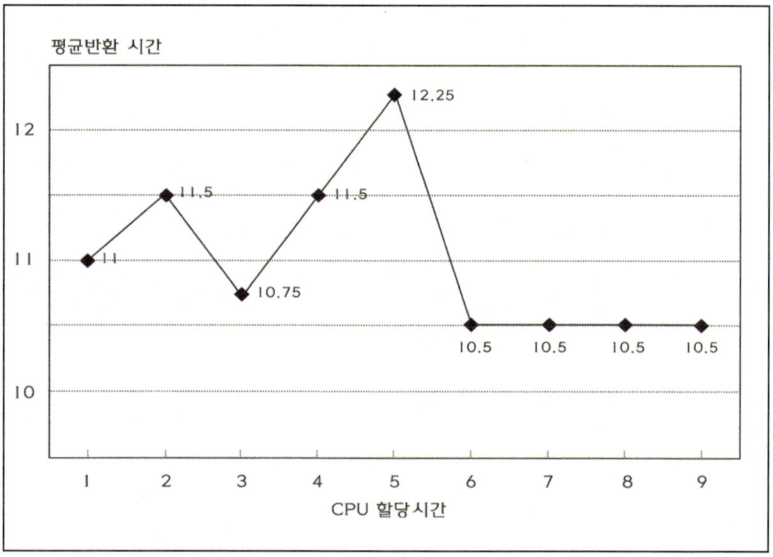

[그림 2.7] CPU 할당 시간과 평균 반환 시간

(5) 다단계 큐(MLQ)

지금까지 설명한 스케줄링 정책들은 하나의 준비 큐를 사용하였다. 그러나 다단계 큐(MLQ: Multi-Level Queue) 스케줄링에서 다수의 준비 큐를 사용한다. 각각의 준비 큐에 단계별 우선순위를 부여한다. 따라서 준비 큐들 사이에 우선순위가 존재한다. 또한, 모든 프로세스는 준비 큐의 우선순위별로 분류하여 프로세스가 생성될 때 해당 우선순위의 준비 큐에 등록된다. 따라서 우선순위가 같은 프로세스들은 같은 준비 큐에서 CPU 할당을 기다린다.

각각의 준비 큐마다 서로 다른 스케줄링 정책을 적용할 수 있지만, 준비 큐들 사이의 스케줄링이 우선적이다. 우선순위가 높은 준비 큐에 등록된 프로세스들을 우선으로 스케줄링한다. 예를 들어 그림 2.8과 같은 다단계 큐 스케줄링에서 우선순위가 가장 높은 단계-1 큐에 있는 프로세스는 기본적으로 우선순위가 높다. 따라서 단계-3 큐에 있는 프로세스들은 단계-1과 단계-2 큐가 비어있는 경우에만 스케줄링 될 수 있다. 한편 우선순위가 낮은 단계의 준비 큐에 등록된 프로세스가 실행되고 있는 동안에 우선순위가 높은 단계의 준비 큐에 새로운 프로세스가 등록되면 곧바로 선점된다. 따라서 우선순위가 낮은 프로세스가 너무 오랫동안 기다리게 되는 기아 현상이 발생할 수 있다.

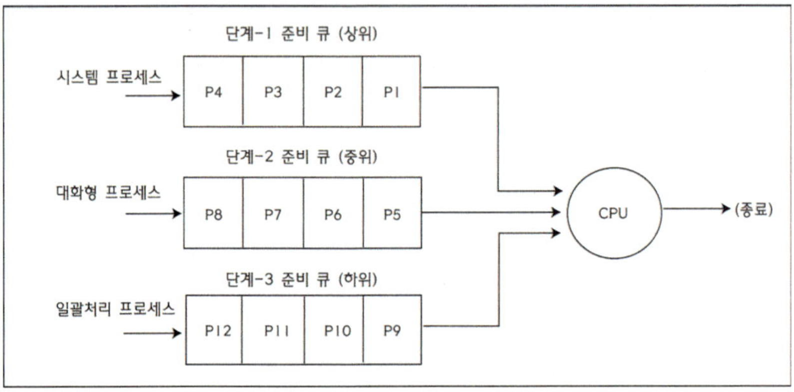

[그림 2.8] 다단계 큐(MLQ) 스케줄링

(6) 다단계 피드백 큐(MLFQ)

다단계 피드백 큐(MLFQ: Multi-Level Feedback Queue) 스케줄링은 다단계 큐 스케줄링에 피드백 기능(준비 큐들 사이의 프로세스 이동)이 추가된 스케줄링 정책이다.

다단계 피드백 스케줄링에서는 준비 큐의 우선순위가 낮을수록 더 많은 CPU 할당 시간을 부여한다. 모든 프로세스는 우선순위가 가장 높은 준비 큐에 등록되어 CPU 할당을 기다린다. CPU를 할당받은 프로세스가 그 준비 큐에 부여된 CPU 할당 시간 동안에 종료되지 못한 경우에는 선점되어 다음 단계의 준비 큐에 등록되어 CPU 할당을 기다린다. 이같이 프로세스가 실행되는 동안에 CPU 사용 시간이 긴 프로세스들은 점점 우선순위가 낮은 준비 큐로 이동하게 된다.

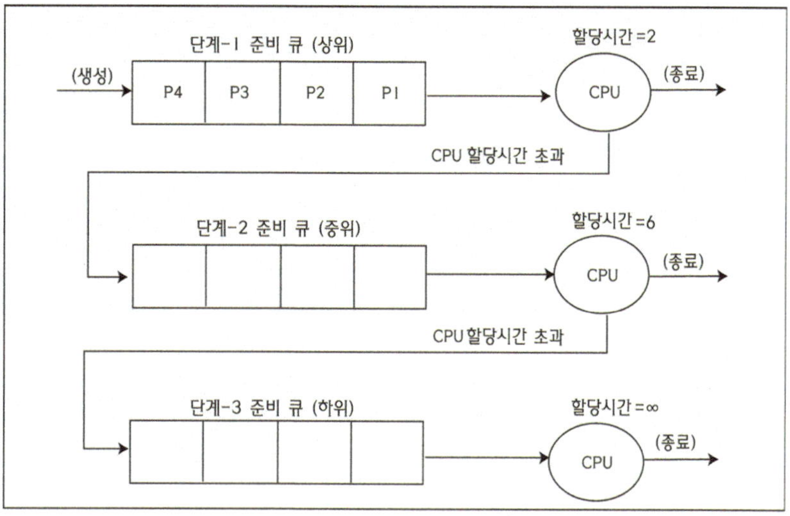

[그림 2.9] 다단계 피드백 큐(MLFQ) 스케줄링

예를 들어 그림 2.9와 같이 세 단계의 준비 큐를 가진 다단계 피드백 큐 스케줄링에서 단계-1 큐의 우선순위가 가장 높고 CPU 할당 시간(2)은 가장 작다. 반면 단계-2 큐의 우선순위는 낮지만, CPU 할당 시간(6)은 많다. 단계-3 큐에 등록된 프로세스는 단계-1과 단계-2 큐가 비어있는 경우에만 스케줄링의 대상이 되지만 일단 CPU가 할당되면 할당 시간이 무한정이므로 CPU를 독점적으로 사용할 수 있게 된다.

다단계 피드백 큐 스케줄링 정책에서는 모든 프로세스의 초기 우선순위를 같게 취급하기 때문에 CPU 사용 시간이 긴 "계산 위주의 프로세스(cpu bounded process)"는 낮은 단계의 큐에서 기다리게 된다. 따라서 CPU 사용 시간이 상대적으로 짧은 "입출력 위주의 프로세스(I/O bounded process)"는 계산 위주의 프로세스보다 상대적으로 유리하다.

또한, 기아 현상을 방지하기 위한 에이징 기법으로 너무 오랫동안 CPU를 대기하는 프로세스를 우선순위가 높은 단계의 큐로 이동시킬 수도 있다.

2.4 리눅스 프로세스

지금까지 설명한 프로세스 및 스레드 개념의 이해를 돕기 위하여 리눅스에서 정의하고 있는 프로세스 상태, 프로세스 주소 공간, 프로세스 제어 블록(PCB)을 살펴보도록 한다. 그리고 새로운 프로세스 및 스레드를 생성과 스케줄링 정책을 소개한다.

2.4.1 프로세스 상태

리눅스 커널(버전 2.4)에서는 프로세스의 상태를 다음과 같이 정의하고 있으며 상태 변환도는 그림 2.10과 같다.

```
#define TASK_RUNNING            0
#define TASK_INTERRUPTIBLE      1
#define TASK_UNINTERRUPTIBLE    2
#define TASK_ZOMBIE             4
#define TASK_STOPPED            8
```

① RUNNING(0) : 실행 중 혹은 준비상태
② INTERRUPTIBLE(1) : 인터럽트로 변환이 가능한 대기 상태
③ UNINTERRUPTIBLE(2) : 특정 사건으로 변환이 가능한 대기 상태
④ ZOMBIE(4) : 실행이 종료된 상태
⑤ STOPPED(8) : 특정 신호로 실행이 정지된 상태

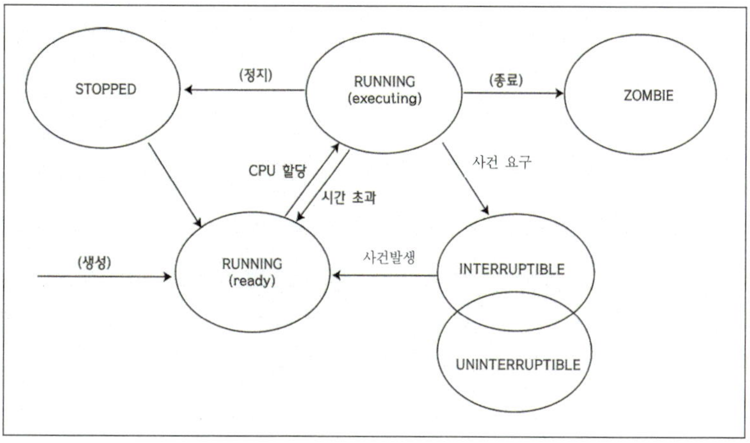

[그림 2.10] 프로세스의 상태 변환도

그림 2.10에서 프로세스가 생성되면 RUNNING 상태로 런 큐(run queue)에 등록되어 CPU 할당을 기다린다. 스케줄러는 런 큐에 있는 여러 프로세스 중에서 우선순위가 가장 높은 프로세스를 결정한 후 CPU를 할당한다. 리눅스에서 RUNNING 상태는 실행 중(executing)이거나 CPU 할당을 기다리는 준비(ready)상태를 의미한다. RUNNING 상태의 프로세스 중에서 현재 실행 중인 프로세스는 *current 변수가 가리키게 함으로써 구별한다.

*current 변수가 가리키는 실행 중인 프로세스는 RUNNING 상태에서 실행되다가 CPU 할당 시간 동안에 완료하지 못했거나 우선순위가 보다 높은 프로세스가 런 큐에 등록될 경우, CPU를 선점(preemption)당하고 원래대로 런 큐에 유지된다. 따라서 실행 중 혹은 준비상태의 프로세스는 모두 RUNNING 상태임을 유의하자. 한편, CPU 할당 시간 동안에 실행을 완료할 경우, RUNNING 상태에서 ZOMBIE 상태로 변환된다. ZOMBIE 상태는 프로세스가 종료되어 실행되지는 않지만, 프로세스 리스트에 존재한다. ZOMBIE 상태의 프로세스는 나중에 부모 프로세스에 의해 프로세스 리스트로부터 삭제된다.

실행 중인 프로세스는 RUNNING 상태에서 실행되다가 어떤 사건을 요청할 경우, INTERRUPTIBLE 혹은 UNINTERRUPTIBLE 상태로 변환되어 요청한 사건의 발생을 기다리게 된다. 이 둘은 요청한 사건이 발생할 때까지 기다린다는 점은 같다. INTERRUPTIBLE 상태의 프로세스는 시그널이 전달될 때 처리되지만 UNINTERRUPTIBLE 상태의 프로세스는 처리되지 않는다. 마지막으로, 실행 중인 프로세스가 RUNNING 상태에서 특정 시그널(예: SIGSTOP)을 받았을 경우, 프로세스의 실행이 정지되고 STOPPED 상태로 변환된다. 이처럼 프로세스는 실행 중이 아닌 여러 가지 상태를 가지고 있으며 커널 버전에 따라 더 세분될 수 있음을 유의하자.

2.4.2 프로세스 주소 공간

가상 메모리를 지원하는 리눅스에서 모든 프로세스의 주소 공간은 그림 2.11과 같이 4G(2^{32})B 크기이다. 기본적으로 사용자 프로그램이 실행될 때 사용되는 사용자 영역과 커널 프로그램이 실행될 때 사용되는 커널 영역으로 구분되며 사용자 영역은 다음과 같은 영역들로 구성된다.

① 코드(.text) 영역 : 프로그램의 코드(명령어)가 저장된 영역.
② 데이터(.data) 영역 : 초기화된 데이터가 저장된 영역.
③ 데이터(.bss) 영역 : 초기화되지 않은 데이터가 저장된 영역.
④ 힙(heap) 영역 : 프로그램 실행 과정에서 동적으로 할당된 메모리 영역.
⑤ 스택(stack) 영역 : 프로그램 실행 과정에서 일시적인 데이터(함수 복귀주소, 환경변수, 지역변수, 매개 변수 등)를 저장하기 위해 LIFO 방식으로 관리되는 영역.

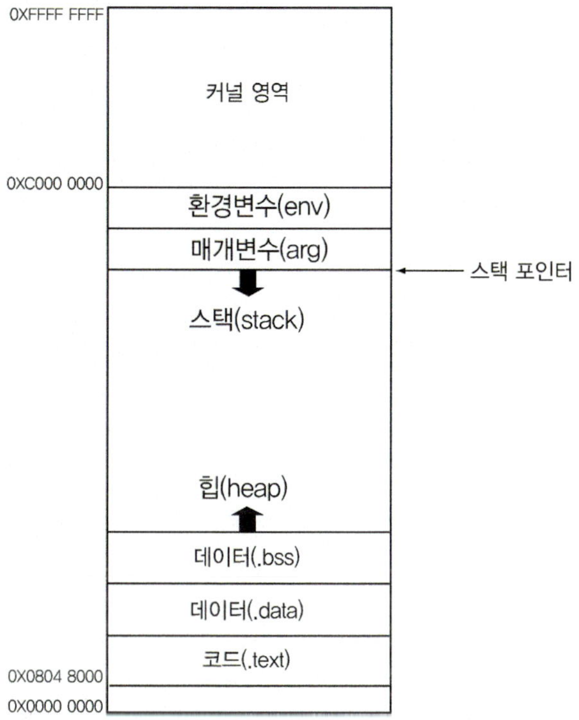

[그림 2.11] 프로세스의 주소 공간

그림 2.11에서 사용자 영역은 3GB(0000 0000 ~ BFFF FFFF)이고 커널 영역은 1GB(C000 0000 ~ FFFF FFFF)로써 프로세스의 전체 주소 공간은 4G(2^{32})B임을 알 수 있다. 참고로 리눅스에서는 가상 메모리를 지원하고 있으며 여기에서 사용하는 주소는 가상 주소임을 유의하자. 모든 프로세스의 주소 공간은 사용자 영역과 커널 영역으로 구성되며 커널 영역은 공유한다.

가상 메모리와 관련된 자세한 설명은 5장에서 할 것이다. 한편 사용자 영역의 스택 영역은 아래 방향으로 진행하는 반면, 힙 영역은 위 방향으로 진행하고 있음을 유의하자.

〈예제 프로그램 2-1〉은 사용자 영역의 프로세스 주소 공간을 확인하기 위한 것이다. 프로그램에서 선언된 전역변수, 지역변수와 malloc()으로 할당된 동적 메모리의 주소를 확인해 보자. 참고로 외부 변수(extern)로 선언된 etext, edata, end는 코드(.text), 데이터(.data), 데이터(.bss) 영역의 끝 주소를 가리킨다.

〈예제 프로그램 2-1〉

```
/*** ex2-1.c ***/

#include <stdio.h>
#include <unistd.h>
#include <stdlib.h>

extern char etext, edata, end;

int g1 = 1;
int g2;
int main() {
    static int s;
    int *m;
    int i1, i2 = 2;

    m = malloc(1024);

    printf("main =  %10p\n", main);
    printf("etext = %10p\n", &etext);
    printf("g1 =    %10p\n", &g1);
    printf("edata = %10p\n", &edata);
    printf("s =     %10p\n", &s);
    printf("g2 =    %10p\n", &g2);
    printf("end =   %10p\n", &end);
    printf("*m =    %10p\n", m);
    printf("m =     %10p\n", &m);
    printf("i1 =    %10p\n", &i1);
    printf("i2 =    %10p\n", &i2);
    free(m);
}
```

〈예제 프로그램 2-1〉의 컴파일 및 실행 결과는 다음과 같다.

```
$ gcc ex2-1.c  -o  ex2-1 ↵
$ ./ex2-1 ↵
main =  0x5555555551a9
etext = 0x555555555395
g1 =    0x555555558010
edata = 0x555555558014
s =     0x555555558018
g2 =    0x55555555801c
end =   0x555555558020
*m =    0x5555555592a0
m =     0x7fffffffe030
i1 =    0x7fffffffe028
i2 =    0x7fffffffe02c
$
```

〈예제 프로그램 2-1〉에서 선언된 모든 변수의 가상 주소를 프로세스의 주소 공간에 그려보면 다음과 같은 영역에 할당되어 있음을 확인할 수 있다.

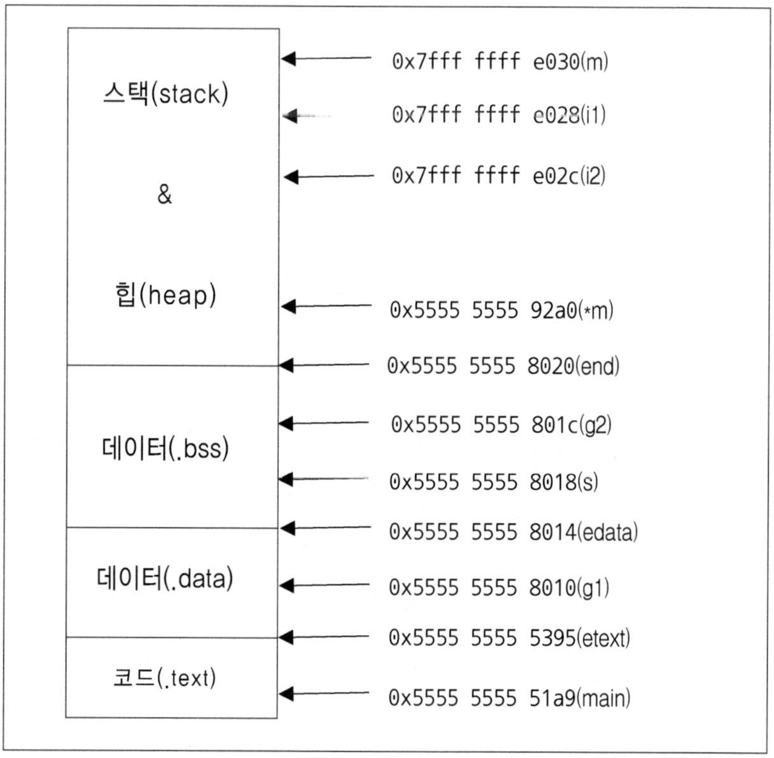

☞ 확인: main()의 주소는 코드(.text), 초기화된 전역변수(g1)는 데이터(.data), 초기화되지 않은 전역변수(g2)는 데이터(.bss), 동적 메모리를 가리키는 포인터 변수(*m)는 힙(heap), 그리고 지역 변수(m, i1, i2)는 스택(stack) 영역에 할당됨을 확인할 수 있다.

이 주소는 가상 주소로서 프로세스가 실행될 때마다 항상 같아야 한다. 그러나 ASLR(Address Space Layout Randomization) 기법이 설정되어 있으므로 실행될 때마다 다르게 할당되고 있다. ASLR은 프로세스 주소 공간 배치를 랜덤하게 할당하여 해커들의 메모리 공격을 어렵게 하려고 제안된 보안 기법이다. ASLR의 설정값(0, 1, 2)은 /proc/sys/kernel/randomize_va_space 파일에 저장되어 있으며 기본값은 2이다. ASLR의 설정값은 다음과 같은 명령으로 확인, 변경할 수 있다. 단, 변경은 루트 권한으로 실행하여야 한다.

```
$ cat /proc/sys/kernel/randomize_va_space ↵
2
$ sudo echo 0 > /proc/sys/kernel/randomize_va_space ↵
$ [sudo] user1의 암호:
$ cat /proc/sys/kernel/randomize_va_space ↵
0
$ ./ex2-1 ↵
```

만약, 설정값을 0으로 변경하면 ASLR 기법이 해제되어 항상 일정한 주소가 할당됨을 확인할 수 있을 것이다.

2.4.3 프로세스 제어 블록

리눅스 커널은 프로세스를 관리하기 위해서 어떤 정보를 유지하여야 할까? 생각보다 많은 정보를 유지 관리하고 있다. 리눅스 커널에서는 프로세스 관리를 위하여 PCB 구조체(task_struct)에 다음과 같은 정보를 유지 관리하고 있으며 커널 버전에 따라 다를 수 있음을 유의하자.

```
struct task_struct {
    volatile long state; /*프로세스 상태 */
    unsigned long flags; /* 현재 시스템 상태 */
    int sigpending; /* 도착된 신호 */
    mm_segment_t addr_limit; /* 사용이 가능한 주소 공간 */
    struct exec_domain *exec_domain;
    volatile long need_resched; /* 스케줄링 여부 */
    unsigned long ptrace; /* 추적 상태 */
    int lock_depth; /* 잠금 상태 */
    long counter; /* CPU 사용 시간 */
    long nice; /* 사용자가 부여한 우선순위 값 */
    unsigned long policy; /* 스케줄링 정책 */
    struct mm_struct *mm; /* 할당된 주소 공간에 대한 기술자 */
    int processor; /* 실행되고 있는 CPU */
    unsigned long cpus_runnable, cpus_allowed;
    struct list_head run_list; /* 실행 가능한 프로세스들의 리스트 */
    unsigned long sleep_time; /* 수면(sleep) 시간 */
    struct task_struct *next_task, *prev_task; /* 연결된 프로세스 */
    struct mm_struct *active_mm; /* 주소 공간에 대한 기술자 */
    struct list_head local_pages;
    unsigned int allocation_order, nr_local_pages;
    struct linux_binfmt *binfmt; /* 이진 파일 형식 */
    int exit_code, exit_signal; /* 종료 시 반환 값과 신호 */
    int pdeath_signal; /* 부모가 종료되었을 때 전달된 신호 */
    unsigned long personality; /* 에뮬레이션 시스템 */
    int did_exec:1;
    pid_t pid;  /* 프로세스 식별자 */
    pid_t pgrp; /* 프로세스 그룹 식별자 */
    pid_t tty_old_pgrp;
    pid_t session;
    pid_t tgid; /* 스레드 그룹 식별자 */
    int leader;
    struct task_struct *p_opptr, *p_pptr, *p_cptr, *p_ysptr, *p_osptr;
    struct list_head thread_group;
    struct task_struct *pidhash_next;
    struct task_struct **pidhash_pprev;
    wait_queue_head_t wait_chldexit;
    struct completion *vfork_done;
    unsigned long rt_priority; /* 정적인 우선순위 */
    unsigned long it_real_value, it_prof_value, it_virt_value;
    unsigned long it_real_incr, it_prof_incr, it_virt_incr;
    struct timer_list real_timer;
    struct tms times;
    unsigned long start_time; /* 프로세스가 실행된 시점 */
```

```
    long per_cpu_utime[NR_CPUS], per_cpu_stime[NR_CPUS];
    unsigned long min_flt, maj_flt, nswap, cmin_flt, cmaj_flt,
            cnswap;
    int swappable:1; /* 스왑 여부 */
    uid_t uid,euid,suid,fsuid; /* 사용자 식별자 */
    gid_t gid,egid,sgid,fsgid; /* 그룹 식별자 */
    int ngroups;
    gid_t  groups[NGROUPS];
    kernel_cap_t cap_effective, cap_inheritable, cap_permitted;
    int keep_capabilities:1;
    struct user_struct *user; /* 생성한 프로세스와 연 파일 수 */
    struct rlimit rlim[RLIM_NLIMITS]; /* 자원 사용 현황 */
    unsigned short used_math; /* co-procesoor 사용 여부 */
    char comm[16];  /* 프로세스 이름, 파일명 */
    int link_count, total_link_count;
    struct tty_struct *tty; /* 프로세스에 할당된 터미널 */
    unsigned int locks; /* 파일 잠금을 실행한 횟수 */
    struct sem_undo *semundo; /* 세마포어 리스트 */
    struct sem_queue *semsleeping; /* 세마포어 큐 * /
    struct thread_struct thread; /* 스레드 정보 */
    struct fs_struct *fs; /* 사용 중인 파일 시스템 */
    struct files_struct *files; /* 사용 중인 파일 포인터 */
    spinlock_t sigmask_lock;
    struct signal_struct *sig;
    sigset_t blocked;
    struct sigpending pending;
    unsigned long sas_ss_sp;
    size_t sas_ss_size;
    int (*notifier)(void *priv);
    void *notifier_data;
    sigset_t *notifier_mask;
    u32 parent_exec_id;
    u32 self_exec_id;
    spinlock_t alloc_lock;
    void *journal_info;
};
```

프로세스마다 자신의 정보를 저장하기 위하여 하나의 프로세스 구조체를 가지고 있으며 모든 프로세스 구조체들은 그림 2.12와 같이 INIT_TASK와 함께 이중 연결 리스트(doubly linked list) 구조의 프로세스 리스트를 유지하면서 동적으로 관리된다.

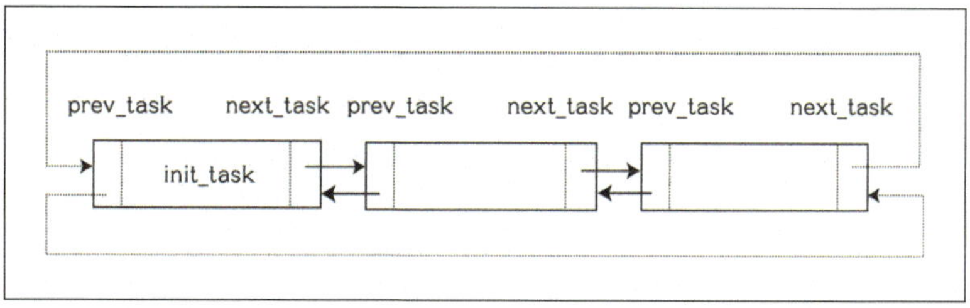

[그림 2.12] 프로세스 리스트 구조

한편, 프로세스 정보를 저장하기 위한 프로세스 구조체 타입의 변수(task)는 다음과 같이 프로세스의 커널 스택 변수(stack[])와 함께 공용체(union)로 선언되어 있다.

```
#define INIT_TASK_SIZE 2048 * sizeof(long)
union task_union {
    struct task_struct task;
    unsigned long stack[INIT_TASK_SIZE/sizeof(long)];
}
```

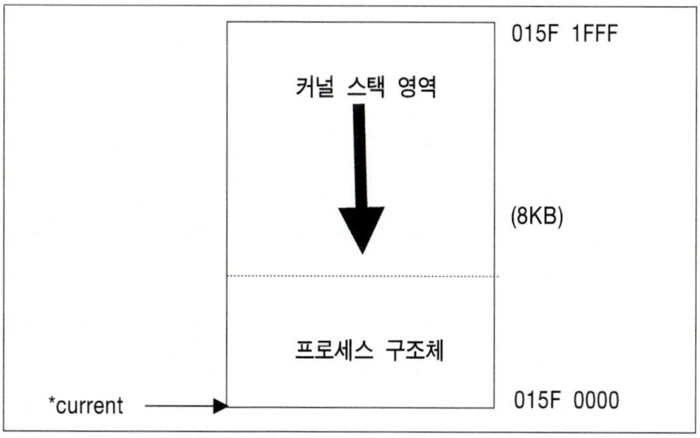

[그림 2.13] 프로세스 구조체와 커널 스택의 공용체

리눅스에서 프로세스는 두 개의 스택(사용자 스택, 커널 스택) 영역을 유지한다. 사용자 모드는 사용자 스택을, 커널 모드는 커널 스

택을 각각 사용한다. 커널 코드와 데이터는 모든 프로세스가 공유하는 영역이기 때문에 프로세스마다 자신의 커널 스택이 요구된다. 이를 위하여 리눅스에서는 그림 2.13과 같이 프로세스 구조체와 함께 커널 스택을 유지하고 있다. *current는 현재 실행 중인 프로세스의 태스크 구조체를 가리키며 *current로부터 1FFF 떨어진 주소가 바로 스택 영역의 시작 주소에 해당한다.

2.4.4 프로세스 및 스레드 생성

(1) 프로세스 생성 : fork()

리눅스에서는 fork() 시스템 호출을 이용하여 새로운 프로세스를 생성한다. 이때 fork() 함수를 호출한 프로세스를 "부모 프로세스", 새로 생성된 프로세스를 "자식 프로세스"라고 부르며 이들은 부모-자식 관계를 유지하게 된다. 자식 프로세스의 내용은 부모 프로세스의 복사본으로 같으며, 프로세스의 PID로 구별한다. 부모와 자식 프로세스의 PID는 서로 다르지만, 같은 코드와 데이터의 프로그램이 서로 독립적이며 비동기적으로 실행된다. 즉, 부모와 자식 프로세스는 같은 프로그램을 실행하면서 서로 영향을 주고받지 않으며 어느 프로세스가 먼저 실행될지 예측할 수 없다. 한편, 자식 프로세스는 프로그램의 main()부터 실행되는 것이 아니고 fork() 다음부터 실행됨을 유의하자.

일반적으로 함수 호출에 대한 반환 값은 한 번 반환되지만, fork() 시스템 호출의 반환 값은 두 번 반환된다. 부모 프로세스에는 자식 프로세스의 PID, 자식 프로세스에는 0이 각각 반환된다. 따라서 부모 프로세스는 자신이 생성한 자식 프로세스의 PID를 식별할 수 있다. 이러한 반환 값을 이용하여 다음과 같은 방법으로 부모와 자식 프로세스가 서로 다른 일을 수행하도록 프로그램을 작성할 수 있다.

```
pid_t    ret;
    ret = fork();
    if(ret > 0) {  ---------------------- ①
        부모 프로세스가 처리할 코드;
    }
    else if(ret == 0) {------------------ ②
        자식 프로세스가 처리할 코드;
    }
    else /* fork() 실패 */--------------- ③
```

〈예제 프로그램 2-2〉는 fork()를 사용하여 자식 프로세스를 생성한 후, 부모 프로세스는 'O'를, 자식 프로세스는 'X'를 무한정 화면 출력하기 위한 것이다.

〈예제 프로그램 2-2〉

```
/*** ex2-2.c ***/

#include <stdio.h>
#include <unistd.h>

int main() {
    pid_t ret;
          ret = fork();
          if(ret == 0)
              while(1) printf("X");
          else if(ret > 0)
              while(1) printf("O");
          else
              printf("Error");
}
```

〈예제 프로그램 2-2〉의 컴파일 및 실행 결과는 다음과 같다.

```
$ gcc ex2-2.c  - o  ex2-2 ↵
$ ./ex2-2 ↵
OOOOOOOOOOOOOOOOOOOOOOOOOOOOOOOOOOOOOOOOOOOOOOOOOOOOOOOOOOOOOOOOOO
OOOOOOOOOOOOOOOOOOOOOOOOOOOOOOOOOOOOOOOOOOOOOOOOOOOOOOOOOOOOOOOOOO
OOOOOOOOOOOOOOOOOOOOOOOOOOOOOOOOOOOOOOOOOOOOOOOOOOOOOOOOOOOOOOOOOO
OOXXXXXXXXXXXXX^C
$
```

☞ 확인: 부모-자식 프로세스가 비동기적으로 실행되면서 'X' 와 'O' 가 불규칙적으로 반복 출력됨을 확인할 수 있을 것이다. 〈Ctrl + C〉 입력으로 프로그램 실행을 강제로 종료시킨다.

(2) 스레드 생성 : pthread_create()

리눅스에서는 pthread_create()를 이용하여 새로운 스레드를 생성한다. 〈예제 프로그램 2-3〉은 pthread_create()를 호출하여 자식 스레드를 생성하고, 부모 스레드는 'O'를, 자식 스레드는 'X'를 무한정 화면 출력하기 위한 것이다.

〈예제 프로그램 2-3〉

```
/*** ex2-3.c ***/

#include <stdio.h>
#include <pthread.h>

void *thread(void *unused) {
     while(1) printf("X");
}
int main() {
    pthread_t tid;
    pthread_create(&tid, NULL, &thread, NULL);
    while(1) printf("O");
}
```

☞ 확인: pthread_create(&tid, NULL, &thread, NULL)에서 3번째 인자 (&thread)는 생성된 자식 스레드가 실행할 함수명을 지정하고 있다.

〈예제 프로그램 2-3〉을 다음과 같이 컴파일하여 실행 결과를 확인해 보자. 참고로 pthread_create()는 라이브러리 함수이므로 컴파일 시 "-lpthread " 옵션을 첨가해야 함을 유의하자. 〈예제 프로그램 2-3〉의 실행 결과는 〈예제 프로그램 2-2〉의 실행 결과와 같은 형태이다. 이처럼 스레드의 속성은 기본적으로 프로세스와 매우 유사함을 확인할 수 있다.

```
$ gcc ex2-3.c -o ex2-3 - lpthread ↵
$ ./ex2-3 ↵
OOOOOOOOOOOOOOOOOOOOOOOOOOOOOOOOOOOOOOOOOOOOOOOOOOOOOOOOOOOO
OOOOOOOOOOOOOOOOOOOOOOOOOOOOOOOOOOOOOOOOOOOOOOOOOOOOOOOOOOOO
OOOOOOOOOOOOOOOOOOOOOOOOOOOOOOOOOOOOOOOOOOOOOOOOOOOOOOOOOOOO
OOOOOOOOOOOOOOOXXXXXXXXXXXXXXXXXXXXXXXXXXXXXXXXXXXXXXXXXXXXX
XXXXXXXXXXXXXXXXXXXXXXXXXXXXXXXXXXXXXXXXXXXXXXXXXXXXXXXXXXXX
XXXXXXXXXXXXXXXXXXXXXXXXX^C
$
```

☞ 확인: 부모-자식 스레드가 비동기적으로 실행되면서 'X' 와 'O' 가 불규칙으로 반복 출력됨을 확인할 수 있을 것이다. 〈Ctrl + C〉 입력으로 프로그램 실행을 강제로 종료시킨다.

2.4.5 스케줄링 정책

리눅스 커널의 스케줄링 정책은 계속 변하고 있으며 최신 버전의 스케줄링 정책은 매우 복잡한 알고리즘(CFS: Completely Fair Scheduler)을 사용하고 있다. 여기에서는 스케줄링 정책에 기본개념을 이해하기 위하여 리눅스 커널(버전 2.4)에서 사용하고 있는 세 가지 정책을 소개한다. 각각의 정책은 실시간 혹은 일반적인 프로세스에 따라 다르게 적용된다. 프로세스의 스케줄링 정책에 대한 정보는 PCB 구조체(task_struct) 내부의 policy 변수에 저장되어 있다.

```
#define SCHED_OTHER                    0
#define SCHED_FIFO                     1
#define SCHED_RR                       2
```

① SCHED_OTHER

일반 프로세스를 위한 정책으로써 선점 방식이다. 2.3.3에서 설명한 다단계 피드백 큐(MLFQ) 방식에 해당한다.

② SCHED_FIFO

실시간 프로세스를 위한 정책으로써 비 선점 방식이다. 이 경우 스케줄링으로 CPU가 할당될 때 그 프로세스를 실행 큐(runqueue)의 현재 위치에 그대로 유지한다. 2.3.3에서 설명한 선입 선 처리(FCFS) 방식에 해당한다.

③ SCHED_RR

실시간 프로세스의 시분할(time sharing)을 위한 정책으로써 선점 방식이다. 이 경우 스케줄링으로 CPU가 할당될 때 그 프로세스를 실행 큐(run queue)의 마지막 위치로 이동시킨다. 2.3.3에서 설명한 순환처리(RR) 방식에 해당한다.

기본적으로 실시간 프로세스의 우선순위는 일반 프로세스보다 더 높게 부여함으로써 일반 프로세스에 의해 선점당하지 않도록 한다. 실시간 프로세스의 우선순위는 task_struct 구조체 내부의 rt_priority 변수에 저장되고 일반 프로세스는 nice 변수에 저장된다.

연습문제

1. 프로세스의 정의를 "실행 중인 프로그램"으로 함이 왜 충분하지 않은가? 그 부족함을 보완할 수 있는 정의를 제시해 보시오.

2. 프로세스와 프로그램과의 차이점을 설명하시오.

3. 프로세스의 상태(준비, 실행, 대기)를 정의하고, 상태 변환도를 그림과 함께 설명하시오.

4. 스와핑(swapping)을 지원하는 시스템에서 프로세스의 기본적인 상태를 정의하고 이들의 상태 변환도와 각각의 변환이 일어나게 되는 원인을 예를 들어 설명하시오.

5. 프로세스 주소 공간(코드, 데이터, 힙, 스택) 중에서 스택 영역의 역할에 대하여 설명하시오.

6. 프로세스 제어 블록(PCB)의 역할은 무엇인가?

7. 프로세스는 컴퓨터 시스템 내부에서 처리되는 일의 단위로써 정적인

부분(static part)과 동적인 부분(dynamic part)으로 구별할 수 있다. 프로세스의 정적인 부분과 동적인 부분을 구별하여 설명하시오.

8. 다중 스레드 기법의 장점을 기술하고 이를 지원하기 위하여 고려하여야 할 사항을 설명하시오.

9. 프로세스 간 문맥 교환의 오버헤드가 CPU 이용률에 미치는 영향을 프로세스의 CPU 할당 시간 관점에서 설명하고 이를 최소화하기 위하여 운영체제 설계 시 고려해야 할 사항들을 열거하시오.

10. 프로세스들의 준비 큐 등록시간과 CPU 사용 시간이 다음과 같을 경우, 각 프로세스 스케줄링 정책에 대한 평균 반환 시간을 구하고 그 결과를 비교 설명하시오.

프로세스	등록시간	CPU 사용 시간	우선순위
P1	0	10	3
P2	3	6	1
P3	5	4	2

(1) FCFS (First-Come First-Served) 스케줄링
(2) SJF (Shortest Job First) 스케줄링
(3) SRTF (Shortest Remain Time First) 스케줄링
(4) 우선순위 (Priority) 스케줄링
(5) RR (Round Robin) 스케줄링(CPU 시간 할당 = 2, 4, 6)

11. 프로세스 스케줄링 정책을 선점 방식과 비 선점 방식으로 구분할 수 있다.

(1) 이것을 구별할 수 있는 근본적인 차이점은 무엇인가?

(2) 각 방식의 장단점을 설명하시오.

(3) 실시간 처리 시스템에서는 어느 방식이 더 적합한가를 설명하시오.

12. 다단계 피드백 큐(Multi-level Feedback Queue) 스케줄링 방식의 동작 원리를 설명하고, 이 방식으로 프로세스를 스케줄링할 경우, CPU 위주 프로세스와 I/O 위주 프로세스 중 어느 것이 더 유리한지를 기술하고 그 이유를 제시하시오.

13. 리눅스 커널에서는 그림 2.13과 같이 프로세스 구조체와 커널 스택을 공용체로 선언하여 같은 주소 공간(8KB)에 할당함으로써 내부적으로 스택 포인터 레지스터값으로부터 현재 실행 중인 프로세스 구조체의 주소를 쉽게 얻을 수 있다. 그 이유를 설명하시오.

14. 리눅스 커널에서 사용자 스택과 커널 스택을 구별하는 이유를 설명하시오.

제3장 병행성

운영체제는 프로세스 단위로 자원을 할당하며 프로세스 내부에는 다수의 스레드가 존재할 수 있다. 이 장에서는 프로세스 혹은 스레드가 프로세스에 할당된 자원들을 공유하면서 병행적으로 실행될 때 발생하는 임계 영역 문제와 이를 해결하기 위한 동기화 기법에 관하여 알아본다. 마지막으로 이러한 기법들의 이해를 돕기 위하여 리눅스에서 프로세스 및 스레드의 병행성과 동기화 기법들을 소개하고 예제 프로그램을 통하여 확인한다.

3.1 개요

다중 프로그래밍 환경에서 실제로 실행 중인 프로세스는 하나이지만 마치 다수의 프로세스가 동시에 실행되고 있는 것처럼 보인다. 마찬가지로, 다중 스레드 환경에서도 실제로 실행 중인 스레드는 하나이지만 마치 다수의 스레드가 동시에 실행되고 있는 것처럼 보인다. 다중 프로그래밍 환경에서 다수의 프로세스 혹은 스레드가 동시에 실행되는 것을 프로세스 혹은 스레드의 "병행성(concurrency)"이라고 부른다.

다중 프로그래밍 환경에서 프로세스는 제한된 자원들을 경쟁적으로 사용하면서 비동기적으로 실행된다. 또한, 프로세스마다 자신의 주소 공간에서 독립적으로 실행된다. 따라서 다중 프로그래밍 환경에서 비동기적으로 실행되는 프로세스는 다른 프로세스로부터 영향을 받지 않으며 프로세스의 실행 결과는 항상 일정하다. 프로세스의 이러한 특성을 "결정성(determinacy)"이라고 부른다. 예를 들어 1부터 10까지의 합을 구하는 프로세스의 실행 결과는 항상 55이어야 한다. 그러나 다중 프로그래밍 환경에서 다수의 프로세스가 자원을 공유하면서 병행적으로 실행될 경우, 상호 영향을 미치게 되기 때문에 프로세스의 실행 결과가 달라질 수 있다. 마찬가지로, 다중 스레드 환경에서도 프로세스 내부에 존재하는 스레드는 자원들을 공유하면서 병행적으로 실행되기 때문에 상호 영향을 미치게 되어 그 실행 결과가 달라질 수 있다.

이처럼 프로세스 혹은 스레드가 자원을 공유하면서 병행적으로 실행될 경우 상호 영향을 미치게 되면 프로세스 혹은 스레드의 결정성을 보장할 수 없게 된다. 따라서 프로세스 혹은 스레드가 자원을 공유하면서 병행적으로 실행될 경우, 프로세스 혹은 스레드의 결정성을 보장하기 위한 운영체제의 기능이 요구된다.

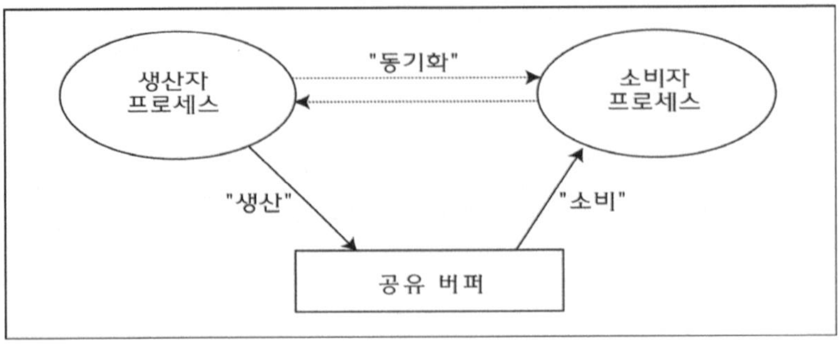

[그림 3.1] 생산자와 소비자 프로세스

예를 들어 그림 3.1과 같이 생산자 프로세스와 소비자 프로세스가 공유 버퍼를 통하여 데이터를 주고받을 때, 두 프로세스 사이에 미치는 영향에 대하여 생각해 보자. 생산자 프로세스는 데이터를 생산하여 공유 버퍼에 저장하고, 소비자 프로세스는 공유 버퍼로부터 데이터를 가져와 소비한다. 두 프로세스가 공유 버퍼를 공유하면서 비동기적으로 실행하기 때문에 주고받은 데이터가 달라질 수 있다. 주고받은 데이터가 항상 같기 위해서는 생산자 프로세스는 공유 버퍼가 꽉 차게 되면 기다리고, 소비자 프로세스는 공유 버퍼가 비어있으면 기다리도록 해야 한다. 결국, 두 프로세스 간의 동기화(synchronization) 기법이 요구된다.

그림 3.2는 생산자 프로세스와 소비자 프로세스 간의 동기화를 지원하기 위한 알고리즘을 보여주고 있다. 그림 3.2에서 buffer[N]는 공유 버퍼로써 환형 큐 구조이며 counter는 공유 버퍼에 저장된 데이터의 개수를 관리하기 위한 공유 변수이다. 생산자 프로세스는 새로운 데이터를 생산하여 공유 버퍼에 저장하고 counter를 1 증가시킨다. 반면, 소비자 프로세스는 공유 버퍼로부터 데이터를 삭제하고 counter를 1 감소시킨다. 두 프로세스는 이 변수(buffer, counter)를 공유하면서 병행적으로 실행된다.

```
공유 변수
char buffer[N]; /* 환형 큐 구조의 공유 버퍼 */
int counter = 0; /* 공유 버퍼에 저장된 데이터 개수 */
```

```
생산자 프로세스 알고리즘
producer(){
  int in = 0;
  char *nextp;
  for(;;) {
    ...
    /* 새로운 데이터를 생산하여 nextp에 할당 */
    ...
    while(counter == N) /* 공유 버퍼가 꽉 차면 기다림 */
          ;
    buffer[in] = nextp; /* 공유 버퍼에 데이터 저장 */
    in = (in + 1) % N;
    counter++; /* 공유 버퍼에 저장된 데이터 개수 증가*/
}
```

```
소비자 프로세스 알고리즘
consumer(){
  int out = 0;
  char *nextc;
  for(;;) {
    while(counter == 0) /* 공유 버퍼가 비어있으면 기다림 */
          ;
    nextc = buffer[out]; /* 공유 버퍼로부터 데이터 제거 */
    out = (out + 1) % N;
    counter--; /* 공유 버퍼에 저장된 데이터 개수 감소 */
    /* nextc에 할당된 데이터 소비 */
    ...
    }
}
```

[그림 3.2] 생산자와 소비자 프로세스 알고리즘

생산자 프로세스는 counter 값이 buffer 크기(N)와 같으면 기다리고, 소비자 프로세스는 counter 값이 0이면 기다리게 함으로써 결정성 보장을 기대한다. 그러나 공유 변수(counter)를 접근하면서 실행하는 두 프로세스의 병행성 때문에 결정성이 보장되지 않는다.

그 이유를 자세히 살펴보자.

생산자 프로세스가 "counter++" 문장을, 소비자 프로세스가 "counter--" 문장을 실행할 때 공유 변수 counter에 접근한다. 여기에서 "counter++" 문장과 "counter--" 문장은 각각 다음과 같은 3-단계의 기계어로 분리되어 CPU에서 처리된다.

counter++;

```
(단계-1) mov  reg, counter ;변수 counter 값을 reg로 읽기
(단계-2) add  reg, 1        ;reg 값에 1 더하기
(단계-3) mov  counter, reg  ;reg 값을 변수 counter에 쓰기
```

counter--;

```
(단계-1) mov  reg, counter ;변수 counter 값을 reg로 읽기
(단계-2) sub  reg, 1        ;reg 값에서 1 빼기
(단계-3) mov  counter, reg  ;reg 값을 변수 counter에 쓰기
```

예를 들어 counter 값이 4일 때, 생산자 프로세스가 "counter++" 문장을 실행하는 과정에서 (단계-2)까지 수행한 후 CPU 할당 시간을 초과하여 소비자 프로세스로 문맥 교환이 이루어지고, 소비자 프로세스가 "counter--" 문장을 실행한 후, 다시 생산자 프로세스가 실행되었다고 가정하자. 이 경우 두 프로세스에 의해 공유 변수 counter의 접근 순서는 다음과 같다.

```
(과정-1) : mov  reg, counter      (reg = 4, counter = 4)
(과정-2) : add  reg, 1            (reg = 5, counter = 4)
/*** 문맥 교환 ***/
(과정-3) : mov  reg, counter      (reg = 4, counter = 4)
(과정-4) : sub  reg, 1            (reg = 3, counter = 4)
(과정-5) : mov counter, reg       (reg = 3, counter = 3)
/*** 문맥 교환 ***/
(과정-6) : mov counter, reg       (reg = 5, counter = 5)
```

이 과정에서 실제 buffer에 저장된 데이터 개수는 4임에도 불구하고 데이터의 개수를 나타내는 counter 값은 5이다. 이러한 오류가 발생하는 근본적인 원인은 생산자 프로세스의 "counter++" 문장이 처리되는 과정에서 공교롭게도 문맥 교환이 발생하여 소비자 프로세스의 counter 접근이 이루어졌기 때문이다. 따라서 생산자 프로세스의 "counter++" 문장이 처리되는 동안에는 문맥 교환이 발생하지 않아야 한다. 이처럼 다중 프로그래밍 환경에서 공유 자원에 접근하는 순서에 따라 프로세스의 실행 결과가 달라질 수 있는 상황을 프로세스의 "경쟁 조건(race condition)"이라 한다.

결국, 프로세스의 병행성으로 인해 발생하는 문제는 프로세스가 공유 자원을 사용하고 있는 중 문맥 교환이 이루어지기 때문이다. 이제 병행성으로 인해 발생하는 문제의 해결책에 대하여 알아보자.

3.2 임계 영역

프로세스의 영역 중에서 공유 자원에 접근하는 코드 영역을 "임계 영역(critical section)" 이라고 부른다. 어떤 프로세스가 이 영역을 실행하고 있을 때 "그 프로세스가 임계 영역에 있다"라고 말한다. 예를 들어 그림 3.2에서 공유 변수(buffer, counter)를 접근하는 코드 영역이 임계 영역에 해당하며, 생산자 프로세스의 "counter++" 문장이 실행되고 있을 때 "생산자 프로세스가 임계 영역에 있다"라고 말한다. 마찬가지로 소비자 프로세스의 "counter--" 문장이 실행되고 있을 때 "소비자 프로세스가 임계 영역에 있다"라고 말한다. 모든 프로세스의 주소 공간에 임계 영역이 존재하는 것은 아니다. 그러나 자원을 공유하면서 병행적으로 실행되는 모든 프로세스에는 반드시 임계 영역이 존재함을 유의하자.

임계 영역 문제에 대한 해결책을 설명하기 위하여 프로세스 주소 공간의 코드 영역을 그림 3.3과 같이 세분하여 생각해 보자.

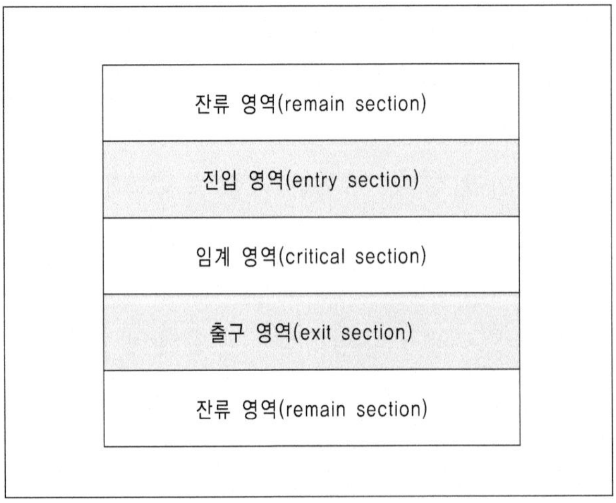

[그림 3.3] 프로세스의 코드 영역

그림 3.3에서 진입 영역(entry section)은 프로세스가 임계 영역에 진입을 시도하는 부분이고, 출구 영역(exit section)은 임계 영역에서 빠져나왔음을 알리는 부분이다. 그리고 잔류 영역(remainder section)은 임계 영역과 무관한 영역이다.

임계 영역의 문제에 대한 해결책은 기본적으로 임계 영역으로 진입이 상호 배제적으로 이루어지도록 조치하는 것이다. 진입 영역과 출구 영역에 알고리즘을 추가함으로써 임계 영역의 실행이 시작되어 완료될 때까지 문맥 교환이 발생하지 않도록 한다. 임계 영역의 문제를 해결하기 위한 알고리즘은 다음의 세 가지 조건을 모두 만족하여야 완전하다고 말할 수 있다.

① 상호 배제(mutual exclusion) 조건 : 어떤 프로세스가 임계 영역에 있으면 다른 프로세스는 임계 영역에 진입할 수 없다. 즉 두 개 이상의 프로세스가 임계 영역에 동시에 존재해서는 안 된다.

② 진행(progress) 조건 : 임계 영역에 있는 프로세스가 하나도 없는 경우 임계 영역에 진입하려는 프로세스가 반드시 임계 영역에 진입할 수 있어야 한다. 즉 어느 프로세스도 임계 영역에 진입하지 못하도록 해서는 안 된다.

③ 제한된 대기(bounded waiting) 조건 : 어떤 프로세스가 임계 영역 진입을 요청한 후 진입이 허락될 때까지 다른 프로세스에 진입이 허락되는 횟수를 제한해야 한다. 즉 어떤 프로세스가 임계 영역에 진입을 원할 경우, 무한정 기다리게 해서는 안 된다.

이 절에서는 임계 영역의 문제를 해결하기 위한 알고리즘으로써 소프트웨어 방법과 하드웨어 방법 그리고 운영체제에서 제공하는 세마포(semaphore)를 이용하는 방법에 대하여 알아본다.

3.2.1 소프트웨어 방법

소프트웨어 방법은 알고리즘 수준에서 제시된 것으로 실제 사용에는 한계가 있다. 하지만 임계 영역의 문제를 해결하기 위한 완전한 알고리즘이 만족해야 하는 세 가지 조건에 대한 이해를 돕기 위하여 고전적인 소프트웨어 알고리즘을 소개한다.

(1) 두(N=2) 프로세스 간 임계 영역

다수의 프로세스 사이에서 임계 영역의 문제를 해결하기 위한 알고리즘은 매우 복잡하므로 우선 두 프로세스(P0, P1)만으로 제한하여 알아보자.

1) 알고리즘-1 : Dekker 알고리즘-1

알고리즘-1은 Dekker가 제안한 방법으로 그림 3.4와 같이 하나의 공유 변수(turn)를 사용하여 두 프로세스(P0, P1) 사이의 임계 영역이 상호 배제적으로 실행될 수 있도록 한다.

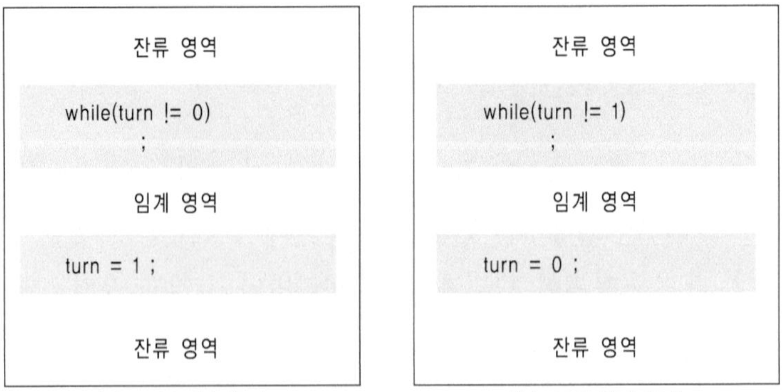

(a) 프로세스(P_0)　　(b) 프로세스(P_1)

[그림 3.4] Dekker 알고리즘-1

그림 3.4에서 공유 변수 turn의 값은 임계 영역에 진입할 수 있는 프로세스 번호를 의미한다. 임계 영역에 진입하려는 프로세스는 진입 영역에서 turn 값을 검사하여 임계 영역으로 진입 여부를 판단한다.

프로세스 P0는 진입 영역에서 turn 값이 0이면 임계 영역으로 진입하고 아니면 turn 값이 0이 될 때까지 기다리게 된다. 또한, 임계 영역을 실행한 후 출구 영역에서는 turn 값을 1로 설정한다. 마찬가지로 프로세스 P1은 진입 영역에서 turn 값이 1이면 임계 영역으로 진입하고 아니면 turn 값이 1이 될 때까지 기다리게 된다. 또한, 임계 영역을 실행한 후 출구 영역에서는 turn 값을 0으로 설정한다. 이같이 교대로 프로세스의 임계 영역을 실행함으로써 임계 영역의 상호 배제 조건을 만족한다.

그러나 프로세스 P0가 임계 영역을 실행한 후 또다시 임계 영역의 진입을 원할 경우, 임계 영역에 존재하는 프로세스가 없음에도 불구하고 임계 영역에 진입할 수 없으므로 진행 조건을 만족하지 못한다. 결국, P1이 임계 영역을 실행한 후 turn 값이 0이 될 때까지 무한정 기다려야 하므로 제한된 대기 조건을 만족하지 못한다.

2) 알고리즘-2 : Dekker 알고리즘-2

알고리즘-2는 알고리즘-1의 문제점을 보완하기 위하여 Dekker가 제안한 방법으로 두 개의 공유 변수(flag[0], flag[1])를 사용하여 그림 3.5와 같이 두 프로세스(P0, P1) 사이의 임계 영역이 상호 배제적으로 실행될 수 있도록 한다. 두 개의 공유 변수는 상대 프로세스가 임계 영역에 있는지를 판단하기 위하여 각 프로세스의 상태를 표시한다.

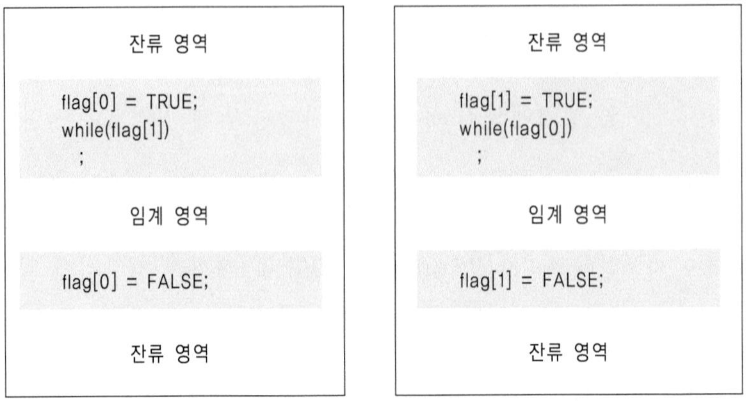

(a) 프로세스(P_0)　　(b) 프로세스(P_1)

[그림 3.5] Dekker 알고리즘-2

그림 3.5에서 두 프로세스(P0, P1)의 상태, 곧 임계 영역 진입 여부를 표시하기 위한 flag[0]와 flag[1]의 초깃값은 모두 FALSE로 선언된다. 각각의 프로세스는 임계 영역에 진입하기 위하여 진입 영역에서 자신의 flag 값을 TRUE로 설정한 후 상대방 프로세스의 flag 값을 검사해 본다.

프로세스 P0는 진입 영역에서 자신의 flag[0] 값을 TRUE로 설정한 후 상대방의 flag[1] 값이 FALSE이면 임계 영역으로 진입하고, 아니면 flag[1] 값이 FALSE로 될 때까지 기다리게 된다. 또한, 임계 영역을 실행한 후 출구 영역에서는 자신의 flag[0] 값을 FALSE로 설정한다. 이같이 두 프로세스(P0, P1)는 상대 프로세스의 임계 영역 진입 여부를 파악함으로써 임계 영역을 상호 배제적으로 실행하면서 알고리즘-1의 재진입 문제가 해결됨을 알 수 있다.

그러나 프로세스 P0가 임계 영역에 진입하기 위하여 flag[0]를 TRUE로 설정한 후 공교롭게도 문맥 교환이 발생할 경우, 프로세스 P1은 자신의 flag[1]을 TRUE로 설정한 후 임계 영역에 진입하기 위하여 flag[0]를 검사할 것이다. 이 경우 flag[0]가 TRUE이기 때문에 임계 영역에 진입하지 못하게 된다. 다시 P0가 임계 영역에 진입하기 위하여 flag[1]를 검사하면 그 값이 TRUE이기 때문에 임계 영역에 진입하지 못한다. 결국, 임계 영역에 진입된 프로세스가 없음에도 불구하고 두 프로세스(P0, P1) 모두 임계 영역에 진입할 수 없으며 무한정 기다리게 되므로 진행 조건과 제한된 대기 조건을 만족하지 못한다. 따라서 알고리즘-2도 완전한 해결책이 아니다.

3) 알고리즘-3 : Peterson 알고리즘

알고리즘-3은 Peterson이 제시한 방법으로 알고리즘-1과 알고리즘-2를 그림 3.6과 같이 혼합하여 두 프로세스(P0, P1) 사이의 임계 영역 문제를 해결하기 위한 세 가지 조건(상호 배제, 진행, 제한된 대기)을 모두 만족한다. 공유 변수(turn, flag[2])는 알고리즘-1과 알고리즘-2에서 사용한 것과 같다.

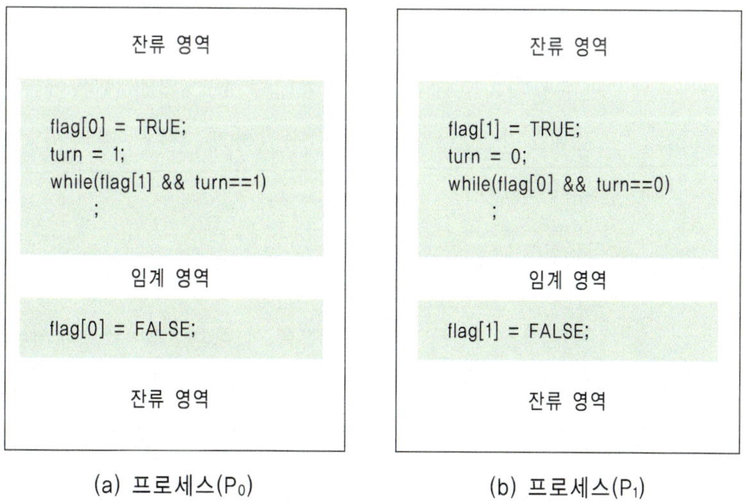

[그림 3.6] Peterson 알고리즘

그림 3.6에서 각각의 프로세스는 진입 영역에서 자신의 flag를 TRUE로 설정함으로써 임계 영역에 있음을 선언하고 turn을 상대 프로세스로 지정한 후 상대 프로세스의 flag 및 turn을 검사해 본다. 상대 프로세스의 flag가 TRUE이면서 turn이 상대 프로세스이면 진입 영역에서 기다린다. 한편 출구 영역에서는 자신의 flag를 FALSE로 설정함으로써 임계 영역에서 나왔음을 선언한다.

두 프로세스(P0, P1)가 동시에 임계 영역으로 진입하려고 할 때 알고리즘-3은 임계 영역 문제를 해결하기 위한 세 가지 조건(상호 배제, 진행, 제한된 대기)을 만족하고 있음에 대하여 살펴보자.

① 상호 배제 조건

프로세스 P0은 flag[1] 값이 FALSE 또는 turn이 0이면 임계 영역으로 진입하고 프로세스 P1은 flag[0]가 FALSE 또는 turn이 1이면 임계 영역으로 진입한다. 만약 두 프로세스(P0, P1)가 동시에 임계 영역 진입을 원하여 flag[0]와 flag[1]가 모두 TRUE일지라도 turn은 0 아니면 1이 되기 때문에 항상 어느 한 프로세스만이 임계 영역에 진입하게 된다. 따라서 상호 배제 조건을 만족한다.

② 진행 조건

프로세스 P0가 임계 영역을 실행한 후 반복해서 임계 영역으로 재진입을 원할 경우, 진입 영역에서 자신의 flag[0]를 TRUE로, turn을 1로 설정한 후 임계 영역의 진입 가능성을 검사한다. 검사 결과 flag[1]가 여전히 FALSE이면서 turn이 1이므로 재진입할 수 있다. 따라서 진행 조건을 만족한다.

③ 제한된 대기 조건

프로세스 P0가 임계 영역을 실행하는 동안 문맥 교환이 발생할 경우, 임계 영역으로 진입하려는 프로세스 P1은 자신의 flag[1]를 TRUE로 설정하고 turn을 0으로 변경한 후 대기하게 된다. 이 경우 프로세스 P0이 임계 영역을 실행 후 출구 영역에서 자신의 flag[0]를 FALSE로 변경함으로써 프로세스 P1이 임계 영역에 진입할 수 있게 된다. 만약 프로세스 P0가 반복해서 임계 영역 재진입을 원하게 되면 자신의 flag[0]를 TRUE로 설정하고 turn을 1로 변경한 후 임계 영역의 진입 가능성을 검사한다. 검사 결과 flag[1]를 TRUE이기 때문에 프로세스 P0가 대기하고 프로세스 P1이 임계 영역에 진입하게 된다. 따라서 임계 영역 진입을 요청한 프로세스 P1이 프로세스는 무한정 기다리지 않게 되므로 제한된 대기 조건을 만족한다.

(2) 다중(N>2) 프로세스 간 임계 영역

지금까지 소개한 알고리즘들은 오직 두 프로세스 사이의 임계 영역 문제를 해결하기 위한 것이었다. 이 절에서는 다수의 프로세스 사이의 임계 영역 문제를 해결하기 위한 알고리즘을 소개한다.

일반적으로 제과점이나 은행에서는 들어온 순서대로 고객에게 일련의 번호표를 부여한 후 낮은 번호의 고객을 먼저 서비스한다. 다중(N>2) 프로세스 간 임계 영역에 대한 알고리즘은 제과점이나 은행에서 서비스 순서를 결정하는 방법과 유사하므로 “제과점(bakery) 알고리즘”이라고도 부른다. 제과점 알고리즘을 이용한 프로세스(Pi) 구조는 그림 3.7과 같다.

그림 3.7에서 배열 choosing[n]과 number[n]는 공유 변수로써 모든 프로세스에 대한 임계 영역 진입 여부와 부여받은 번호를 나타낸다. 배열의 초깃값은 각각 FALSE와 0으로 선언한다. 임계 영역 진입을 원하는 프로세스는 진입 영역에서 자신의 choosing을 TRUE로 설정하고 번호를 부여받은 후에는 FALSE로 변경한다. 이때 number는 이미 다른 프로세스에 부여된 가장 큰 값보다 하나 큰 값

이 부여된다. 그러나 여러 개의 프로세스가 비동기적으로 실행됨으로 같은 번호가 부여될 수 있음을 유의하라.

문장 for 내부에서는 모든 프로세스에 부여된 번호를 비교하여 가장 작은 번호의 프로세스를 임계 영역으로 진입시킨다. 우선 번호 선택 중인 프로세스가 존재하면 선택이 완료될 때까지 기다린다. 다음으로 번호를 부여받은 번호가 작은 프로세스가 존재하면 기다린다. 만약 같은 번호를 부여받은 프로세스가 존재할 경우, 프로세스 번호를 비교하여 번호가 작은 프로세스를 먼저 임계 영역에 진입하도록 한다. 한편, "(number[j], j) < (number[i], i)"는 Pj에 부여된 번호(number[j])와 Pi에 부여된 번호(number[i])를 비교하고, 같은 경우에는 Pj 의 프로세스 번호(j)와 Pi의 프로세스 번호(i)를 비교함을 의미한다.

잔류 영역

```
choosing[i] = TRUE;
number[i]=max(number[0],number[1],...,number[n-1])+1;
choosing[i] = FALSE;
   for(j=0; j < n; j++) {
      while(choosing[j])
         ;
      while((number[j] != 0) &&((number[j],j) < number[i],i))
         ;
}
```

임계 영역

```
number[i] = 0;
```

잔류 영역

[그림 3.7] 프로세스(P_i) 구조

3.2.2 하드웨어 방법

일반적으로 MOV, ADD와 같은 CPU 명령어가 처리되고 있는 동안에는 인터럽트가 발생하지 않는다. 하드웨어에 의한 방법은 동기화를 위한 CPU 명령어를 이용하여 임계 영역이 실행되고 있는 동안에 인터럽트에 의한 문맥 교환이 발생하지 않도록 하는 것이다. 이 절에서는 임계 영역 문제 해결을 위해 CPU에서 제공하는 명령어와 이를 이용한 알고리즘을 소개한다.

(1) Test-and-Set 명령어

그림 3.8과 같은 연산을 수행하는 CPU 명령어(Test-and-Set)를 이용하게 되면 임계 영역 문제를 쉽게 해결할 수 있다.

```
bool Test_and_Set(bool *lock) {
          bool ret = *lock;
              *lock = TRUE;
              return    ret;
}
```

[그림 3.8] Test-and-Set 명령어

그림 3.8에서 Test-and-Set 명령어는 변수(*lock)의 현재 값을 반환하고, 변수 (*lock)은 TRUE로 설정된다. 현재 (*lock) 값이 FALSE라면 FALSE 값이 반환되고, TRUE라면 TRUE 값이 반환되고 (*lock) 값은 TRUE로 설정될 것이다. 여기에서 중요한 사실은 이러한 일련의 연산이 CPU 내부에서 하나의 명령어로 처리되며, 명령어가 처리되는 동안에는 문맥 교환이 발생하지 않는다는 것이다. 그림 3.8과 같은 기능을 제공하는 Test-and-Set 명령어를 이용할 경우, 임계 영역의 상호 배제 알고리즘은 3.9와 같이 간단하다.

잔류 영역

```
while(Test_and_Set( &flag ) ) ;
```

임계 영역

```
        flag = FALSE;
```

잔류 영역

[그림 3.9] Test-and-Set 명령어를 이용한 알고리즘-1

그림 3.9에서 flag 값이 TRUE이면 임계 영역에 진입하지 못한다. 임계 영역의 진입 조건은 flag 값이 FALSE이어야 하므로 flag의 초깃값은 FALSE로 선언한다. 임계 영역 진입을 원하는 프로세스는 진입 영역에서 Test-and-Set 명령어를 호출하여 현재 flag의 값을 검사한다. Test-and-Set 명령어는 현재 flag의 값을 반환하고, flag 값을 TRUE로 설정할 것이다. 만약, 어떤 프로세스가 임계 영역에 존재하고 있으면 TRUE 값이 반환될 것이다. 따라서 반환 값이 FALSE이면 임계 영역에 진입하고, TRUE이면 대기한다.

이 알고리즘은 임계 영역 진입을 원하는 프로세스가 여러 개 있을 경우 오직 하나의 프로세스만이 임계 영역에 진입할 수 있으며, 임계 영역을 실행하는 프로세스가 하나도 없는 경우 항상 진입할 수 있으므로 상호 배제 조건과 진행 조건을 만족한다. 그러나 특정 프로세스가 임계 영역을 반복해서 진입할 수 있으므로 제한된 대기 조건은 만족하지 못한다.

그림 3.10은 Test-and-Set 명령어를 이용하여 제한된 대기 조건을 만족하는 알고리즘이다.

잔류 영역

```
waiting[i] = TRUE;
key = TRUE;
while(waiting[i] && key) key=Test_and_Set(&flag);
waiting[i] = FALSE;
```

임계 영역

```
j = (i+1) % N;
while((j != i) && (waiting[j] == FALSE))
    j = (j+1) % N;
if(j == i) flag = FALSE;
else waiting[j] = FALSE;
```

잔류 영역

[그림 3.10] Test-and-Set 명령어를 이용한 알고리즘-2

그림 3.10에서 프로세스 수(N) 크기의 배열 waiting[N]과 변수 flag는 공유 변수로써 초깃값은 FALSE로 선언한다. 임계 영역 진입을 원하는 프로세스 Pi는 진입 영역에서 자신의 waiting[i] 값과 key 값을 TRUE로 설정한 후 임계 영역 진입 조건을 검사한다. 진입 조건을 만족할 경우, waiting[i] 값을 FALSE로 설정하고 임계 영역에 진입한다.

임계 영역 진입 조건은 자신의 waiting[i] 값이 FALSE이거나 key 값이 FALSE이어야 한다. 이때 waiting[i] 값이 FALSE가 되려면 다른 프로세스가 임계 영역을 실행한 후 출구 영역에서 변경해 주어야 한다. 또한, key 값이 FALSE가 되려면 Test-and-Set 명령어를 호출하여 현재 flag 값이 FALSE이어야 한다.

만약 프로세스 Pi가 임계 영역에 진입한 경우, flag 값은 TRUE로 설정되어 프로세스 Pj는 임계 영역에 진입할 수 없다. 결국, 프로세스 Pi가 임계 영역을 실행한 후 출구 영역에서 waiting[j] 값을

FALSE로 변경해 주어야 한다. 따라서 이 알고리즘은 임계 영역 진입을 원하는 프로세스가 여러 개 있을 경우 오직 하나의 프로세스만이 임계 영역에 진입할 수 있으며 임계 영역을 실행하는 프로세스가 하나도 없는 경우에 항상 진입할 수 있으므로 상호 배제 조건과 진행 조건을 만족한다.

또한, 프로세스 Pi가 임계 영역에 있을 때 프로세스 Pj가 임계 영역 진입을 원하게 되면 프로세스 Pj는 자신의 waiting[j] 값과 flag 값을 TRUE로 설정한 후 기다리게 된다. 이 경우 프로세스 Pi가 임계 영역을 실행한 후 출구 영역에서 모든 프로세스(i+1, i+2, ..., N-1, 0, 1, ..., i-1)에 대한 waiting[] 값을 조사하여 waiting[] 값이 TRUE인 프로세스 Pj의 flag[j] 값을 FALSE로 변경해 줌으로써 프로세스 Pj가 임계 영역에 진입할 수 있게 된다. 따라서 임계 영역에 진입하기 위해 대기 중인 프로세스는 최대 (N-1) 번째 안에는 진입할 수 있으므로 제한된 대기 조건을 만족한다.

(2) Swap 명령어

그림 3.11과 같은 연산을 수행하는 CPU 명령어(Swap)를 이용하게 되면 임계 영역 문제를 쉽게 해결할 수 있다.

```
Swap(bool *a, bool *b) {
        bool temp;
              temp = *a;
              *a = *b;
              *b = temp;
}
```

[그림 3.11] Swap 명령어

그림 3.11에서 Swap 명령어는 두 개의 인자(*a, *b) 값은 서로 교환된다. 여기에서 중요한 사실은 이러한 일련의 연산이 CPU 내부

에서 하나의 명령어로 처리되며, 명령어가 처리되는 동안에는 문맥 교환이 발생하지 않는다는 것이다. 그림 3.11과 같은 기능을 제공하는 Swap 명령어를 이용할 경우, 임계 영역의 상호 배제 알고리즘은 3.12와 같이 간단하다.

잔류 영역

```
key = TRUE;
while( key )   Swap( &flag, &key ) ;
```

임계 영역

```
flag = FALSE;
```

잔류 영역

[그림 3.12] Swap 명령어를 이용한 알고리즘

그림 3.12에서 flag 값이 TRUE이면 임계 영역에 진입하지 못한다. 임계 영역의 진입 조건은 flag 값이 FALSE이다. flag의 초깃값은 FALSE로 선언한다. 임계 영역 진입을 원하는 프로세스는 진입 영역에서 key 값을 TRUE로 설정한 후, Swap 명령어를 호출하여 임계 영역의 진입 여부를 검사한다. 임계 영역의 진입 조건은 key 값이 FALSE이어야 한다. 여기에서 key 값은 Swap 명령어 내부의 flag 값에서만 변경된다. 결국, 현재 flag 값이 FALSE일 경우에 임계 영역에 진입할 수 있다.

다른 프로세스가 임계 영역에 진입할 경우, 현재 flag 값은 TRUE이기 때문에 임계 영역에 진입할 수 없다. 이 알고리즘은 임계 영역 진입을 원하는 프로세스가 여러 개 있을 경우 오직 하나의 프로세스만이 임계 영역에 진입할 수 있으며 임계 영역을 실행하는 프로세스가 하나도 없는 경우에 항상 진입할 수 있으므로 상호 배제 조건과 진행 조건을 만족한다. 그러나 특정 프로세스의 반복적인 임계 영역 진입을 제한할 수 없으므로 제한된 대기 조건은 만족하지 못한다.

3.2.3 세마포 방법

세마포(semaphore)는 임계 영역의 문제 해결하기 위한 가장 일반적으로 사용되고 있는 소프트웨어 방법으로써 네덜란드의 Dijkstra가 제안하였다. 세마포는 초깃값을 부여한 후 오직 P, V 연산자에 의해서만 변경할 수 있는 정수형 변수이다. 여기서 연산자 이름 P, V는 네덜란드어의 Proberen(검사하다)와 Verhogen(증가하다)에서 유래한 것으로써 각각 영어의 Wait(기다리다)와 Signal(신호를 전하다)의 의미가 있다. 예를 들어 세마포 변수 S에 대한 P(S), V(S)의 연산은 다음과 같이 정의된다. P(S)는 S값이 0보다 큰 경우 1 감소하고, 0보다 작거나 같은 경우 계속 검사하면서 기다린다. V(S)는 무조건 S값을 1 증가한다.

```
P(S):  while(S <= 0) ;
         S = S - 1 ;
```

```
V(S):  S = S + 1 ;
```

위와 같이 정의된 P, V 연산자를 이용할 경우, 임계 영역의 문제 해결은 3.13과 같이 매우 간단하다. 일반적으로 세마포는 운영체제에서 제공하기 때문에 P, V 연산이 실행되는 동안에는 문맥 교환이 발생하지 않음을 가정한다.

그림 3.13에서 세마포 변수(S)의 초깃값은 공유하려는 동일 유형의 자원 개수 즉, 임계 영역에 동시에 진입할 수 있는 프로세스 혹은 스레드의 개수를 의미한다. 여기에서는 오직 하나의 프로세스 혹은 스레드만이 임계 영역에 있을 수 있다고 가정하여 초깃값을 1로 선언한다.

잔류 영역

P(mutex) ;

임계 영역

V(mutex) ;

잔류 영역

[그림 3.13] 세마포를 이용한 알고리즘-1

어떤 프로세스가 임계 영역으로 진입을 원할 경우, 진입 영역에서 P(S) 연산을 수행함으로써 현재 S값을 검사한다. 만약 S값이 0보다 작거나 같으면 대기할 것이고, 0보다 큰 경우에는 S값을 1 감소하고 임계 영역으로 진입할 것이다. 한편 출구 영역에서는 S값을 1 증가함으로써 다른 프로세스가 임계 영역에 진입할 수 있도록 한다.

이 알고리즘은 임계 영역으로 진입을 원하는 프로세스가 여러 개 있을 경우, 오직 하나의 프로세스만이 임계 영역에 진입할 수 있으며 임계 영역을 실행하는 프로세스가 하나도 없는 경우도 항상 진입할 수 있으므로 상호 배제 조건과 진행 조건을 만족한다. 그러나 특정 프로세스의 반복적인 임계 영역 진입을 제한할 수 없으므로 제한된 대기 조건은 만족하지 못한다.

또한, 세마포를 이용하여 프로세스들의 실행순서를 제어하는 동기화 문제도 쉽게 해결할 수 있다. 예를 들어 문장 S_1과 S_2를 각각 포함하고 있는 두 개의 병행 프로세스(P_1, P_2)에서 문장 S_1이 S_2보다 반드시 먼저 실행되어야 할 경우, 그림 3.14와 같이 세마포 변수(synch)를 이용하여 항상 문장 S_1이 S_2보다 먼저 실행되도록 제어할 수 있다.

(a) 프로세스(P_1)	(b) 프로세스(P_2)
S_1 ;	:
V(synch) ;	P(synch) ;
:	S_2 ;

[그림 3.14] 세마포를 이용한 알고리즘-2

그림 3.14에서 세마포 변수(synch)의 초깃값은 0으로 선언한다. 만약 프로세스 P_2가 먼저 실행되더라고 P(synch) 연산으로 문장 S_2는 실행되지 않을 것이다. 오직 프로세스 P_1이 V(synch) 연산을 수행한 후에만 실행될 수 있으므로 항상 문장 S_1이 S_2보다 먼저 실행되도록 제어할 수 있다.

지금까지 소개한 소프트웨어 및 하드웨어 명령어, 그리고 세마포를 이용한 알고리즘들은 어떤 프로세스가 임계 영역에 있는 경우, 임계 영역에 진입을 원하는 프로세스는 진입 영역에서 무한 루프를 돌면서 진입 조건이 만족 될 때까지 진입 조건을 반복적으로 검사하게 된다. 이같이 어떤 프로세스가 CPU를 사용하면서 무한정 기다리는 현상을 "바쁜 대기(busy waiting)" 혹은 "스핀 록(spin lock)"이라고 부른다. 이러한 현상은 CPU의 이용률을 저하하는 요인이 되기 때문에 이를 해결하는 방법이 필요하다.

바쁜 대기 현상을 해결하기 위하여 어떤 프로세스가 진입 영역에서 진입 조건을 만족하지 않으면 그 프로세스는 대기 상태로 변환시켜 대기 큐에서 기다리도록 한다. 한편 출구 영역에서는 대기 큐에서 임계 영역에 진입을 기다리고 있는 프로세스가 있으면 그 프로세스를 준비상태로 변환시킴으로써 임계 영역에 진입하도록 한다. 바쁜 대기 현상을 해결하기 위하여 세마포 변수(S)와 P(S), V(S) 연산자를 그림 3.15와 같이 다시 정의한다. 참고로 대기 큐와 block(), wakeup() 함수가 요구된다.

```
struct {
    integer  value;
    struct pcb  *ptr;
    } S;
```

```
P(S): S.value = S.value - 1 ;
    if(S.value < 0) {
            이 프로세스를 S.ptr에 등록;
            block();
    }
```

```
V(S): S.value = S.value + 1 ;
    if(S.value <= 0) {
            S.ptr로부터 프로세스(P)를 제거;
            wakeup(P);
    }
```

[그림 3.15] 바쁜 대기를 위한 세마포 연산

그림 3.15에서 세마포 변수(S)는 정수형 value와 포인터 *ptr로 구성된 구조체로 선언한다. S.value는 세마포 값을 나타내며, S.ptr은 임계 영역에 진입하려다 대기 상태로 변환된 프로세스들이 기다리고 있는 대기 큐의 주소를 가리킨다. P(S) 연산은 S.value 값을 1 감소시킨다. 만약 그 값이 0보다 작으면 그 프로세스는 대기 큐에 등록되고 함수 block()을 호출한다. 반면 V(S) 연산은 S.value 값을 1 증가시킨다. 만약 그 값이 0보다 작거나 같으면 대기 큐에 등록된 프로세스(P)를 선택하여 wakeup(P) 함수를 호출한다. P(S) 연산 내부에서 block() 함수를 호출함으로써 대기 상태로 변환되어 바쁜 대기 현상은 발생하지 않는다. 또한 V(S) 연산 내부에서 wakeup(P) 함수를 호출함으로써 대기 큐에서 기다리고 있던 하나의 프로세스(P)를 준비상태로 변환시켜 준다.

여기에서 S.value의 값이 양수일 경우, 사용이 가능한 공유 자원의 개 수 즉, 임계 영역에 진입할 수 있는 프로세스의 수를 의미한다, 반면 음수일 경우, 그 절댓값은 대기 큐에서 기다리고 있는 대기 상태의 프로세스의 수를 의미한다. 예를 들어 S.value 값이 5라면 5개의 프로세스가 임계 영역에 진입할 수 있음을 의미하고, -5라면 임계 영역에 진입하려다 대기 상태로 변환된 프로세스가 5개 있음을 의미한다.

3.3 프로세스 간 통신

프로세스 간 통신(IPC: Inter Process Communication)은 서로 다른 프로세스끼리 데이터를 주고받는 것이다. 프로세스 간 통신을 위해선 기본적으로 공유 메모리와 공유 메모리에 대한 상호 배제적 접근을 위한 동기화 기법이 요구된다. 모든 프로세스 주소 공간의 사용자 영역은 프로세스마다 서로 다르지만, 운영체제 영역은 공유하고 있음을 유의하자. 프로세스 간 통신을 위한 공유 메모리를 사용자 영역 혹은 운영체제 영역을 사용할 수 있다. 운영체제에 따라 다양한 형태의 IPC 기법이 제공되고 있지만, 공유 메모리를 어느 주소 공간에 확보하느냐에 따라 근본적인 차이가 있다. 운영체제 영역을 공유 메모리로 사용한 경우는 동기화 기법이 필요 없지만, 사용자 영역을 공유 메모리로 사용한 경우는 별도의 동기화 기법이 요구된다.

이 절에서는 운영체제 영역을 사용하는 대표적인 기법으로 메시지 전달(message passing)과 사용자 영역을 사용하는 공유 메모리(shared memory)를 이용하는 방식에 대하여 살펴보도록 한다.

3.3.1 메시지 전송 방식

메시지 전송(messag passing) 방식은 운영체제 영역을 공유 메모리로 사용하는 대표적인 IPC 기법이다. 송신 프로세스는 전송하고자 하는 메시지를 자신의 사용자 영역에 작성한 후, 시스템 호출을 통하여 운영체제 영역에 복사한다. 한편 수신 프로세스는 운영체제 영역에 복사된 메시지를 시스템 호출을 통하여 자신의 사용자 영역으로 복사함으로써 메시지 송수신이 이루어진다. 예를 들어 프로세스 Pi가 프로세스 Pj에 메시지(message)를 전달할 경우, 처리되는 과정을 그림 3.16과 같다.

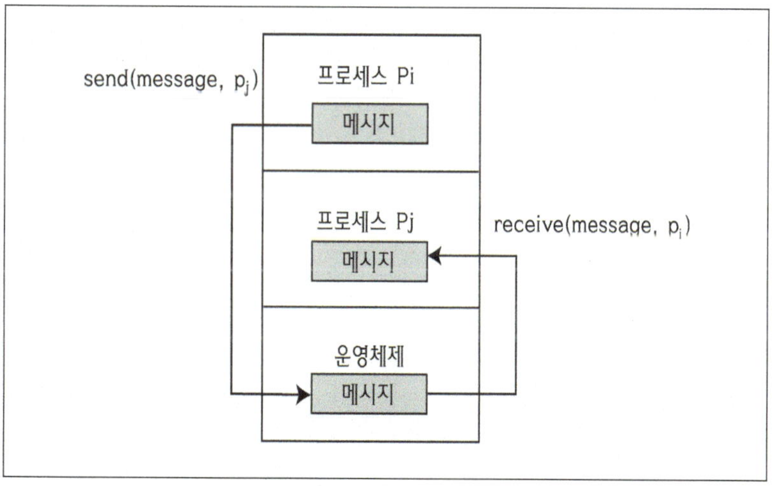

[그림 3.16] 메시지 전송 방식

그림 3.16에서 송신 프로세스 P_i는 자신의 사용자 영역에 메시지(message)를 작성한 후, send(message, p_j)를 호출하여 운영체제 영역에 복사한다. 한편 수신 프로세스 P_j는 receive(message, p_i)를 호출하여 운영체제 영역에 복사된 메시지를 자신의 사용자 영역으로 복사한다. 이 방식은 같은 내용의 메시지가 세 군데에 존재하는 단점이 있다. 한편 운영체제는 메시지 송수신을 위한 공유 메모리로

써 운영체제 영역에 메시지 큐 형태로 유지 관리한다. 메시지 송신을 위한 send()는 사용자 영역의 메시지를 메시지 큐에 순서대로 저장하고, 또한 메시지 수신을 위한 receive()는 메시지 큐로부터 해당 메시지를 사용자 영역으로 복사한다. 이때 해당 메시지가 메시지 큐에 없는 경우 메시지 수신을 요청한 프로세스는 대기 상태로 변환된다. 이같이 운영체제 영역의 일부분을 공유 메모리로 사용할 경우, 병행 프로세스의 동기화 문제를 운영체제 내부에서 해결해 주기 때문에 응용 프로그래머는 특별히 신경 쓰지 않아도 된다.

3.3.2 공유 메모리 방식

공유 메모리(shared memory) 방식은 사용자 영역의 임의의 공간에 공유 메모리 영역을 설정한 후, 공유 메모리 영역을 직접 접근하여 메시지를 주고받는 방식이다. 예를 들어 프로세스 Pi가 프로세스 Pj에 공유 메모리 방식으로 메시지를 전송할 경우, 그림 3.17과 같다.

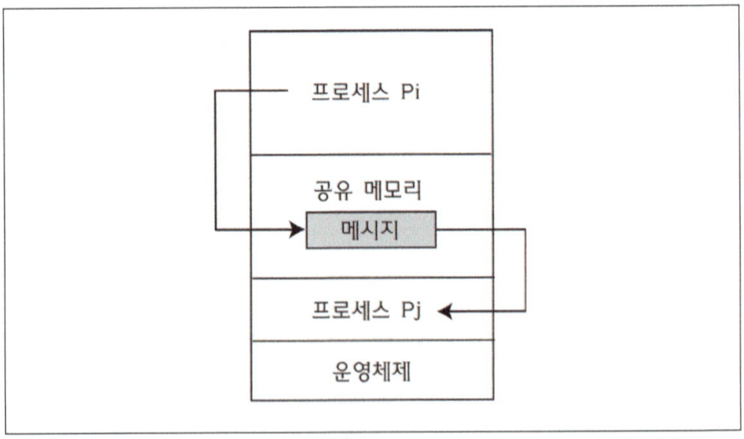

[그림 3.17] 공유 메모리 방식

그림 3.17에서 프로세스 Pi는 공유 메모리를 확보하기 위하여 운영체제에 요청한다. 운영체제는 사용자 영역의 빈 공간 중에서 요청된 크기의 공유 메모리를 설정한 후, 공유 메모리의 주소를 프로세스 Pi에 알려준다. 프로세스 Pi는 공유 메모리에 직접 접근하여 메시지를 작성한다. 프로세스 Pj는 프로세스 운영체제에 Pi에 의해 확보된 공유 메모리의 주소를 요청한 후, 공유 메모리에 작성된 메시지를 직접 접근한다. 공유 메모리 방식은 메시지 전송 방식에서처럼 메시지 복사의 오버헤드는 없다. 그러나 공유 메모리를 직접 접근하기 때문에 발생하는 임계 영역에 대한 상호 배제 및 동기화는 응용 프로그래머의 책임이다. 이러한 문제는 3.2절에서 살펴본 여러 가지 기법을 이용하여 해결한다.

3.4 리눅스 병행성

지금까지 살펴본 프로세스 혹은 스레드의 병행성과 임계 영역의 문제점 및 해결 방법의 이해를 돕기 위하여 리눅스 운영체제에서 제공하는 동기화 및 IPC 기법을 소개한다.

3.4.1 스레드

프로세스 내부에 존재하는 스레드는 그 프로세스에 할당된 모든 자원을 공유하면서 병행적으로 실행한다. 프로그램에서 전역변수로 선언된 메모리는 프로세스 내부에 존재하는 모든 스레드가 사용할 수 있는 공유 메모리이다. 따라서 스레드 함수에서 전역변수 접근하는 코드 영역이 임계 영역에 해당하기 때문에 동기화 기법이 요구된다.

〈예제 프로그램 3-1〉은 스레드 병행성과 임계 영역의 문제점을 보여주기 위한 것이다. 스레드의 결정성이 보장되지 않아 실행 결과가 일정하지 않음을 확인할 수 있을 것이다.

〈예제 프로그램 3-1〉

```
/*** ex3-1.c ***/

#include <stdio.h>
#include <unistd.h>
#include <stdlib.h>
#include <pthread.h>

int loop, count = 0;
void *thread(void *unused) {
  int i;
    for(i=0; i<loop; i++) {
        count++;
        count--;
      }
}
int main(int argc, char *argv[]) {
  int n;
  pthread_t tid[10];
   loop = atoi(argv[1]);
   for(n=0; n<10; n++)
     pthread_create(&tid[n], NULL, &thread, NULL);
   for(n=0; n<10; n++)
     pthread_join(tid[n], NULL);
   printf("count = %d\n", count);
}
```

〈예제 프로그램 3-1〉에서 pthread_create()를 이용하여 10개의 스레드를 생성한다. 10개의 스레드는 모두 초깃값이 0인 전역변수(count)의 값을 1씩 증가, 감소시키는 스레드 함수(thread())를 병행적으로 실행한다. 전역변수로 선언된 데이터 영역은 스레드의 공유 메모리로 사용되기 때문에 전역변수 접근하는 부분(count++, count--)이 임계 영역에 해당한다. pthread_join()은 부모 스레드가 종료되면 프로세스 자체가 종료되므로 자식 스레드가 종료될 때까지 부모 스레드를 기다리게 하기 위함이다.

〈예제 프로그램 3-1〉의 컴파일 및 실행 결과는 다음과 같다.

```
$ gcc ex3-1.c -o ex3-1 -lpthread
$ ./ex3-1 1000
count = 0
$ ./ex3-1 10000
count = 3
$ ./ex3-1 100000
count = 8
$
```

☞ 확인: 전역변수(count)의 초깃값을 0으로 설정하고, 10개의 스레드가 전역변수의 값을 1씩 증가, 감소시키기는 일을 반복적으로 실행하기 때문에 최종값은 0으로 예상된다. 그러나 반복 횟수가 증가함에 따라 그 결과가 0이 아닐 뿐 아니라 일정하지 않음을 확인할 수 있을 것이다. 따라서 결정성을 보장하기 위한 동기화 기능이 요구된다.

이처럼 임계 영역이 존재하는 스레드가 병행적으로 실행될 때 발생할 수 있는 경쟁 조건 문제를 해결하기 위하여 리눅스에서는 다음과 같은 스레드 동기화 기법을 제공하고 있다.

- 스레드 뮤텍스(pthread_mutexes)
- 스레드 세마포 (pthread_semaphore)

(1) 스레드 뮤텍스

뮤텍스(mutexes)는 “MUTual EXclusion locks"의 약자로써 병행 스레드가 공유 자원을 상호 배제적으로 접근하도록 제어하는 기법이다. 리눅스에서 스레드 뮤텍스를 사용하는 방법은 다음과 같다.

① 뮤텍스 타입 변수를 선언한다.

```
pthread_mutex_t mutex;
```

② 선언된 뮤텍스 타입의 변수 속성을 초기화한다.

```
pthread_mutexattr_t attr;
pthread_mutexattr_init(&attr);
pthread_mutex_init(&mutex, &attr);
```

속성을 기본값으로 초기화할 경우, NULL로 선언한다.

```
pthread_mutex_init(&mutex, NULL);
```

혹은 다음과 같이 뮤텍스 타입 변수 선언 및 기본 속성값으로 초기화할 수 있다.

```
pthread_mutex_t mutex=
                    PTHREAD_MUTEX_INITIALIZER;
```

③ 뮤텍스 변수에 대한 잠금을 시도한다.

```
pthread_mutex_lock(&mutex);
```

④ 마지막으로 뮤텍스 변수의 잠금을 해제한다.

```
pthread_mutex_unlock(&mutex);
```

〈예제 프로그램 3-2〉는 리눅스에서 제공하는 스레드 뮤텍스를 이용하여 〈예제 프로그램 3-1〉의 임계 영역(count++, count--)의 문제를 해결한 것이다. 〈예제 프로그램 3-2〉에서 자식 스레드에 의해 실행되는 함수의 for 루프 내부 전체를 임계 영역으로 취급하여 상호 배제 접근토록 하였다. 그러나 출구 영역에서 pthread_mutex_unlock()를 호출한 후 곧바로 진입 영역에서 pthread_mutex_lock()을 호출할 경우, 두 번째 스레드는 임계 영역에 진입할 수 없게 됨을 유의하자.

〈예제 프로그램 3-2〉

```c
/*** ex3-2.c ***/

#include <stdio.h>
#include <unistd.h>
#include <stdlib.h>
#include <pthread.h>

int loop, count = 0;
pthread_mutex_t m=PTHREAD_MUTEX_INITIALIZER;
void *thread(void *unused){
    int i,j;
    for(i=0; i<loop; i++) {
        pthread_mutex_lock(&m);
        count++;
        count--;
        pthread_mutex_unlock(&m);
    }
}
int main(int argc, char *argv[]) {
  int n;
  pthread_t tid[10];
   loop = atoi(argv[1]);
   for(n=0; n<10; n++)
     pthread_create(&tid[n], NULL, &thread, NULL);
   for(n=0; n<10; n++)
     pthread_join(tid[n], NULL);
   printf("count = %d\n", count);
}
```

〈예제 프로그램 3-2〉의 컴파일 및 실행 결과는 다음과 같다.

```
$ gcc ex3-2.c -o ex3-2 -lpthread
$ ./ex3-2 1000
count = 0
$ ./ex3-2 10000
count = 0
$ ./ex3-2 100000
count = 0
$
```

☞ 확인: 반복 회수에 상관없이 전역변수(count)의 최종값이 항상 0이 됨을 확인할 수 있다.

(2) 스레드 세마포

리눅스에서는 스레드를 위한 세마포와 프로세스를 위한 세마포를 서로 다른 함수로 제공하고 있다. 이 절에서는 스레드를 위한 세마포를 소개하고, 프로세스를 위한 세마포는 3.4.2에서 소개하도록 한다.

스레드 세마포를 사용하는 방법은 다음과 같다.

① 세마포 타입 변수를 선언한다.

sem_t s;

② 선언된 세마포 타입의 변수의 초깃값을 부여한다.

sem_init(&s, 0, 5); /* 초깃값 = 5 */

③ P, V 연산을 시도한다.

sem_wait(&s); /* P 연산 */

sem_post(&s); /* V 연산 */

sem_wait()와 sem_post()는 각각 P, V 연산에 해당하며 세마포 변수 S에 대한 sem_wait(S), sem_post(S)는 다음과 같이 동작한다.

```
sem_wait(S) :
        if(S == 0) then block() ;
         S := S - 1

sem_post(S) :
        S := S + 1;
        if( (S == 1)&&(waiting_threads)
            then wakeup(t);
```

리눅스에서 세마포 변수는 0 혹은 양수의 정수만을 허용한다. sem_wait(S)는 S값을 검사한 후 그 값이 0이면 대기 상태로 전환되고, 0이 아니면 S값을 1 감소시킨다. 반면 sem_post(S)는 S값을 1 증가시킨 후 S값이 1이고 대기 상태에서 기다리고 있는 스레드가 존재하면, wakeup(t) 함수를 호출하여 대기 상태의 스레드 중에서 하나의 스레드를 깨워 준비상태로 변환시켜 준다.

〈예제 프로그램 3-3〉은 리눅스에서 제공하는 스레드 세마포를 이용하여 〈예제 프로그램 3-1〉의 임계 영역(count++, count--)의 문제를 해결한 것이다.

〈예제 프로그램 3-3〉

```
/*** ex3-3.c ***/

#include <stdio.h>
#include <unistd.h>
#include <stdlib.h>
#include <pthread.h>
#include <semaphore.h>

int loop, count = 0;
sem_t s;
void *thread(void *unused) {
    int i;
```

```
    for(i=0; i<loop; i++) {
        sem_wait(&s);
        count++;
        count--;
        sem_post(&s);
    }
}
int main(int argc, char *argv[]) {
  int n;
  pthread_t tid[10];
   loop = atoi(argv[1]);
   sem_init(&s, 0, 1);
   for(n=0; n<10; n++)
     pthread_create(&tid[n], NULL, &thread, NULL);
   for(n=0; n<10; n++)
     pthread_join(tid[n], NULL);
   printf("count = %d\n", count);
}
```

〈예제 프로그램 3-3〉의 컴파일 및 실행 결과는 다음과 같다.

```
$ gcc ex3-3.c -o ex3-3 -lpthread
$ ./ex3-3 10000
count = 0
$ ./ex3-3 100000
count = 0
$ ./ex3-3 1000000
count = 0
$
```

☞ 확인: 반복 회수에 상관없이 전역변수(count)의 최종값이 항상 0이 됨을 확인할 수 있다.

3.4.2 프로세스

3.3에서 설명한 프로세스 간 통신 기법에 대한 개념의 이해를 돕기 위하여 리눅스에서 제공하고 있는 대표적인 IPC 및 동기화 기법을 소개한다.

- 파이프(pipe)
- 메시지 큐(message queue)
- 공유 메모리(shared memory)
- 세마포(semaphore)

파이프와 메시지 큐 기법은 운영체제 영역을 공유 메모리로 사용하는 IPC이며 공유 메모리 기법은 사용자 영역을 공유 메모리로 사용하는 IPC이다. 따라서 파이프와 메시지 큐 기법에서는 별도의 동기화가 필요 없지만, 공유 메모리 기법에서는 동기화 기능이 필요하며 세마포를 이용하여 동기화를 해결한다. 프로세스 간 통신을 위한 IPC 및 동기화 기법은 기본적으로 다음과 같은 과정을 거치게 된다.

[과정-1] 공유 메모리 요청(request)
[과정-2] 공유 메모리 사용(usage)
[과정-3] 공유 메모리 반납(release)

(1) 파이프

파이프를 이용한 IPC 기법은 두 프로세스 사이에서 하나의 파이프를 공유하면서 데이터를 FIFO(First-In First-Out) 방식으로 데이터를 주고받는다. 즉 한 프로세스는 파이프에 데이터를 쓰고, 다른 프로세스는 파이프로부터 데이터를 읽어가는 단방향 통신이다. 양방향 통신을 위해서는 두 개의 파이프가 필요하다.

파이프를 이용한 IPC 기법에서 파이프로부터 데이터를 읽으려는 프로세스는 파이프가 비어있으면, 파이프에 데이터가 채워질 때까지 기다려야 한다. 또한, 데이터를 채우려는 프로세스는 파이프가 꽉 차게 되면 파이프의 공간이 생길 때까지 기다려야 한다. 이러한 동기화는 커널 내부에서 지원하기 때문에 별도의 동기화 작업을 추가할 필요가 없다.

파이프에는 "이름 없는 파이프(unnamed pipe)"와 "이름 있는 파이프(named pipe)"가 있다.

1) 이름 없는 파이프

이름 없는 파이프는 보통 '파이프'라 일컫는다. 이름 없는 파이프는 그림 3.18과 같이 시스템 호출 pipe()에 의해 커널 내부에 통신을 위한 파이프 채널이 생성된다. 파이프 채널을 통해 IPC를 원하는 프로세스는 반환 값으로 받은 2개의 디스크립터를 통하여 채널로부터 데이터를 읽고 쓴다. IPC를 위한 프로세스는 오직 부모와 자식 프로세스 사이에서만 사용할 수 있다.

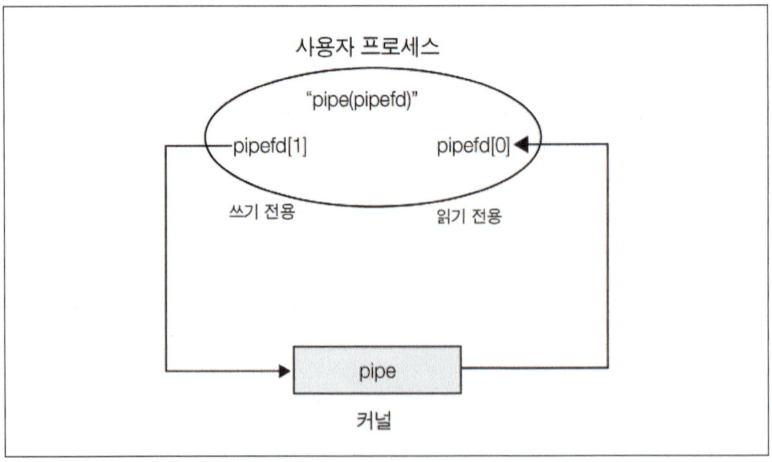

[그림 3.18] 파이프(pipe) 시스템 호출

그림 3.18은 사용자 프로세스에서 호출한 시스템 호출'pipe(pipefd)'이 정상적으로 수행되었을 때 커널 영역에 생성되는 파이프와 사용자 프로세스에 반환되는 파이프 파일 디스크립터(pipefd[0], pipefd[1])를 나타내고 있다. 파이프 파일 디스크립터 pipefd[0]은 읽기 전용이고, pipefd[1]은 쓰기 전용이다. 파이프에 대한 읽기, 쓰기, 닫기 연산은 일반 파일처럼 read(), write(), close() 시스템 호출을 사용하며 시스템 호출 시 파이프 파일 디스크립터를 사용한다.

부모 프로세스는 pipe(pipefd) 시스템 호출을 통하여 커널 내부에 이름 없는 파이프를 생성한 후, fork() 시스템 호출함으로써 부모 프로세스와 자식 프로세스는 파이프 파일 디스크립터를 공유하게 된다. 부모 프로세스와 자식 프로세스는 읽기 전용 파이프 파일 디스크립터(pipefd[0])와 쓰기 전용 파이프 파일 디스크립터(pipefd[1])를 각각 닫음으로써 그림 3.19와 같은 단방향 통신 채널을 형성한다. 만약, 양방향 통신 채널을 형성하고자 할 경우, pipe()를 호출하여 새로운 파이프 채널을 생성하여 자식 프로세스는 쓰기 전용으로 보내고, 부모는 읽기 전용으로 받으면 된다.

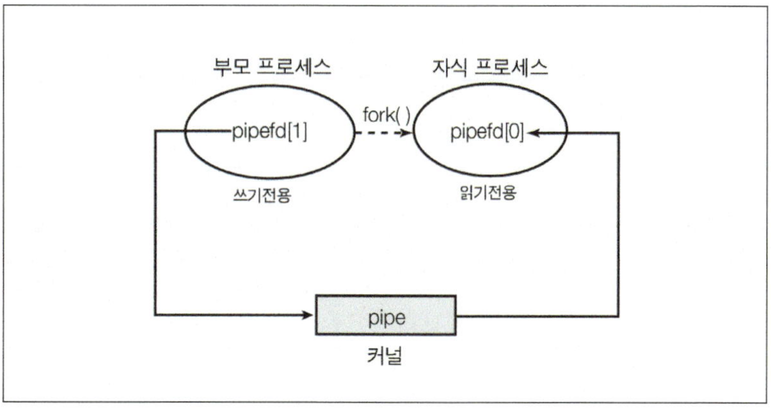

[그림 3.19] 파이프(pipe) IPC 기법

이름 없는 파이프를 통한 IPC 기법의 기본적인 과정은 다음과 같다.

[과정-1] 공유 메모리 요청

① 읽기/쓰기 전용 변수를 선언한다.
int pipefd[2]; /* pipefd[0] 읽기, pipefd[1] 쓰기 */

② 파이프 채널을 생성한다.
pipe(pipefd); /* 커널 내부에 공유 메모리 확보 */

③ 자식 프로세스를 생성한다.
fork(); /* 공유 메모리의 주소를 공유 */

[과정-2] 공유 메모리 사용 : read(), write() 함수를 이용하여 데이터를 수신/전송한다.

① read(pipefd[0], msgbuf, msg_length); /* pipefd[0] 가리키는 공유 메모리(pipe)로부터 msg_length 바이트의 데이터를 읽어 msgbuf에 읽어온다 */

② write(pipefd[1], msgbuf, msg_length); /* msgbuf에 저장된 데이터의 msg_length 바이트를 pipefd[1] 가리키는 공유 메모리(pipe)에 쓴다 */

[과정-3] 공유 메모리 반납: 부모 프로세스가 종료될 때 반납된다.

〈예제 프로그램 3-4〉는 이름 없는 파이프를 이용한 두 프로세스 간 IPC 기법을 보여주고 있다.

〈예제 프로그램 3-4〉

```
/*** ex3-4.c ***/

#include <stdio.h>
#include <unistd.h>
#include <string.h>

int main(int argc, char *argv[]) {
    int pid, fd[2];
    char msgbuf[100];
    pipe(fd);
    printf("fd[0] = %d\tfd[1] = %d\n",fd[0],fd[1]);
    pid = fork();
    if(pid > 0) {
       close(fd[0]);
       write(fd[1], argv[1], strlen(argv[1])+1);
    }
    else if(pid == 0) {
       close(fd[1]);
       read(fd[0], msgbuf, strlen(argv[1])+1);
       printf("%s\n", msgbuf);
    }
}
```

〈예제 프로그램 3-4〉에서 파이프를 생성하여 부모 프로세스는 명령 줄 인자(argv[1])를 파이프 채널에 쓴다. 반면, 자식 프로세스는 파이프 채널로부터 문자열을 읽어 들인 후 그 내용을 화면에 출력시킨다. 한편, 항상 부모 프로세스의 쓰기가 자식 프로세스의 읽기보다 항상 먼저 실행되도록 커널에서 동기화를 지원하기 때문에 별도의 동기화 작업이 요구되지 않는다.

〈예제 프로그램 3-4〉의 컴파일 및 실행 결과는 다음과 같다.

```
$ gcc ex3-4.c -o ex3-4
$ ./ex3-4 Hello~~?
fd[0] = 3, fd[1] = 4
Hello~~?
$
```

☞ 확인: 부모 프로세스에서 전달한 메시지("Hello~~?")가 자식 프로세스에서 수신하여 출력되고 있음을 확인할 수 있다. 부모 프로세스는 fd[1]을 통하여 메시지를 파이프 채널에 쓰고, 자식 프로세스는 fd[0]을 통하여 파이프 채널에서 메시지를 읽는다.

이름 없는 파이프에 의한 IPC 기법은 제어의 흐름이 매우 간결하고 크기에 제한 없이 파이프를 통한 데이터 전송이 가능한 장점이 있다. 그러나 이 기법의 결점은 오직 부모와 자식 프로세스 사이에서만 사용할 수 있으며 파이프를 생성한 프로세스가 종료하면 사라지기 때문에 채널이 영구적이지 못하다는 점이다. 그러한 결점을 보완하기 위하여 이름 있는 파이프에 의한 IPC 기법이 도입되었다.

2) 이름 있는 파이프(named pipe)

이름 있는 파이프는 일반 파일처럼 파이프에 이름을 부여하여 사용되는 IPC 기법으로써 일반 파일과 구별하여 'FIFO 파일'이라고 부른다. 파이프에 고유의 이름을 부여함으로써 이름 없는 파이프의 결점을 보완하여 부모와 자식 관계가 아닌 임의의 서로 다른 두 프로세스 간 통신이 가능하며 FIFO 파일이 삭제되기 전까지 파이프 채널이 영구적으로 존재할 수 있다.

이름 있는 파이프의 동작 원리는 이름 없는 파이프와 같으며 mkfifo() 시스템 호출로 FIFO 파일을 생성하고 unlink() 시스템 호출로 삭제한다. FIFO 파일에 대한 접근은 일반 파일과 같은 방법으로 open(), read(), write(), close() 시스템 호출을 사용한다.

이름 있는 파이프를 통한 IPC 기법의 기본적인 과정은 다음과 같다.

[과정-1] 공유 메모리 요청: FIFO 파일("fifo")을 생성한다.

```
mkfifo("fifo", 0666)
/* 접근모드 0666인 "fifo"이름의 FIFO 파일생성 */
```

[과정-2] 공유 메모리 사용

① FIFO 파일("fifo")을 읽기/쓰기용으로 연다.

```
fd = open("fifo", O_RONLY); /* 읽기용 */
fd = open("fifo", O_WONLY); /* 쓰기용 */
```

② read(), write() 함수를 이용하여 데이터를 수신/전송한다.

```
read(fd, msgbuf, msg_length); /* 메시지 수신 */
write(fd, msgbuf, msg_length); /* 메시지 전송 */
```

[과정-3] 공유 메모리 반납: FIFO 파일("fifo")을 삭제한다.

```
unlink("fifo");
```

〈예제 프로그램 3-5〉는 이름 있는 파이프를 이용하여 부모와 자식 관계가 아닌 두 프로세스 간 IPC 기법을 보여주고 있다.

〈예제 프로그램 3.5(a)〉

```
/*** ex3-5a.c ***/

#include <stdio.h>
#include <fcntl.h>
#include <sys/stat.h>
#include <unistd.h>
#include <string.h>

int main(int argc, char *argv[]) {
    int fd;
    mkfifo("fifo", 0600);
    fd = open("fifo", O_WRONLY);
    write(fd, argv[1], strlen(argv[1])+1);
    close(fd);
    unlink("fifo");
}
```

〈예제 프로그램 3.5(b)〉

```
/*** ex3-5b.c ***/

#include <stdio.h>
#include <fcntl.h>
#include <unistd.h>

int main() {
    int fd;
    char msgbuf[1024];
    fd = open("fifo", O_RDONLY);
    read(fd, msgbuf, 1024);
    close(fd);
    printf("%s\n", msgbuf);
}
```

송신을 위한 〈프로그램 3-5(a)〉는 mkfifo() 시스템 호출을 통하여 FIFO 파일(fifo)을 생성한 후 명령 줄 인자(argv[1])의 문자열을 파일(fifo)에 쓴다. 반면, 수신을 위한 〈프로그램 3-5(b)〉는 FIFO 파일(fifo)로부터 문자열을 읽어 들인 후 그 내용을 화면에 출력시킨다. 이때 주의할 점은 수신 프로세스에서 open()을 시도할 때 반드시 FIFO 파일이 존재하여야 하므로 송신 프로세스가 먼저 실행되어야 한다. 한편, FIFO 파일 삭제를 위한 unlink()는 수신 프로세스가 읽은 후에 실행되도록 동기화를 커널에서 지원하기 때문에 별도의 동기화 작업이 요구되지 않는다.

〈예제 프로그램 3-5〉의 컴파일 및 실행 결과는 다음과 같다.

```
$ gcc ex3-5a.c  - o ex3-5a
$ gcc ex3-5b.c -o ex3-5b
$ ./ex3-5a Hello~~? &
[1] 2442
$ ./ex3-5b
Hello~~?
[1]+ Done          ./ex3-5a Hello~~?
$
```

☞ 확인: 부모-자식 관계가 아닌 프로세스 간 메시지("Hello~~?")가 전달되고 있음을 확인할 수 있다. 〈ex3-5a〉를 백그라운드(&) 작업으로 먼저 실행시킨 후 〈ex3-5b〉를 실행시킨다.

(2) 메시지 큐

메시지 큐(message queue)는 msgget() 시스템 호출을 통해 커널 영역에 메시지 큐를 생성하고 서로 다른 프로세스가 이를 공유함으로써 메시지 단위로 데이터를 주고받는 IPC 기법이다. 송신 프로세스는 메시지를 메시지 큐에 저장하고 수신 프로세스는 메시지 큐에서 메시지를 읽어온다. 그림 3.20은 msgget() 시스템 호출이 정상적으로 실행되었을 때 커널 내부에 생성되는 메시지 큐의 구조를 나타내고 있다.

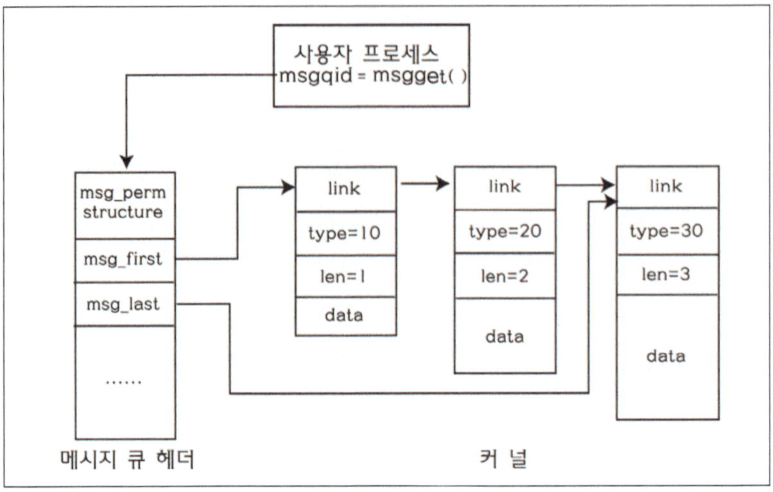

[그림 3.20] 메시지 큐 구조

사용자 프로세스에서 호출한 msgget()는 커널 영역에 메시지 큐를 생성한 후 이를 요청한 사용자 프로세스에 메시지 큐 식별자(msgqid)를 알려준다. 이 메시지 큐 식별자는 커널 영역에 존재하는 여러 개의 메시지 큐를 구별하는 데 이용된다. 사용자 프로세스는 msgsnd()와 msgrcv() 시스템 호출을 이용하여 메시지 큐에 메시지를 송수신한다. 마지막으로 msgctl() 시스템 호출을 이용하여 메시지 큐를 삭제할 수 있다.

메시지 큐를 통한 IPC 기법의 기본적인 과정은 다음과 같다.

[과정-1] 공유 메모리 요청: msgget() 함수를 이용하여 메시지 큐를 생성한다.

```
msgqid = msgget(key, msgflg) /* 메시지 큐 생성 */
```

[과정-2] 공유 메모리 사용: msgrcv(), msgsnd() 함수를 이용하여 데이터를 송수신한다.

msgsnd(msgqid, *msgp, msgsz, msgflg);

msgrcv(msgqid, *msgp, msgsz, msgty, msgflg);

[과정-3] 공유 메모리 반납: msgctl() 함수를 이용하여 메시지 큐를 삭제한다.

msgctl(msgqid, IPC_RMID, 0); /* 메시지 큐 삭제 */

〈예제 프로그램 3-6(a)〉는 명령 줄 인자(argv[1])를 데이터, m_type=10인 메시지를 만든다. msgget()을 호출하여 키값이 12345인 메시지 큐를 생성한 후 msgsnd()를 호출하여 메시지를 송신한다. 〈예제 프로그램 3-6(b)〉은 키값이 같은 메시지 큐로부터 m_type=10인 메시지를 수신하고 메시지 큐를 삭제한다. 주의할 점은 메시지 큐를 공유하기 위해서는 같은 키값을 사용하여야 한다. 〈예제 프로그램 3-6(c)〉은 공동으로 사용하는 헤너 파일이다.

〈예제 프로그램 3.6(a)〉

```
/*** ex3-6a.c ***/

#include "msg.h"
#include <stdio.h>
#include <string.h>

int main(int argc, char *argv[]) {
    int msgqid;
    Mesg msg;
    strcpy(msg.m_data, argv[1]);
    msg.m_type = 10L;
    msgqid = msgget(12345L, 0600|IPC_CREAT);
    msgsnd(msgqid, &msg, 1024, 0);
}
```

〈예제 프로그램 3.6(b)〉

```
/*** ex3-6b.c ***/
#include "msg.h"
#include <stdio.h>
int main() {
    int msgqid;
    Mesg msg;
    msgqid = msgget(12345L,0);
    msgrcv(msgqid, &msg, 1024, 10l, 0);
    printf("%s\n", msg.m_data);
    msgctl(msgqid, IPC_RMID, 0);
}
```

〈예제 프로그램 3.6(c)〉

```
/*** msg.h ***/
#include <sys/types.h>
#include <sys/ipc.h>
#include <sys/msg.h>
typedef struct {
    long m_type;
    char m_data[1024];
}Mesg;
```

〈예제 프로그램 3-6〉의 컴파일 및 실행 결과는 다음과 같다.

```
$ gcc ex3-6a.c  - o ex3-6a
$ gcc ex3-6b.c -o ex3-6b
$ ./ex3-6a Hello~~?
$ ./ex3-5b
Hello~~?
$
```

☞ 확인: 부모-자식 관계가 아닌 프로세스 간 메시지("Hello~~?")가 전달되고 있음을 확인할 수 있다. 〈ex3-5a〉를 먼저 실행시킨 후 메시지 큐를 생성하여 메시지를 전송하고, 〈ex3-5b〉에서 메시지 큐에서 메시지를 수신하고 메시지 큐를 삭제한다.

(3) 공유 메모리

공유 메모리(shared memory)는 사용자 영역에 공유 메모리를 생성하고 이를 공유함으로써 데이터를 주고받는 IPC 기법이다. 공유 메모리는 shmget() 시스템 호출을 통해 생성한다. 생성된 공유 메모리를 사용하기 위하여 shmat() 시스템 호출을 통해 공유 메모리의 주소가 프로세스의 주소 공간에 연결(attach)되어야 한다. 사용 후는 shmdt() 시스템 호출을 통해 공유 메모리의 주소를 프로세스의 주소 공간으로부터 분리(detach)하고 shmctl() 시스템 호출을 통해 공유 메모리를 삭제한다.

공유 메모리를 통한 IPC 기법의 기본적인 과정은 다음과 같다.

[과정-1] 공유 메모리 요청: 사용자 영역에 공유 메모리를 생성한다.

```
shmid = shmget(key, size, shmflg)
/* key 값에 해당한 size 크기의 공유 메모리 생성 */
```

[과정-2] 공유 메모리 사용: shmat() 함수를 이용하여 공유 메모리의 주소를 프로세스의 변수(local)에 연결한 후 변수에서 직접 읽기/쓰기 한다.

```
local = shmat(shmid, *shmaddr, shmflag);
/* shmid 공유 메모리를 프로세스의 변수(local)에 연결 */
```

[과정-3] 공유 메모리 반납:

① shmdt() 함수를 이용하여 공유 메모리의 주소를 프로세스의 변수로부터 분리한다.

```
shmdt(local); /* 공유 메모리를 local로부터 분리 */
```

② shmctl() 함수를 이용하여 공유 메모리를 반납한다.

```
shmctl(shmid, IPC_RMID, 0); /* 공유 메모리 반납 */
```

〈예제 프로그램 3-7〉은 두 프로세스 사이의 공유 메모리 사용법을 보여주고 있다.

〈예제 프로그램 3-7〉

```
/*** ex3-7.c ***/

#include <stdio.h>
#include <stdlib.h>
#include <unistd.h>
#include <sys/shm.h>
#include <sys/wait.h>

int main(int argc, char *argv[]) {
    int n, pid, shmid, *count, status, loop;
    loop = atoi(argv[1]);
    shmid = shmget(IPC_PRIVATE, sizeof(int), 0666);
    count = (int *)shmat(shmid, NULL, 0);
    *count = 0;
    pid = fork();
    if(pid > 0) {
    for(n=0; n<loop; n++)
        *count = *count+1;
    wait(&status);
    printf("count = %d\n", *count);
    shmdt(count);
    shmctl(shmid, IPC_RMID, NULL);
    }
    else if(pid == 0) {
    for(n=0; n<loop; n++)
        *count = *count-1;
    }
}
```

〈예제 프로그램 3-7〉은 shmget() 함수를 호출하여 정수형 크기의 공유 메모리를 생성한다. shmat() 함수를 이용하여 공유 메모리의 주소를 프로세스 주소 공간의 포인터 변수(*count)에 연결한 후 초깃값을 0으로 설정한다. fork() 함수를 이용하여 자식 프로세스를 생성한다. 부모와 자식 프로세스는 공유 메모리의 값을 1씩 증가, 감소를 loop 회 반복한다. 따라서 공유 메모리의 최종값은 0으로 예상된다. 반복 횟수(loop)를 명령 줄에서 변경하면서 확인해 보자.

〈예제 프로그램 3-7〉의 컴파일 및 실행 결과는 다음과 같다.

```
$ gcc ex3-7.c  -o ex3-7
$ ./ex3-7 10000
count = 0
$ ./ex3-7 100000
count = 1339
$ ./ex3-7 100000
count = 17464
$
```

☞ 확인: 반복 횟수가 증가하면 프로세스의 결정성이 보장되지 않음을 확인할 수 있을 것이다. 사용자 영역에 존재하는 공유 메모리를 사용하기 때문에 별도의 동기화 작업이 요구된다.

(4) 세마포어

세마포(semaphore)는 프로세스의 동기화를 위한 도구로써 공유 메모리에 의한 IPC 기법과 함께 사용된다. 리눅스에서는 프로세스를 위한 세마포와 스레드를 위한 세마포를 구별하여 서로 다른 시스템 호출 함수를 제공하고 있음을 유의하자.

그림 3.21은 semget()에 의해 커널 영역에 생성된 세마포 구조를 나타내고 있다. 그림 3.21에서 시스템 호출 semget()는 세마포를 커널 영역에 생성한 후, 이를 호출한 사용자 프로세스에 세마포 식별자(semid)를 반환한다. 세마포는 배열구조이며 여러 개의 세마포 즉, 세마포 집합을 가질 수 있다.

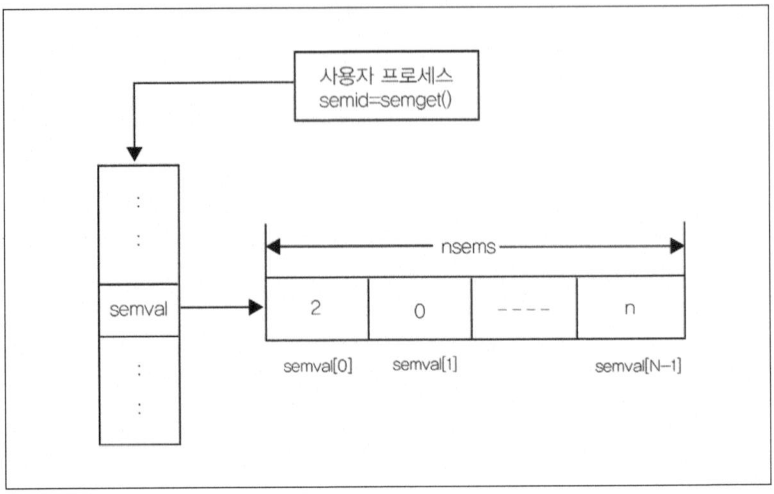

[그림 3.21] 세마포어 구조

세마포를 이용한 프로세스 동기화 기법의 기본적인 과정은 다음과 같다.

[과정-1] 세마포 요청: semget()을 이용하여 세마포를 생성한다.

```
semid = semget(key, nsems, semflg)
    /* key 값으로 nsems 개의 세마포를 생성 */
```

[과정-2] 세마포 사용:

① semctl() 함수를 이용하여 세마포 배열 semval[snum]의 초기 값(val)을 부여한다.

```
semctl(semid, snum, SETVAL, val);
```

② semop() 함수를 이용하여 P,V 연산을 수행한다.

```
struct sembuf p_op = {0, -1, SEM_UNDO};
struct sembuf v_op = {0, 1, SEM_UNDO};
semop(semid, &p_op, nsops); /* P 연산 */
semop(semid, &v_op, nsops); /* V 연산 */
```

[과정-3] 세마포 반납: semctl() 함수를 이용하여 세마포를 반납한다.

semctl(semid, IPC_RMID, 0);
  /* 세마포(semid) 삭제(IPC_RMID) */

〈예제 프로그램 3-8〉과 같이 세마포를 이용하여 〈예제 프로그램 3-7〉의 임계 영역의 문제를 해결할 수 있다.

〈예제 프로그램 3-8〉

```
/*** ex3-8.c ***/

#include <stdio.h>
#include <stdlib.h>
#include <unistd.h>
#include <sys/shm.h>
#include <sys/sem.h>
#include <sys/wait.h>

int main(int argc, char *argv[]) {
    int n, pid, shmid, *count, status, loop, semid;
    struct sembuf p_op = {0, -1, SEM_UNDO},
                  v_op = {0, 1, SEM_UNDO};
    loop = atoi(argv[1]);
    shmid = shmget(IPC_PRIVATE, sizeof(int), 0666);
    count = (int *)shmat(shmid, NULL, 0);
    semid = semget(IPC_PRIVATE, 1, 0666);
    semctl(semid, 0, SETVAL, 1);
    *count = 0;
    pid = fork();
    if(pid > 0) {
        for(n=0; n<loop; n++){
            semop(semid, &p_op, 1);
            *count = *count+1;
            semop(semid, &v_op, 1);
        }
```

```
            wait(&status);
            printf("count = %d\n", *count);
            shmdt(count);
            shmctl(shmid, IPC_RMID, NULL);
            semctl(semid, 0, IPC_RMID, NULL);
    }
    else if(pid == 0)
        for(n=0; n<loop; n++) {
            semop(semid, &p_op, 1);
            *count = *count-1;
            semop(semid, &v_op, 1);
        }
}
```

〈예제 프로그램 3-8〉의 컴파일 및 실행 결과는 다음과 같다.

```
$ gcc ex3-8.c -o ex3-8
$ ./ex3-8 10000
count = 0
$ ./ex3-8 100000
count = 0
$ ./ex3-8 100000
count = 0
$
```

☞ 확인: 프로세스의 결정성이 보장되고 있음을 확인할 수 있다. 동기화로 인해 실행 시간이 상당히 지연됨을 인지할 수 있을 것이다.

연습문제

1. 단일 CPU 시스템에서 실행(running) 상태의 프로세스는 오직 하나만이 존재한다. 그러함에도 불구하고 프로세스의 병행성을 고려해야 할 이유에 대하여 설명하시오.

2. 임계 영역에 대한 다음 물음에 답하시오.

   ① 임계 영역의 정의
   ② 임계 영역이 존재하는 이유
   ③ 임계 영역의 문제점
   ④ 임계 영역의 문제를 해결하기 위한 고려사항

3. 일상생활에서 상호 배제적 접근이 요구되는 예를 들고, 이에 대한 해결책을 제시하시오.

4. 프로세스 간 통신을 하기 위해서는 기본적으로 프로세스 사이의 공유 메모리가 필요하다. 공유 메모리에 대한 프로세스들의 상호 배제적 접근을 지원하기 위한 기법들에 대하여 설명하시오.

5. 프로세스 간 통신에서 메시지 전송(message passing) 방식과 공유 메모리(shared memory) 방식의 장단점을 비교 설명하시오.

6. 다음 알고리즘이 상호 영향을 미치는 두 프로세스 사이의 임계 영역 문제를 해결하기 위한 세 가지 조건을 만족하지 못함을 보이시오.

잔류 영역

```
flag[0] = TRUE;
while(flag[1])
    ;
```

임계 영역

```
flag[0] = FALSE;
```

잔류 영역

(a) 프로세스(P0)

잔류 영역

```
flag[1] = TRUE;
while(flag[0])
    ;
```

임계 영역

```
flag[1] = FALSE;
```

잔류 영역

(b) 프로세스(P1)

7. N 개의 프로세스가 같은 타입의 자원 M 개를 공유할 경우, 세마포를 이용하여 이들 자원에 대한 접근을 상호 배제적으로 제어하는 방법에 대하여 설명하시오.

8. 프로세스의 바쁜 대기(busy waiting) 문제를 해결하기 위하여 요구되는 block() 및 wakeup() 함수의 기능에 대하여 설명하시오.

9. 리눅스에서 이름 있는 파이프(named pipe)는 이름 없는 파이프(un-named pipe)의 결점을 보완할 수 있다. 이름 없는 파이프(unnamed pipe)의 결점에 대하여 설명하시오.

10. 리눅스에서 양방향 통신을 위한 파이프 채널을 생성하는 방법에 대하여 설명하시오.

제4장 교착상태

교착상태란 발생하지 않을 특정 사건을 무한정 기다리고 있는 프로세스의 상태를 말한다. 교착상태의 프로세스는 더 진행되지 않으면서 자원만 점유하고 있으므로 또 다른 프로세스의 교착상태를 초래한다. 따라서 자원을 효율적으로 관리해야 하는 운영체제 입장에서는 이러한 교착상태가 발생하지 않도록 자원을 관리해야 한다. 이 장에서는 교착상태에 대한 기본개념과 교착상태가 발생하는 원인 및 해결책에 대하여 알아본다.

4.1 개요

다중 프로그래밍을 지원하는 운영체제에서 다수의 프로세스는 제한된 자원들을 공유하여 사용하게 된다. 프로세스가 어떤 자원을 사용하고자 할 경우, 프로세스는 그 자원의 할당을 운영체제에 요청한다. 운영체제는 요청된 자원의 할당이 가능하면 그 자원을 요청한 프로세스에 즉시 할당해 주지만, 그 자원이 다른 프로세스에 의해 점유되어 있으면 요청한 프로세스를 대기 상태에서 기다리도록 한다. 이렇게 대기 상태로 전환된 프로세스가 무한정 기다리게 될 경우가 발생할 수도 있다.

예를 들어 그림 4.1과 같이 자원 R1, R2가 프로세스 P1, P2에 각각 할당된 상태에서 프로세스 P1, P2가 자원 R2, R1의 할당을 각각 요청하게 되면 프로세스 P1, P2는 무한정 기다리게 될 것이다.

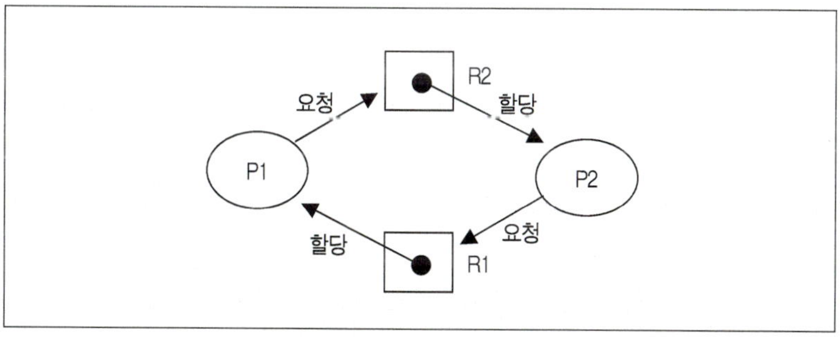

[그림 4.1] 교착상태

이같이 다중 프로그래밍 환경에서 프로세스가 발생하지 않을 특정 사건을 무한정 기다리고 있는 상태를 "교착상태(deadlock)"라고 일컫는다. 결국, 다중 프로그래밍 환경에서 공유 자원을 사용하는 프로세스들이 병행적으로 실행될 경우, 즉 임계 영역이 존재할 경우, 항상 교착상태가 발생할 가능성이 있다. 따라서 이러한 교착상태가 발생하지 않도록 지원하는 운영체제의 기능이 요구된다.

프로세스의 교착상태를 이론적으로 설명하기 위하여 그림 4.2와 같은 자원 할당 그래프(resource allocation graph)를 이용한다. 자원 할당 그래프는 G=(V, E)의 쌍으로 구성되며 V(vertex)는 프로세스와 자원의 집합이고, E(edge)는 프로세스와 자원과의 관계를 나타내는 집합이다.

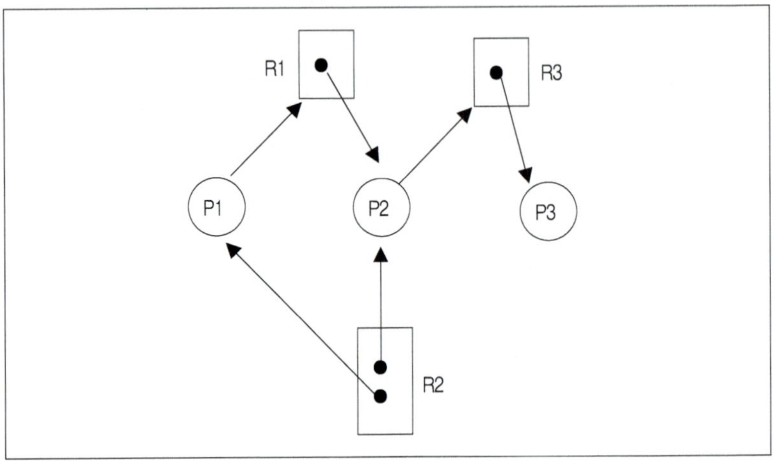

[그림 4.2] 자원 할당 그래프

그림 4.2에서 프로세스는 원으로, 자원은 네모로, 프로세스와 자원과의 관계는 화살표로 표시한다. 또한, 네모 속의 점은 동일 유형의 자원 개수를 의미한다. 화살표의 방향이 자원에서 프로세스일 경우에는 그 자원이 이미 할당(allocation)되어 있음을 의미하며 프로세스에서 자원일 경우에는 그 자원에 대한 요청(request)을 의미한다. 어떤 프로세스(Pi)가 자원 유형(Ri) 중 하나를 요청하면 자원 할당 그래프에 요청 에지(request edge)가 추가된다. 이 요청을 만족하면 요청 에지는 할당 에지(allocation edge)로 바뀌고 프로세스가 자원을 반납하면 할당 에지는 제거된다.

그림 4.2의 자원 할당 그래프는 다음 상황을 나타내고 있다.

(1) Vertex(Process, Resource), Edge의 집합
① 프로세스(P) = {P1, P2, P3}
② 자원(R) = {R1, R2, R3}
③ 에지(E) = {(P1,R1), (P2,R3), (R1,P2), (R2,P2), (R2,P1), (R3,P3)}

(2) 자원의 유형 및 개수
① 자원 유형 = (R1, R2, R3)
② 유형별 개수= (1, 2, 1)

(3) 프로세스(P1, P2, P3)의 상태
① 프로세스 P1은 자원 R2의 하나를 점유하고, 자원 R1을 기다리고 있다.
② 프로세스 P2는 자원 R1, R2를 하나씩 점유하고, 자원 R3를 기다리고 있다.
③ 프로세스 P3는 자원 R3의 하나를 점유하고 있다.

지금까지 설명한 자원 할당 그래프를 이용하여 프로세스의 교착상태 여부를 판단할 수 있다. 다시 말해서 주어진 자원 할당 그래프에 사이클(cycle)이 없으면 교착상태의 프로세스는 존재하지 않고 교착상태가 존재하지 않으면 자원 할당 그래프에 사이클이 없다. 그러나 자원 할당 그래프에 사이클이 있다고 해서 교착상태의 프로세스가 반드시 존재하는 것이 아님을 유의하자.

예를 들어 그림 4.2의 자원 할당 그래프에는 사이클이 없으므로 교착상태가 아니다. 그러나 P3가 R2 유형의 자원 하나를 요청했을 경우, 자원 할당 그래프는 그림 4.3과 같이 될 것이다. 그림 4.3에는 2개의 사이클이 존재하며 P1, P2, P3가 교착상태에 있음을 알 수 있다. 즉 P1은 P2가 점유한 R1을, P2는 P3가 점유한 R3를, P3는 P1과 P2가 점유한 R2를 영원히 기다리고 있는 상태로써 모두가 교착상태

이다.

(사이클-1) : P1 → R1 → P2 → R3 → P3 → R2 → P1
(사이클-2) : P2 → R3 → P3 → R2 → P2

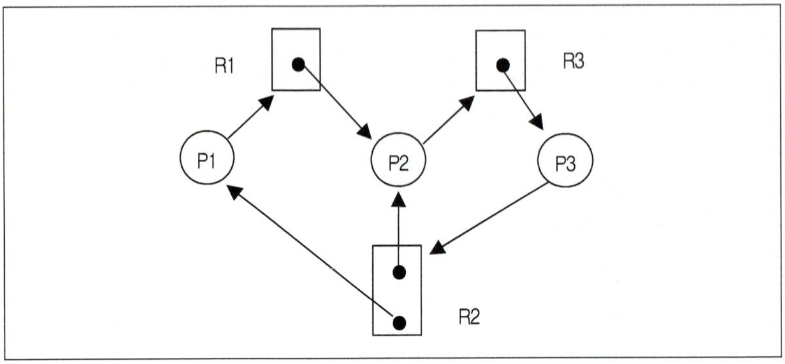

[그림 4.3] 교착상태가 발생한 자원 할당 그래프

그러나 자원 할당 그래프에 사이클이 존재한다고 해서 반드시 교착상태인 것은 아니다. 예를 들어 그림 4.4와 같은 자원 할당 그래프에서는 사이클이 존재하지만, 교착상태는 발생하지 않음을 알 수 있다. 즉 P4에 할당된 R2가 반납되면 R2를 P3에 할당할 수 있기 때문이다.

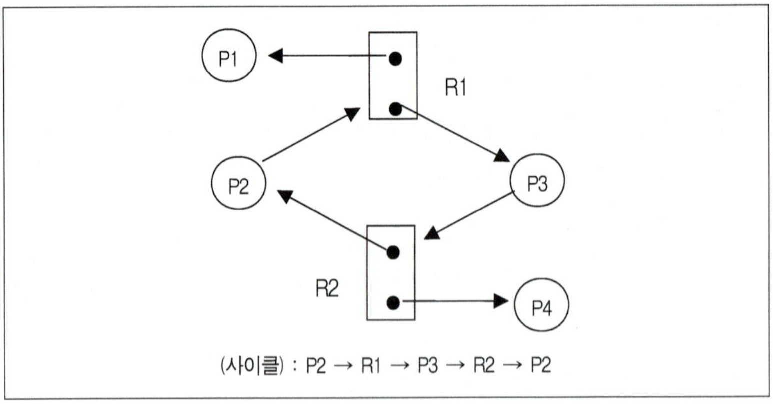

[그림 4.4] 교착상태가 발생하지 않은 자원 할당 그래프

모든 자원 유형의 개수가 하나일 경우에는 자원 할당 그래프에 사이클이 있으면 사이클에 속해있는 프로세스들은 반드시 교착상태이다. 그러나 각 자원 유형의 개수가 여러 개일 경우에는 자원 할당 그래프에 사이클이 있다고 해서 교착상태의 프로세스가 반드시 존재하는 것이 아님을 알 수 있다. 결론적으로 자원 할당 그래프에 사이클이 없으면 교착상태의 프로세스가 존재하지 않으며 사이클이 있으면 교착상태의 프로세스가 존재할 수도 있고, 않을 수도 있다. 이러한 자원 할당 그래프의 속성은 교착상태를 설명하는 데 매우 중요한 도구로 사용된다.

4.2 교착상태 원인

교착상태는 다중 프로그래밍 환경에서 효율적인 자원 관리를 위해 자원을 공유하면서 병행적으로 실행하기 때문에 발생한다. 일반적으로 프로세스는 다음과 같은 순서로 자원으로 사용한다.

① 요청(request) : 프로세스는 시스템 호출을 통하여 사용하고자 하는 자원 할당을 운영체제에 요청한다. 운영체제는 사용이 가능한 자원을 요청한 프로세스에 할당해 준다. 만약 요청한 자원이 다른 프로세스에 의해 사용 중일 경우 프로세스는 대기 상태에서 기다리게 된다.

② 사용(usage) : 프로세스는 할당받은 자원을 사용한다.

③ 반납(release) : 프로세스는 자원을 사용한 후 시스템 호출을 통하여 운영체제에 자원 반납을 요청한다.

프로세스의 교착상태가 발생하는 근본적인 원인은 다중 프로그래밍을 지원하는 운영체제에서 다음 네 가지 조건을 동시에 만족하면서 자원을 관리하기 때문이다. 따라서 운영체제에서 이 중 한 가지 조건이라도 만족하지 않게 자원을 관리할 경우, 교착상태는 절대로 발생하지 않음을 의미한다. 각 조건에 대한 설명은 4.3.1에서 자세하게 하도록 한다.

(조건-1) : 상호 배제(mutual exclusion)

- 프로세스는 그들이 필요로 하는 자원을 상호 배제적으로 사용한다.

(조건-2) : 점유 및 대기(hold and wait)

- 프로세스는 그들에게 이미 할당된 자원을 점유하면서 필요로 하는 자원을 요청한다.

(조건-3) : 비 선점(no preemption)

- 프로세스는 다른 프로세스에 이미 할당된 자원을 선점하지 못한다.

(조건-4) : 환형 대기(circular wait)

- (조건-2)의 특수한 경우로서, N개의 프로세스{P0, P1, ..., P_{n-1}}가 대기 상태에 있을 때, P0는 P1이 점유하고 있는 자원을, P1은 P2가 점유하고 있는 자원을, P_{n-1}은 P0가 점유하고 있는 자원을 각각 요청한다.

4.3 교착상태 해결책

교착상태 해결책에는 교착상태가 발생하지 않도록 자원을 할당하는 프로토콜을 사용하는 방법으로써 예방(prevention)과 회피(avoidance) 그리고 교착상태를 허용하고 발생 여부를 탐지

(detection)하여 복구(recovery)시키는 방법이 있다. 그러나 운영체제에서 교착상태에 대한 해결책을 지원하지 않을 경우, 교착상태의 프로세스를 강제로 종료시키거나 재부팅(rebooting)밖에 없다.

4.3.1 교착상태 예방

교착상태 예방(prvention)은 교착상태의 발생 가능성을 사전에 제거함으로써 예방하는 것이다. 이를 위하여 4.2에서 소개한 교착상태의 원인(4가지) 중 어느 하나라도 만족하지 않도록 운영체제에서 자원을 관리함으로써 교착상태의 가능성을 사전에 제거할 수 있다. 이 방법은 개념적으로 간단명료하지만, 자원 할당에 대한 지나친 제약으로 자원의 이용률이 매우 저하되는 단점이 있다. 각 조건을 부정하는 방법에 대하여 알아보자.

(1) 상호 배세 조건의 예방

상호 배제 조건은 두 개 이상의 프로세스가 공유 자원 접근할 경우, 상호 배제적으로 접근하는 것이다. 따라서 이 조건의 부정에 의한 교착상태 예방은 모든 자원을 두 개 이상의 프로세스들이 동시에 사용하도록 허용하는 것이다.

그러나 컴퓨터 시스템에서 사용되는 자원 중에는 물리적으로 동시에 사용하면 곤란한 것들이 있다. 예를 들어, 읽기 전용의 파일에 대한 동시 접근은 가능하지만, 프린터 혹은 공유 메모리에 대한 접근은 한 프로세스가 사용 중이면 다른 프로세스는 반드시 기다려야 한다. 그러므로 상호 배제 조건을 부정하는 예방책은 이론적으론 가능하지만, 실질적으로 적용하기엔 곤란한 방법이다.

(2) 점유 및 대기 조건의 예방

점유 및 대기 조건은 프로세스가 자신에게 할당된 자원을 점유하면서 또 다른 자원을 요청하는 것이다. 만약 요청한 자원이 다른 프로세스에 할당되었을 경우 자원을 요청한 프로세스는 대기 상태에서 기다리게 된다. 따라서 이 조건의 부정에 의한 교착상태 예방은 점유 혹은 대기 상태를 허용하지 않도록 하는 것이다.

점유 상태를 부정하는 방법은 통제된 자원 할당(controlled resource allocation) 방식으로 모든 프로세스가 자신에게 할당된 자원을 반드시 반납한 상태에서만 새로운 자원을 요청하도록 하는 것이다. 이 방식은 자주 접근해야 하는 자원에 대해서도 반납 및 요청을 반복해야 하는 오버헤드가 있다.

대기 상태를 부정하는 방법은 최대 자원 할당(maximum resource allocation) 방식으로 프로세스가 실행하기 전에 필요로 하는 최대 자원을 할당하는 것이다. 이 방식은 프로세스마다 최대 자원에 대한 정보를 예측하여 운영체제에 알려주어야 하는 오버헤드가 있다. 또한, 필요로 하는 모든 자원을 한꺼번에 점유하기 때문에 자원에 대한 이용률이 저하되고 프로세스의 기아 현상이 발생할 수 있는 단점이 있다.

(3) 비 선점 조건의 예방

비 선점 조건은 다른 프로세스에 이미 할당된 자원을 어떤 프로세스가 요청할 경우, 그 자원을 강제로 선점하지 못하고 대기 상태에서 기다리게 되는 것이다. 이 조건의 부정에 의한 교착상태 예방은 대기 상태의 프로세스가 점유한 모든 자원에 대한 선점을 허용하도록 한다.

만약 어떤 자원이 선점으로 반납될 경우, 그 자원을 대기 목록에 추가시킨다. 따라서 선점된 프로세스가 다시 실행되기 위해서는 대기 목록에 등록된 모든 자원을 다시 요청해야 하는 오버헤드가 있다. 또한, 프린터 혹은 테이프와 같은 자원에 대해서는 부적합하다.

(4) 환형 대기 조건의 예방

환형 대기 조건은 N개의 프로세스{P0, P1, ..., P_{n-1}}가 대기 상태에 있을 때 P0는 P1이 점유하고 있는 자원을, P1은 P2가 점유하고 있는 자원을, P_{n-1}은 P0가 점유하고 있는 자원을 각각 요청함으로써 대기 상태의 프로세스들이 환형 구조가 형성되는 것이다. 이 조건의 부정에 의한 교착상태 예방은 모든 자원에 대하여 일련번호를 부여하고 각 프로세스의 자원 요청을 항상 오름차순 혹은 내림차순으로 제한함으로써 대기 상태의 프로세스들이 환형 구조를 허용하지 않도록 한다.

예를 들어 시스템이 보유하고 있는 자원 중에서 스피커, 마이크, 프린터의 일련번호가 각각 2, 7, 9이라 가정하고 오름차순으로 자원 요청을 제한하였을 때, 마이크(7)와 프린터(9)가 필요한 프로세스는 반드시 마이크(7)를 먼저 요청하도록 제한한다. 만약 프린터를 사용한 후 마이크를 요청하기 위해서는 마이크의 일련번호보다 큰 자원들은 모두 반납하도록 한다.

이 방법에서 자원들에 대한 일련번호는 시스템 성능에 직접적인 영향을 미치기 때문에 실제 자원의 이용 순서를 정확히 예측하여 결정해야 하는 어려움과 새로운 자원이 추가될 때마다 전체 자원에 대한 일련번호를 재조정해야 하는 오버헤드가 있다.

지금까지 살펴본 교착상태 예방책은 교착상태 발생을 우려하여 지나치게 자원 할당을 제약하게 되므로 자원 활용 측면에서 매우 비효율적 해결책이다. 하지만 이론적 근거가 명료하므로 교착상태가 발생하는 원인으로써 네 가지 필요조건을 개념적으로 이해하는 데 도움이 된다.

4.3.2 교착상태 회피

교착상태 회피(avoidance)는 교착상태가 발생하기 위한 필요조건을 만족하지 않도록 사전 예방하는 것이 아니고 자원의 할당 상태를 검사하여 교착상태의 가능성을 회피해 나가는 방법이다. 이 방법은 예방책보다 자원의 이용률은 향상되지만, 자원의 할당 상태를 검사하고 교착상태의 발생 가능성을 판단하는데 소요되는 오버헤드가 있다.

(1) 안전 및 불 안전 상태

시스템의 상태를 그림 4.5와 같이 크게 안전 상태와 불 안전 상태로 구분할 수 있다.

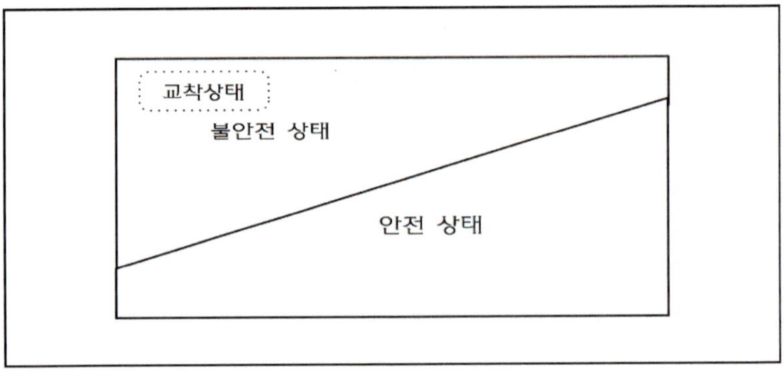

[그림 4.5] 안전 및 불 안전 상태

그림 4.5에서 교착상태는 불 안전 상태에 속한다. 그러나 불 안전 상태라고 해서 반드시 교착상태는 아니지만, 교착상태의 발생 가능성이 있음을 유의하여야 한다. 따라서 교착상태 회피는 자원의 할당 상태를 검사하여 항상 안전 상태를 유지하도록 한다.

시스템의 상태를 판단하기 위하여 프로세스마다 필요한 자원의 종류와 최대 개수를 제시하고 실행 과정에서 자신이 제시한 자원의 최대 개수 내에서 요청하도록 한다. 어떤 프로세스가 자원을 요청하였을 때 그 자원을 할당해 주었다고 가정하고 다른 모든 프로세스가 임의의 순서로 실행될 수 있으면 시스템은 안전 상태로 판단한다. 이때 프로세스들의 실행순서를 안전 순서(safe sequence)라고 한다. 만약 안전 순서가 존재하지 않으면 불 안전 상태로써 교착상태의 발생 가능성이 있으므로 요청한 자원을 할당하지 않고 대기 상태에서 기다리게 한다.

운영체제에서는 이러한 상태를 판단하기 위하여 다음과 같은 정보를 유지 관리하여야 한다.

① 자원별 사용이 가능한 개수
② 각 프로세스가 제시한 자원별 최대 요구 개수
③ 각 프로세스에 현재 할당된 자원별 개수
④ 각 프로세스에 추가 할당되어야 할 자원별 개수

예를 들어 사용이 가능한 프린터 자원이 12개인 시스템에서 3개의 프로세스(P1, P2, P3)에 대한 자원 할당 상태가 그림 4.6과 같다고 가정하자.

	최대 요구 개수	현재 할당된 개수	추가되어야 할 개수
P1	10	5	5
P2	4	2	2
P3	9	2	7

[그림 4.6] 안전 상태 예

그림 4.6에서 각 프로세스에 총 9개의 자원이 할당되었으므로 현재 사용이 가능한 자원은 3개이다. 이 경우에는 안전 순서 〈P2, P1, P3〉가 존재함으로 현재 시스템은 안전 상태이다.

그림 4.6과 같은 상황에서 P3가 자원 1개를 요청하여 이를 할당해

줄 경우, 현재 사용이 가능한 자원은 2개이며 자원 할당 상태는 그림 4.7과 같이 될 것이다. 그림 4.7에서는 안전 순서가 존재하지 않기 때문에 불 안전 상태이다. 결국, P1, P2, P3 모두가 대기 상태에서 무한정 기다리는 교착상태가 발생하게 된다.

	최대 요구 개수	현재 할당된 개수	추가되어야 할 개수
P1	10	5	5
P2	4	2	2
P3	9	3	6

[그림 4.7] 불 안전 상태 예

안전 및 불 안전 상태의 개념을 이용하여 교착상태 회피 알고리즘을 정의할 수 있다. 프로세스가 사용이 가능한 자원을 요청할 경우, 이를 할당했다고 가정한 상태에서 불 안전 상태로 판단되면, 요청한 프로세스를 대기 상태에서 기다리게 함으로써 항상 안전 상태를 유지하도록 한다.

(2) 교착상태 회피 알고리즘

교착상태 회피에는 자원 할당 그래프를 이용하는 방법과 은행원 알고리즘(Banker's algorithm)을 이용하는 방법이 있다.

① 자원 할당 그래프를 이용한 알고리즘

4.1.2에서 살펴본 것처럼 각 자원 유형의 개수가 여러 개일 경우에는 자원 할당 그래프에 사이클이 있다고 해서 교착상태의 프로세스가 반드시 존재하는 것이 아니다. 그러나 자원 유형의 개수가 오직 하나일 경우에는 자원 할당 그래프에 사이클이 존재하면 사이클에 속해있는 프로세스는 반드시 교착상태임을 알 수 있었다. 자원 할당 그래프를 이용한 알고리즘은 이러한 사실

을 이용하여 교착상태 발생 여부를 판단하는 것으로써 각 자원의 유형이 오직 하나 존재하는 시스템일 경우에만 적용할 수 있으며 추가적인 요청이 제시되어야 한다.

예를 들어 그림 4.8(a)에서 점선의 화살표는 추가적인 요청을 의미한다. 이와 같은 상황에서 P2에 R2를 할당하게 되면 그림 4.8(b)과 같이 사이클이 존재하기 때문에 교착상태가 발생하게 된다. 따라서 프로세스의 자원 요청이 있을 때 이를 할당해 주었다고 가정하고 자원 할당 그래프에 추가적인 요청 에지를 포함하여 사이클 존재 여부를 검사하여 사이클이 형성되지 않은 경우에만 자원을 할당한다.

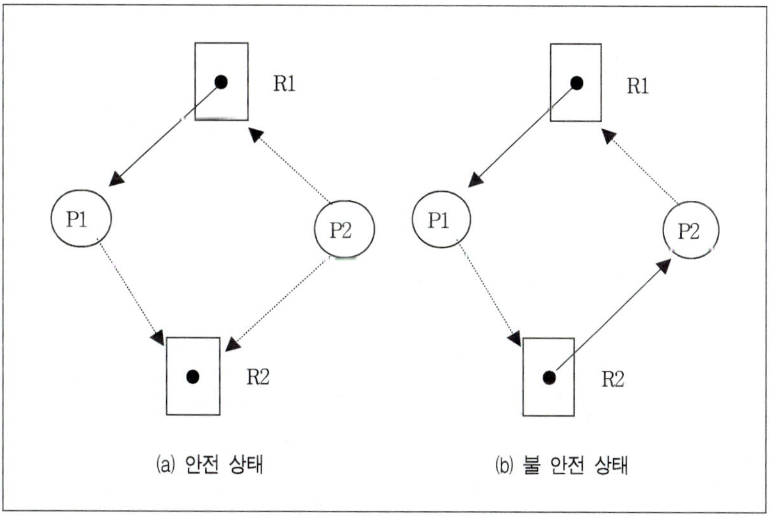

[그림 4.8] 자원 할당 그래프를 이용한 교착상태 회피

② 은행원 알고리즘

은행원 알고리즘(Banker's algorithm)은 컴퓨터 시스템의 자원 할당 정책을 은행에서 예금액을 대출하는 정책을 적용하는데서 유래한 것이다. 일반적으로 은행에서는 부도가 발생하지 않는 범위에서 예금액을 최대한 대출하여 이윤을 남겨야 한다. 이를 위하여 은행에서는 예금주가 예금액을 언제 찾아갈 것인가와 대출자가 언제 갚을 것인가에 대한 정보가 필요하며 이 정보에 따라 대출 여부를 결정하게 된다. 이러한 정책은 운영체제에서 교착상태가 발생하지 않는 범위에서 시스템이 보유하고 있는 자원을 최대한 활용하려는 교착상태 회피책과 매우 유사하다.

은행원 알고리즘을 교착상태 회피책에 적용하기 위해서는 프로세스가 실행되는 동안에 필요로 하는 모든 자원의 유형과 각 자원에 대한 최대 개수에 대한 정보가 있어야 한다. 운영체제에서는 이 정보를 이용하여 프로세스의 자원 요청에 대한 할당 여부를 판단할 수 있다.

은행원 알고리즘에서는 시스템의 상태를 판단하기 위하여 다음과 같은 자료구조를 유지 관리한다(프로세스와 자원 유형의 개수를 각각 m, n으로 가정한다).

① Available[n] : 모든 자원(n)에 대한 사용이 가능한 개수.
(Available[j]=k 는 j 유형의 자원이 현재 k개 사용할 수 있음을 의미한다.)

② Max[m,n] : 각각의 프로세스(m)가 제시한 모든 자원(n)에 대한 최대 요구 개수.
(Max[i,j]=k 는 프로세스 i 가 j 유형의 자원을 최대 k개 요구함을 의미한다.)

③ Allocation[m,n] : 각각의 프로세스(m)에 할당된 모든 자원(n)에 대한 개수.
(Allocation[i,j]=k 는 프로세스 i에 j 유형의 자원이 k개 할당되었음을 의미한다.)

④ Need[m,n] : 각각의 프로세스(m)에 추가 할당되어야 할 자원(n)의 개수.
(Need[i,j]=k 는 프로세스 i에 j 유형의 자원이 k개 추가 할당되어야 함을 의미한다.)
(결국, Need[i,j]=Max[i,j]−Allocation[i,j]임을 유의하라.)

위의 자료구조를 이용하여 안전성 여부를 판단하는 안전 알고리즘(safety algorithm)을 다음과 같이 정의할 수 있다.

① 임시 자료구조 Finish[m], Work[n]의 초깃값을 다음과 같이 선언한다.
Finish[i]:=false $(1 \le i \le m)$,
Work:=Available

② 다음의 조건을 동시에 만족하는 프로세스(Pi)를 찾는다.
(조건-1): Finish[i]:= false
(조건-2): $Need_i \le Work$
만약, 만족하지 않는 프로세스가 하나라도 존재하면 단계 ④로 간다.

③ $Work := Work + Allocation_i$
Finish[i]:=true
단계 ②로 간다.

④ 모든 프로세스(m)에 대하여 다음의 조건을 만족하는지 조사한다.
(조건): Finish[i]=true $(1 \le i \le m)$
만약, 만족하지 않는 프로세스가 하나라도 존재하면 불안전 상태이다.

안전 알고리즘을 이용하여 어떤 프로세스가 자원을 요청할 경우, 이에 대한 할당 여부를 결정하는 은행원 알고리즘은 다음과 같이 정의할 수 있다(프로세스 Pi가 요청한 자원 유형에 대한 개수를 $Request_i$ 로 표시하자).

① 필요 이상의 자원을 요청하는지 조사한다.
(조건): $Request_i \le Need_i$
만약, 만족하지 않으면 필요 이상의 자원을 요청한 것으로 오류(error)이다.

② 요청한 자원이 할당 가능한지 조사한다.
(조건): $Request_i \le Available$
만약, 만족하지 않으면 자원이 부족함으로 프로세스 P_i 를 대기 상태로 처리한다.

③ 프로세스 P_i가 요청한 자원 할당을 가정하고 다음과 같이 자료구조를 수정한 후, 안전 알고리즘을 적용하여 안전성 여부를 판단한다.

$Available := Available - Request_i$

$Allocation_i := Allocation_i + Request_i$

$Need_i := Need_i - Request_i$

만약, 불 안전 상태이면 프로세스 P_i에 자원을 할당하지 않고 대기 상태로 처리한 후 자료구조를 원래대로 복구한다.

③ 은행원 알고리즘의 예

예를 들어 자원의 유형이 (R1, R2, R3)이고 각 자원의 개수가 (9, 5, 7)인 시스템에서 5개의 프로세스(P1, P2, P3, P4, P5)의 최대 요구와 이미 할당된 상태가 그림 4.9와 같다고 가정하자.

	Max			Allocation			Need		
	R1	R2	R3	R1	R2	R3	R1	R2	R3
P1	6	5	3	0	1	0	6	4	3
P2	3	2	7	2	0	1	1	2	6
P3	2	1	5	1	0	2	1	1	3
P4	5	2	6	1	1	0	4	1	6
P5	4	3	4	0	0	2	4	3	2

[그림 4.9] 안전 상태 예

그림 4.9에서 각 프로세스에 할당된 유형별 자원의 개수가 (4, 2, 5)임으로 현재 사용이 가능한 유형별 자원의 개수 Available=(5, 3, 2)이다. 이 경우에는 안전 순서 〈P5, P3, P4, P1, P2〉가 존재함으로 현재 시스템은 안전 상태라고 할 수 있다.

앞에서 정의한 안전 알고리즘을 적용할 경우, 다음과 같다.

① Finish[1, 2, 3, 4, 5]=(F, F, F, F, F)
Work[1, 2, 3]=(5, 3, 2)

② 다음의 조건을 동시에 만족하는 프로세스는 P5이다.
(조건-1): Finish[5]:= F
(조건-2): $Need_5$=(4,3,2) ≤ Work=(5,3,2)

③ Work[1, 2, 3]=(5, 3, 4)
Finish[1, 2, 3, 4, 5]=(F, F, F, F, T)
단계 ②로 간다.

②' 다음의 조건을 동시에 만족하는 프로세스는 P3이다.
(조건-1): Finish[3]:= F
(조건-2): $Need_3$=(1,1,3) ≤ Work=(5,3,4)

③' Work[1, 2, 3]=(6, 3, 6)
Finish[1, 2, 3, 4, 5]=(F, F, T, F, T)
단계 ②로 간다.
(동일 방법으로 진행한다)

④ 모든 프로세스(P1,P2,P3,P4,P5)에 대한 다음의 조건을 만족하기 때문에 현재의 상태는 안전 상태임을 알 수 있다.
(조건): Finish[1, 2, 3, 4, 5]=(T, T, T, T, T)

그림 4.9와 같은 상황에서 임의의 프로세스(P3)가 자원(R1, R2, R3)을 각각 (1, 0, 1)씩 요청하였다고 가정하자. 즉 $Request_3$=(1, 0, 1)을 가정하자. 이 경우 은행원 알고리즘은 다음과 같이 진행된다.

① $Request_3$=(1, 0, 1) ≤ $Need_3$=(1, 1, 3)을 만족함으로 오류(error)가 아니다.

② $Request_3$=(1, 0, 1) ≤ Available=(5, 3, 2)을 만족한다.

③ P3가 요청한 자원 할당을 가정하고 자료구조를 그림 4.10과 같이 수정한 후, 안전 알고리즘으로 안전성을 검사한다.

	Max			Allocation			Need		
	R1	R2	R3	R1	R2	R3	R1	R2	R3
P1	6	5	3	0	1	0	6	4	3
P2	3	2	7	2	0	1	1	2	6
P3	2	1	5	2	0	3	0	1	2
P4	5	2	6	1	1	0	4	1	6
P	4	3	4	0	0	2	4	3	2

[그림 4.10] 불 안전 상태 예

그림 4.10에서 각 프로세스에 할당된 유형별 자원의 개수가 (5, 2, 6)임으로 현재 사용이 가능한 유형별 자원의 개수 Available=(4, 3, 1)이다. 이 경우에는 안전 순서가 존재하지 않기 때문에 불 안전 상태이다. 결국 프로세스(P3)의 요청대로 자원을 할당하게 되면 모든 프로세스(P1, P2, P3, P4, P5)가 대기 상태에서 무한정 기다리는 교착상태가 발생하게 된다.

4.3.3 교착상태 탐지 및 복구

교착상태 탐지 및 복구는 교착상태의 발생을 허용하고, 주기적으로 교착상태 발생 여부를 탐지한 후 이를 복구해 나가는 방법이다. 이 방법은 가장 소극적인 해결책으로서 자원의 이용률은 향상되지만, 주기적으로 교착상태를 탐지하고 이를 복구하는데 소요되는 오버헤드가 있다.

(1) 교착상태 탐지 알고리즘

교착상태 탐지에는 대기 그래프(wait-for graph)와 교착상태 탐지 알고리즘(detection algorithm)을 이용하는 방법이 있다.

① 대기 그래프(wait-for graph)를 이용한 알고리즘

유형별 자원의 개수가 오직 하나일 경우에는 자원 할당 그래프에 사이클이 존재하면 사이클에 속해있는 프로세스는 반드시 교착상태임을 알 수 있었다. 대기 그래프를 이용한 알고리즘은 이러한 사실에 근거하여 유형별 자원의 개수가 오직 하나 존재하는 시스템일 경우에 교착상태 발생과 교착상태의 프로세스를 탐지하는 것이다. 대기 그래프는 자원 할당 그래프에서 자원에 해당한 노드를 삭제하고 오직 프로세스 간의 대기 관계를 나타내는 그래프이다.

예를 들어 그림 4.11(b)은 그림 4.11(a)과 같은 자원 할당 그래프를 변형한 대기 그래프이다. 그림 4.11(b)은 프로세스 간의 대기 상태를 나타내고 있으며 프로세스 P1, P2, P3가 교착상태임을 탐지할 수 있다. 따라서 대기 그래프를 이용한 알고리즘은 자원 할당 그래프를 변형한 대기 그래프에서 사이클 존재 여부를 검사함으로써 교착상태 발생과 교착상태의 프로세스를 탐지하는 것이다. 대기 그래프에 사이클이 존재하면 교착상태가 발생하였으며 사이클에 속한 프로세스가 교착상태임을 알 수 있다.

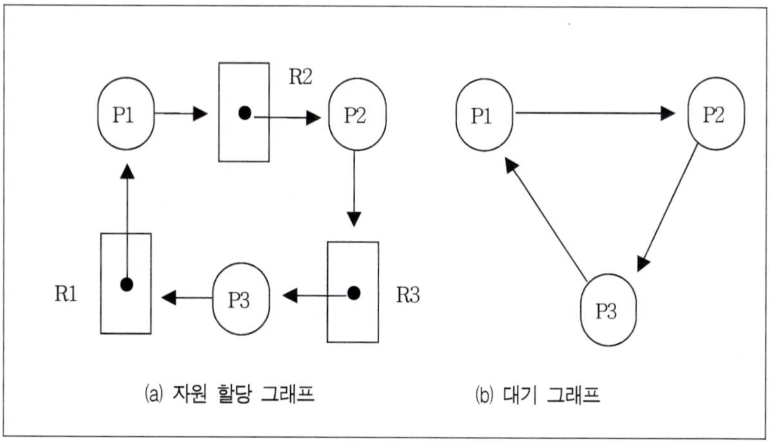

[그림 4.11] 자원 할당과 대기 그래프

② 교착상태 탐지 알고리즘

교착상태 탐지 알고리즘은 교착상태 회피를 위한 은행원 알고리즘과 매우 유사하며 유형별 자원의 개수가 다수일 때도 적용할 수 있다.

① 임시 자료구조 Finish[m], Work[n]의 초깃값을 다음과 같이 선언한다.

Work:=Available
if $Allocation_i \neq 0$ then Finish[i]:= false
else Finish[i]:= true ($1 \leq i \leq m$),

② 모든 프로세스(m)에 대하여 다음의 조건을 동시에 만족하는지 조사한다.

(조건-1): Finish[i] = false
(조건-2): $Request_i \leq Work$

만약, 만족하지 않는 프로세스가 하나라도 존재하면 단계 ④로 간다.

③ $Work{:=}Work+Allocation_i$

Finish[i]:=true

단계 ②로 간다.

④ 모든 프로세스(m)에 대하여 다음의 조건을 만족하는지 조사한다.

(조건): Finish[i]:=true ($1 \leq i \leq m$)

만약, 만족하지 않는 프로세스는 교착상태이다.

③ 교착상태 탐지 알고리즘의 예

예를 들어 자원의 유형이 (R1, R2, R3)이고 각 자원의 개수가 (7, 2, 6)인 시스템에서 이들 자원에 대한 5개의 프로세스(P1, P2, P3, P4, P5)의 할당 및 요청 상태가 그림 4.12와 같다고 가정하자.

	Allocation			Request		
	R1	R2	R3	R1	R2	R3
P1	0	1	0	0	0	0
P2	2	0	0	2	0	2
P3	3	0	3	0	0	0
P4	2	1	1	1	0	0
P5	0	0	2	0	0	2

[그림 4.12] 안전 상태 예

그림 4.12에서 각 프로세스에 할당된 유형별 자원의 개수가 (7, 2, 6)임으로 현재 사용이 가능한 유형별 자원의 개수 Available=(0, 0, 0)이다. 이 경우에는 탐지 알고리즘을 실행하면 모든 프로세스는 〈P1, P3, P4, P2, P5〉 순서로 Finish[i] 값이 'true'로 될 것이다. 따라서 현재 상태는 교착상태의 프로세스가 존재하지 않는다.

그림 4.12와 같은 상황에서 P3가 R3를 하나 더 요청하였다고 가정하자. 즉 $Request_3$=(0, 0, 1)로 가정하자. 이 경우 할당 및 요청 상태가 그림 4.13과 같이 변경될 것이고 이 상태에서 교착 탐지 알고리즘을 실행하면 P1을 제외한 나머지 프로세스의 Finish[i] 값이 'false'로 될 것이다. 따라서 P1을 제외한 모든 프로세스〈P2, P3, P4, P5〉는 교착상태로 탐지된다.

	Allocation			Request		
	R1	R2	R3	R1	R2	R3
P1	0	1	0	0	0	0
P2	2	0	0	2	0	2
P3	3	0	3	0	0	1
P4	2	1	1	1	0	0
P5	0	0	2	0	0	2

[그림 4.13] 교착상태 예

(2) 교착상태 복구

교착상태를 탐지한 후 이를 복구하는 방법으로 교착상태 프로세스를 강제적으로 종료(termination)시키는 방법, 교착상태 프로세스가 점유하고 있는 자원을 선점(preemption)시키는 방법이 있다.

① 프로세스 종료(termination)

교착상태의 프로세스를 종료시킴으로써 이들 프로세스가 점유하고 있던 자원을 회수하여 교착상태를 복구하는 방법이다. 교착상태의 프로세스를 종료시키는 방식에는 두 가지가 있다.

첫 번째 방법은, 교착상태의 모든 프로세스를 한꺼번에 종료시키는 가장 단순한 방식이다. 이 방식은 교착상태를 확실하게 해결할 수 있지만, 강제로 종료된 프로세스들을 다시 처음부터 실행시켜야 하는 오버헤드가 있다. 두 번째 방법은 이러한 오버헤드를 개선하기 교착상태가 해결될 때까지 교착상태의 프로세스를 하나씩 종료해 나가는 방식이 있다. 이 방식에서는 프로세스를 종료시킬 때마다 교착상태 탐지 알고리즘을 실행시켜야 하는 오버헤드가 있으며 어느 프로세스를 우선 종료시킬 것인지에 대한 적절한 선정 기준이 요구된다. 이러한 기준은 최소의 피해가 발생할 프로세스를 우선 선정하는 것이 중요하며 일반적으로 다음과 같은 사항을 고려하여 결정한다.

- 프로세스의 우선순위
- 지금까지 프로세스가 실행된 시간 및 앞으로 실행할 시간
- 지금까지 프로세스가 사용한 자원 유형 및 개수
- 앞으로 프로세스가 필요로 하는 자원 유형 및 개수
- 다른 프로세스와의 관계

② 자원 선점(preemption)

교착상태의 프로세스가 점유하고 있는 자원을 선점하여 교착상태가 해결될 때까지 다른 프로세스에 할당하는 방법이다. 이 방법을 보다 효과적으로 적용하기 위해서는 다음과 같은 문제에 대한 대책이 있어야 한다.

- 희생자의 선택(selection of a victim) : 어떤 프로세스로부터 어떤 자원을 우선 선점할 것인가? 이것은 교착상태의 프로세스를 하나씩 종료시킬 때 희생자 프로세스를 선정하는 요인과 유사하게 결정한다.

- 복귀(rollback) : 자원을 선점당한 프로세스를 어떻게 복귀시킬 것인가? 복귀에 대한 대책으로써 자원을 선점당한 프로세스의 상태를 저장한 후 그 프로세스를 다시 실행시키도록 한다.

- 기아 현상(starvation) : 같은 프로세스가 매번 희생자로 선정될 경우, 그 프로세스는 기아 현상이 발생하게 된다. 이에 대한 대책으로써 희생자 횟수의 상한선을 정하여 상한선 이상은 계속 희생자가 되지 않도록 한다.

연습문제

1. 교착상태가 발생하는 근본 원인에 대하여 설명하시오.

2. 교착상태가 발생하기 위한 4가지 필요조건 중에서 조건-4는 조건-2의 특수한 경우임을 보이시오.

3. 양방향에서 두 사람이 징검다리를 건너는 경우, 교착상태가 발생하는 원인을 밝히고, 이에 대한 해결책을 제시하시오.

4. 교착상태 예방과 회피의 차이점을 설명하시오.

5. 프로세스들의 안전 순서(safe sequence)가 존재하지 않으면 시스템이 불 안전 상태로 정의한다. 불 안전 상태라고 해서 반드시 교착상태가 아님을 예를 들어 설명하시오.

6. 자원 할당 그래프(resource allocation graph)에 사이클이 존재한다고 해서 반드시 교착상태가 아님을 예를 들어 설명하시오.

7. 같은 유형의 자원을 3개의 프로세스(P1, P2, P3)가 공유하여 사용하고 있다. 이 자원을 12개 보유하고 있는 시스템에서 각 프로세스의 자원 할당 상태 및 최대 요구가 다음과 같다고 가정하자. 이 경우 시스템의

안전 상태 여부를 판정하시오.

	최대 요구 개수	현재 할당된 개수
P1	4	1
P2	6	4
P3	8	5

8. 자원의 유형이 (R1, R2, R3)이고 각 자원의 개수가 (10, 5, 7)인 시스템에서 5개의 프로세스(P1, P2, P3, P4, P5)의 최대 요구 및 할당된 상태가 다음과 같다고 가정하자.

	Max	Allocation
	R1 R2 R3	R1 R2 R3
P1	6 5 3	0 1 0
P2	3 2 7	2 0 1
P3	2 1 5	1 0 2
P4	5 2 6	1 1 0
P5	4 3 4	0 0 2

(1) 안전 알고리즘을 이용하여 시스템의 안전 상태 여부를 판정하시오.

(2) 프로세스 P1이 R1, R2 유형의 자원을 각각 1개, 2개 요청하였다고 가정하자. 이 요청에 대한 허락 여부를 은행원 알고리즘을 이용하여 판정하시오.

9. 자원의 유형이 (R1, R2, R3)이고 각 자원의 개수가 (10, 3, 6)인 시스템에서 5개의 프로세스(P1, P2, P3, P4, P5)에 할당된 상태와 요청된 상태가 다음과 같다고 가정하자.

	Allocation	Request
	R1 R2 R3	R1 R2 R3
P1	0 1 0	0 0 0
P2	3 0 0	2 0 2
P3	3 0 3	0 0 1
P4	4 1 1	1 0 0
P5	0 0 2	0 0 2

(1) 교착상태 탐지 알고리즘을 이용하여 교착상태에 존재하는 프로세스를 밝히시오.

(2) 교착상태를 복구시키는 방법을 제시하시오.

제5장 메모리 관리

운영체제에서 메모리 관리는 주 기억장치와 디스크와 같은 보조 기억장치를 대상으로 한다. 주 기억장치에는 프로세스가 적재되며 보조 기억 장치에는 파일이 저장된다. 이 장에서는 프로세스를 적재하기 위한 주 기억장치를 중심으로 메모리 관리 정책 및 기법에 대하여 알아본다. 파일을 저장하기 위한 보조 기억장치관리는 6장에서 디스크를 중심으로 알아보도록 한다.

5.1 개요

보조 기억 장치에 존재하는 프로그램이 실행되기 위해서는 반드시 주기억장치(메모리)에 적재되어야 한다. 오직 하나의 프로세스만 지원하는 단일 프로그래밍 시스템(single programming system)에서는 운영체제가 적재된 메모리 공간을 제외한 나머지 영역을 하나의 프로세스가 독점하여 사용하게 된다. 따라서 메모리 공간을 효율적으로 사용하기 위한 운영체제의 특별한 기법이 필요 없다. 그러나 다수의 프로세스를 지원하는 다중 프로그래밍 시스템(multiprogramming system)에서는 운영체제가 적재된 메모리 공간을 제외한 나머지 영역이 다시 분할(partition)되어야 한다. 이러한 분할은 정적 혹은 동적으로 이루어지기 때문에 메모리 공간을 보다 효율적으로 이용하기 위한 운영체제의 메모리 관리 기능이 요구된다.

효율적인 메모리 관리 정책을 결정하기 위해서는 기본적으로 다음과 같은 사항들을 고려하여야 한다.

5.1.1 다중 프로그래밍 정도

다중 프로그래밍은 CPU의 이용률을 극대화하기 위한 기법으로서 동시에 다수의 프로세스가 메모리에 존재하게 된다. 이때 동시에 존재할 수 있는 최대 프로세스 개수를 “다중 프로그래밍 정도(degree of multiprogramming)”라고 일컫는다. 만약 다중 프로그래밍 정도가 1이라면 오직 한 개의 프로세스만을 지원하는 단일 프로그래밍 시스템을 의미하고 다중 프로그래밍 정도가 N이라면 N개의 프로세스를 지원하는 다중 프로그래밍 시스템을 의미한다. 따라서 다중 프로그래밍의 정도가 높을수록 CPU의 이용률도 향상될 것이다.

5.1.2 메모리 분할

다중 프로그래밍 기법을 지원하기 위해서는 메모리 공간이 분할되어야 한다. 분할 방법에는 고정 분할(fixed partition)과 가변 분할(variable partition)이 있다. 고정 분할은 분할의 크기를 고정하는 것으로써 "정적(static) 분할"이라고도 부르며 가변 분할은 분할의 크기가 가변적인 것으로써 "동적(dynamic) 분할"이라고도 부른다. 또한, 고정 분할 방법에는 모든 분할의 크기를 같게 할 수도 있고 서로 다르게 할 수도 있다. 고정 분할에서는 다중 프로그래밍의 정도가 고정적이지만 가변 분할에서는 다중 프로그래밍의 정도가 가변적이다. 따라서 메모리 공간의 분할 방법에 따라 메모리 관리 기법이 달라진다.

5.1.3 메모리 할당

프로세스를 적재하기 위한 메모리 공간은 연속적(contiguous) 혹은 불연속적(none-contiguous)으로 할당할 수 있다. 연속 할당은 프로세스의 주소 공간을 하나의 메모리 분할에 연속적으로 할당하는 것이고 불연속 할당은 프로세스의 주소 공간이 분할되어 메모리 분할에 불연속적으로 할당하는 것이다. 연속 할당에서 프로세스의 메모리 주소는 연속적이지만 불연속 할당에서 프로세스의 메모리 주소가 불연속적이다. 따라서 메모리 공간의 할당 방법에 따라 메모리 관리 기법이 달라진다.

5.1.4 메모리 스와핑

다중 프로그래밍의 정도를 조절하기 위해 메모리에 적재된 프로세스를 잠시 보조 기억 장치로 내보내는 스와핑(swapping) 기법을 사용할 수 있다. 스와핑 기법에서 스왑-아웃(swap-out)된 프로세스를 스왑-인(swap-in)할 때 그 프로세스가 반드시 이전에 적재되었던 분할로 적재할 수도 있고, 다른 분할로 적재할 수도 있다. 이는 프로세스가 초기에 할당받은 메모리 분할에서 실행하다가 다른 분할에서 실행될 수 있음을 의미한다. 따라서 할당받은 메모리 공간의 교체 여부에 따라 메모리 관리 기법이 달라진다.

5.2 단일 프로그래밍 시스템

단일 프로그래밍 시스템에서는 메모리 공간을 두 개의 영역(운영체제, 사용자)으로 분할되어 사용한다. 운영체제 영역을 제외한 나머지 영역을 하나의 사용자 프로세스에 할당된다. 이러한 시스템에서 메모리 공간을 효율적으로 관리하기 위한 운영체제의 특별한 기법은 필요 없다. 그러나 사용자 프로세스의 오류에 의해 운영체제가 파괴되는 것으로부터 보호할 경우, 그림 5.1과 같이 CPU 내부의 경계 레지스터(boundary register)에 사용자 영역의 시작 주소를 설정함으로써 사용자 프로세스의 오류에 의해 운영체제 영역으로 침입하는 것을 방지하도록 한다.

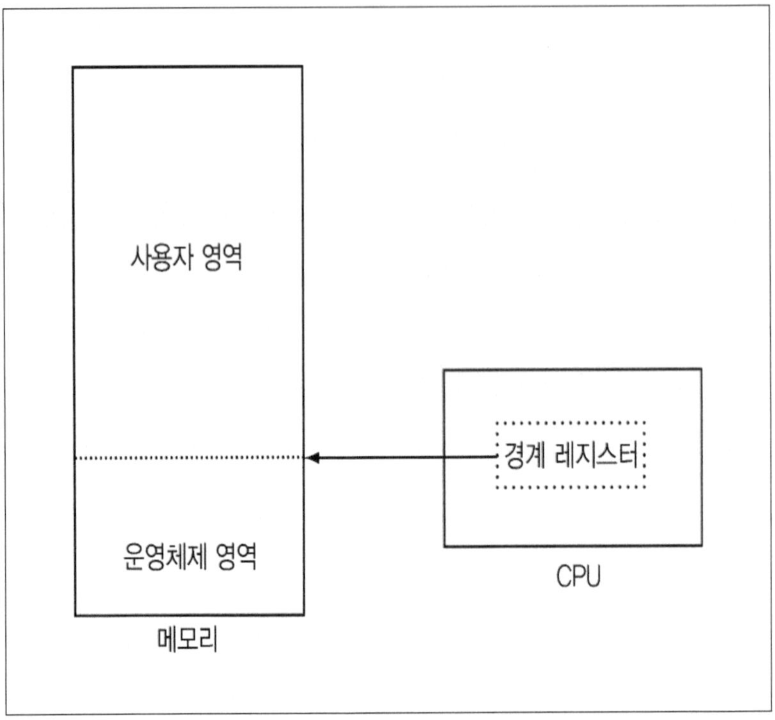

[그림 5.1] 단일 프로그래밍 시스템

그림 5.1에서 운영체제는 사용자 프로세스가 메모리를 참조할 때마다 CPU의 경계 레지스터값과 비교하여 큰 경우에만 접근을 허용한다. 물론 사용자 프로세스는 입출력과 같은 운영체제의 서비스가 필요한 경우에는 시스템 호출을 통하여 접근할 수 있도록 한다. 이러한 방법으로 운영체제를 보호할 경우, 프로그램이 실행되는 동안 참조되는 모든 메모리 주소를 경계 레지스터의 값과 비교해야 하는 오버헤드가 있다. 단일 프로그래밍 시스템에서 메모리 관리 기법은 매우 간단하지만, 사용자 프로그램의 크기가 작은 경우 사용자 영역이 낭비되는 단점이 있다.

5.3 다중 프로그래밍 시스템

다중 프로그래밍 시스템에서는 다수의 사용자 프로세스를 메모리에 적재하기 위하여 사용자 영역의 메모리 공간이 여러 개로 분할되어야 한다. 여기서 분할은 프로세스를 메모리에 적재하는데 필요한 메모리 공간을 의미하며 크기가 고정 혹은 가변적이다. 다수의 고정 혹은 가변 분할된 메모리 공간에 프로세스를 할당하는 방법에는 연속 할당과 불연속 할당이 있다.

5.3.1 연속 할당

연속 할당은 사용자 프로세스를 사용자 영역의 메모리 공간에 연속적으로 할당하는 방법으로서 메모리 공간의 크기가 할당하려는 프로세스보다 반드시 크거나 같아야 한다. 연속 할당 기법은 고정 혹은 가변 분할에 따라 차이가 있다.

(1) 고정 분할

고정 분할은 사용자 영역의 메모리 공간을 임의의 크기로 분할되어 프로세스를 분할 단위로 할당하는 기법이다. 이때 각 분할의 크기는 서로 다를 수 있지만, 그 분할의 크기는 고정되어 있다는 점이 중요하다. 따라서 적재가 가능한 프로세스는 고정 분할의 크기에 제한되며 다중 프로그래밍 정도는 분할의 수에 결정된다. 크기가 서로 다른 임의의 분할에 프로세스를 적재시키는 방법에는 적재 기법에 따라 다르다.

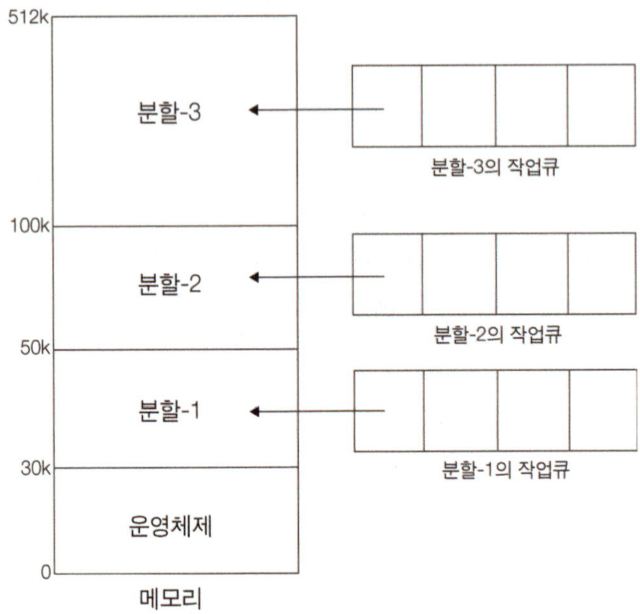

[그림 5.2] 절대 적재에 의한 고정 분할

절대 적재 기법은 프로그램이 번역되는 과정에서 어셈블러 혹은 컴파일러에 의해 그 프로그램이 어느 분할에 적재 될 것인지 결정된다. 이 경우 운영체제는 그림 5.2와 같이 각각의 분할에 해당하는 작업 큐(job queue)를 별도로 유지하고 해당 작업 큐에 등록된 프로그램은 반드시 해당 분할에 적재되기를 기다리게 된다. 만약 해당 분할이 이미 다른 프로세스에 의해 사용되고 있는 경우 다른 분할의 사용이 가능해도 계속해서 기다려야 한다.

반면 재배치 적재 기법은 프로그램이 번역되는 과정에서 그 프로그램이 어느 분할에 적재 될 것인지 결정하지 않고 프로그램이 적재될 시점에서 동적으로 결정한다. 이 경우 운영체제는 그림 5.3과 같이 하나의 작업 큐를 유지하고 모든 프로그램은 동일 작업 큐에서 적재되기를 기다리면서 사용이 가능한 어떤 분할에도 적재될 수 있다.

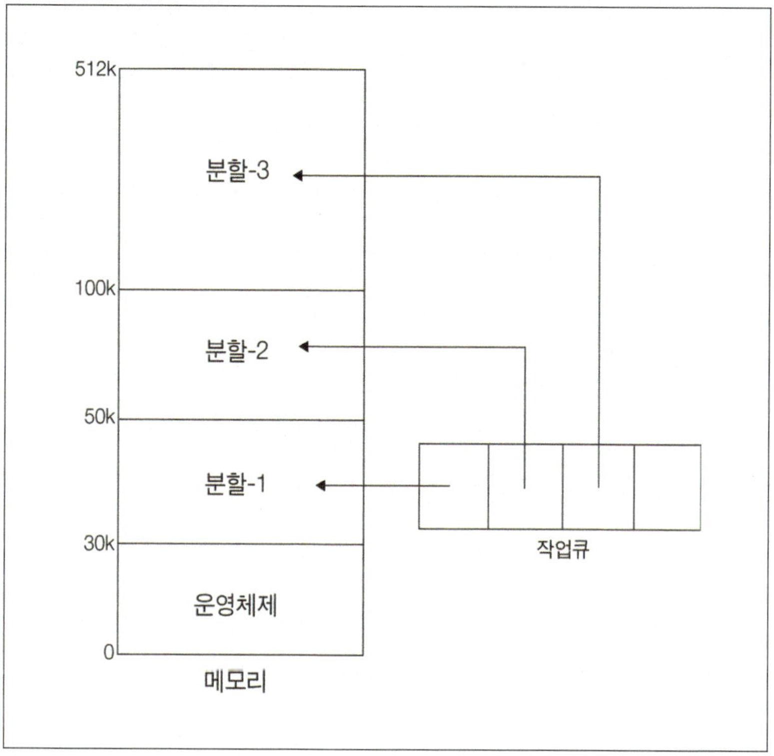

[그림 5.3] 재배치 적재에 의한 고정 분할

지금까지 살펴보았듯이 고정 분할 방식에서는 분할의 수와 크기가 고정되어 있다. 따라서 실행시키려는 프로세스의 크기는 반드시 분할의 크기보다 작거나 같아야 한다. 만약 프로세스의 크기가 분할의 크기보다 너무 작은 경우에는 분할 내부에 사용하지 않는 커다란 공간이 생겨 낭비하게 된다. 이와 같은 현상을 "내부 단편화(internal fragmentation)"라고 한다.

고정 분할 방식의 다중 프로그래밍 시스템을 지원하기 위하여 운영체제에서는 각 분할의 시작 주소, 크기, 사용 여부 등의 정보를 유지, 관리하기 위한 자료구조가 필요하다. 분할의 수와 크기가 고정되어 있으므로 그림 5.4와 같이 배열구조로 구현하는 것이 효율적이다.

	시작 주소	크기	사용 여부
분할-1	30k	20k	1
분할-2	50k	50k	0
분할-3	100k	412k	1

[그림 5.4] 고정 분할의 자료구조

또한, 사용자 프로그램의 오류에 대한 운영체제의 보호는 물론 사용자 프로그램 간의 보호가 필요하다. 이를 위하여 CPU 내부의 레지스터를 이용하여 현재 실행 중인 프로그램이 적재된 분할의 상한 주소와 하한 주소를 비교함으로써 사용자 프로그램의 오류에 의해 운영체제 및 사용자 프로그램 간의 침범을 보호할 수 있다.

(2) 가변 분할

가변 분할은 다중 프로그래밍을 위하여 메모리 전체 공간을 처음부터 여러 개의 고정된 크기로 분할되지 않고 프로세스가 생성될 때마다 프로세스 주소 공간과 같은 크기의 메모리 공간을 분할되어 할당하는 기법이다.

처음에는 운영체제 영역을 제외한 나머지 메모리 공간을 하나의 커다란 분할로 취급하고 프로그램이 적재될 때마다 프로그램의 크기만큼 분할되어 할당해 나간다. 따라서 고정 분할에서 발생했던 내부 단편화 현상이 발생하지 않는다. 그러나 처음에 할당되었던 프로그램들이 종료되면 그들이 사용하였던 분할들이 빈 공간으로 남게 된다. 빈 공간이 다시 분할되어 할당하게 되면 결국 크기가 너무 작아 사용할 수 없는 빈 공간이 산재하게 된다. 이러한 현상을 "외부 단편화(external fragmentation)"이라고 한다.

예를 들어 다음과 같은 작업이 작업 큐에서 기다리고 있는 경우, FCFS 스케줄링 정책에 의해 메모리에 적재되는 과정은 그림 5.5와 같다.

작 업	크 기	처리 시간(초)
작업-1	6K	10
작업-2	10K	5
작업-3	3K	20
작업-4	9K	8
작업-5	5K	15

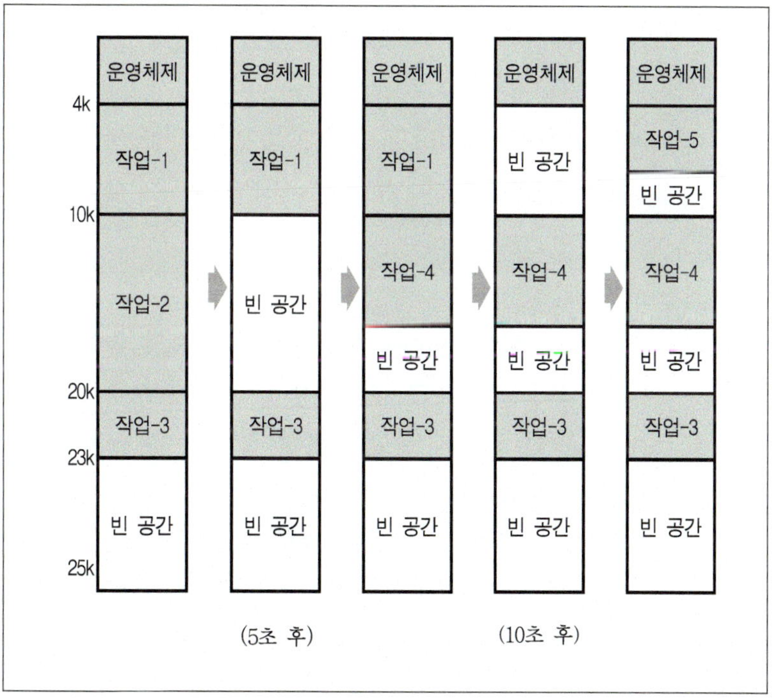

[그림 5.5] 가변 분할

그림 5.5에서 시간이 지나면서 외부 단편화 현상이 발생함을 볼 수 있다. 이러한 외부 단편화 현상으로 인한 메모리 낭비를 줄이는 방법으로 다음과 같은 것들이 있다.

- 메모리 합병(memory coalescing) : 인접한 빈 공간이 발생할 때마다 이들을 합하여 큰 크기의 빈 공간으로 만든다.
- 메모리 집약(memory compaction) : 산재 되어있는 모든 빈 공간을 주기적으로 합하여 하나의 커다란 빈 공간으로 만든다.

외부 단편화 현상이 발생하는 근본적인 원인은 가변 분할에 의한 연속 할당 때문이다. 따라서 근본적으로 외부 단편화가 발생하지 않기 위해서는 고정 분할에 의한 불연속 할당 기법이 요구된다.

한편, 가변 분할 기법에서 프로그램 적재가 가능한 빈 공간이 여러 개 존재할 경우, 어느 공간에 할당할 것인가를 결정하는 동적 메모리 할당 정책에는 다음과 같은 것들이 있다.

①최초 적합(first-fit) : 적재가 가능한 분할 중에서 첫 번째 분할에 할당한다. 이 방법은 가장 간단하고 오버헤드가 적다는 장점이 있다.

② 최적 적합(best-fit) : 적재가 가능한 분할 중에서 분할의 크기가 프로그램의 크기에 가장 근접한 분할에 할당한다. 이 정책은 큰 크기의 분할을 항상 확보할 수 있으므로 다음에 큰 크기의 프로그램을 적재할 수 있는 장점이 있다. 그러나 적재가 가능한 모든 분할 중에서 가장 근접한 크기의 분할을 찾아야 하는 오버헤드와 아주 작은 크기의 분할이 많이 생기는 외부 단편화 현상이 쉽게 발생하는 단점이 있다.

③ 최악 적합(worst-fit) : 적재가 가능한 분할 중에서 분할의 크기가 가장 큰 분할에 할당한다. 이 정책은 외부 단편화를 최소화할 수 있는 장점이 있지만, 다음에 큰 크기의 프로그램을 적재할 수 없게 되는 단점이 있다.

가변 분할 방식의 다중 프로그래밍 시스템을 지원하기 위한 운영체제는 고정 분할에서처럼 각 분할의 시작 주소, 크기, 사용 여부 등의 정보를 유지, 관리하기 위한 자료구조가 필요하다. 그러나 분할의 형태가 동적으로 변하기 때문에, 연결 리스트(linked list)로 구현하는 것이 효율적이다. 예를 들어 그림 5.5에서 초기 상태의 자료구조는 그림 5.6과 같다.

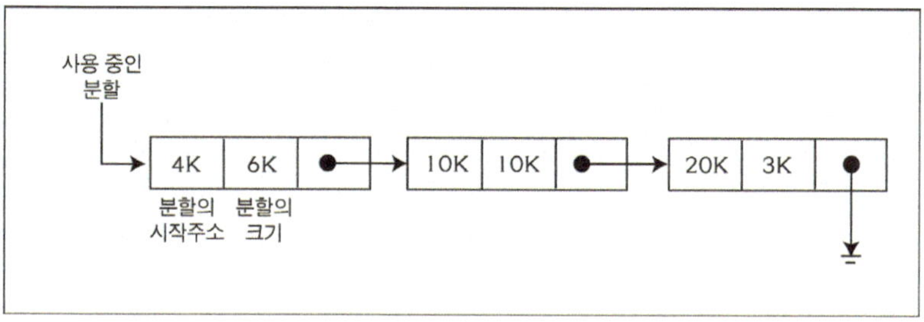

[그림 5.6] 가변 분할의 자료구조

5.3.2 불연속 할당

불연속 할당은 프로세스의 주소 공간이 분할되어 메모리 분할에 불연속적으로 할당하는 방법이다. 따라서 메모리 분할의 크기가 할당하려는 프로세스의 주소 공간보다 반드시 클 필요가 없다. 불연속 할당에는 분할의 크기를 설정하는 방법에 따라 페이징(paging)과 세그멘테이션(segmentation), 그리고 페이징/세그멘테이션 혼용 기법이 있다.

(1) 페이징 기법

페이징(paging) 기법은 프로세스의 주소 공간과 메모리 공간을 같은 크기로 고정 분할되어 불연속 할당한다. 이때, 프로세스의 고정 분할을 "페이지(page)", 메모리의 고정 분할을 "프레임(frame)"이라고 부른다. 그림 5.7과 같이 프로세스의 주소 공간은 여러 개의 페이지로 구성되며 각각의 페이지는 사용이 가능한 임의의 프레임에 할당한다.

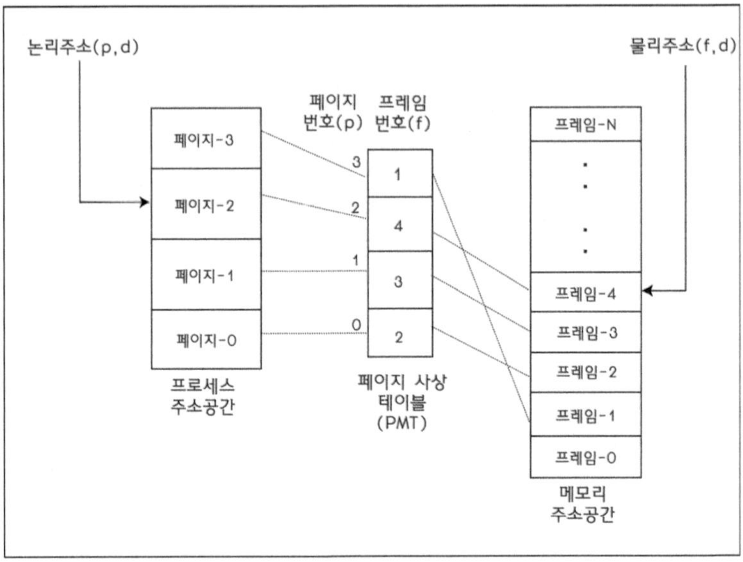

[그림 5.7] 페이징 기법

그림 5.7에서 프로세스의 논리 주소는 메모리의 물리 주소와 구별된다. 프로세스의 논리 주소는 페이지 번호(p: page #)와 변위(d: displacement)로 표현되고 메모리의 물리 주소는 프레임 번호(f: frame #)와 변위(d: displacement)로 표현된다. 여기에서 변위는 페이지 혹은 프레임의 시작 주소로부터 떨어진 상대적 위치를 의미한다.

프로세스가 실행되기 위해서는 프로세스의 논리 주소(p, d)가 메모리의 물리 주소(f, d)로 변환되어야 한다. 운영체제는 논리 주소를 물리 주소로 변환하기 위하여 페이지 사상 테이블(PMT: Page Mapping Table) 자료구조를 유지, 관리한다. 일반적으로 페이지 사상 테이블은 각 사용자 프로세스마다 하나씩 유지, 관리하며 그 내용은 페이지의 프레임 번호를 포함하여 페이지 관리에 필요한 정보를 가지고 있다.

페이징 기법을 지원하는 운영체제에서 반드시 PMT를 참조해야 하므로 논리 주소를 물리 주소로 변환하기 위하여 기본적으로 두 번의 메모리 접근이 요구된다. 따라서 페이징 기법에서 신속한 주소 변환을 위한 PMT의 접근 속도와 크기는 매우 중요하다.

① 직접 사상(direct mapping)

직접 사상 기법은 PMT를 메모리(DRAM)에 유지하며, PMT를 직접 사상으로 검색하여 논리 주소(p, d)를 물리 주소(f, d)로 변환한다.

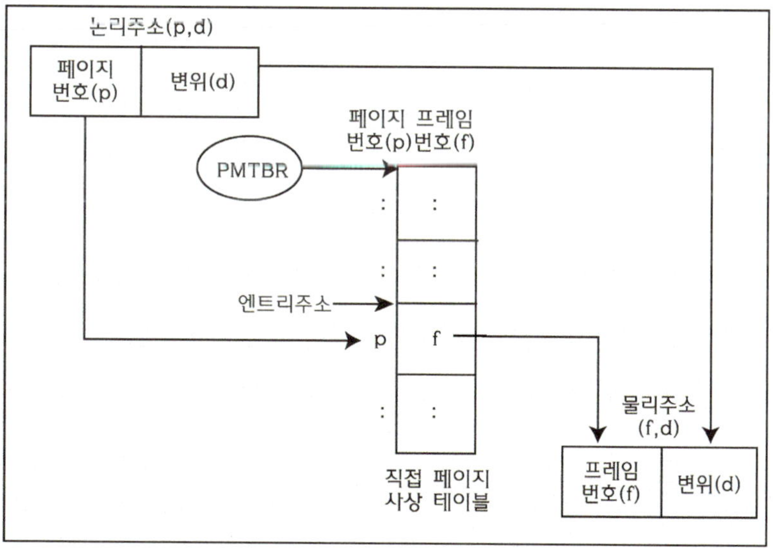

[그림 5.8] 직접 사상에 의한 주소 변환

그림 5.8에서 논리 주소의 페이지 번호(p)에 해당하는 프레임 번호(f)를 얻기 위해선 먼저 논리 주소의 페이지 번호(p)에 해당하는 프레

임 번호(f)가 저장된 PMT의 엔트리 주소를 알아야 한다. 이를 위하여 PMT의 시작 주소를 CPU 내부의 레지스터(PMTBR: Page Mapping Table Base Register)에 저장한다. 따라서 페이지 번호(p)에 해당하는 프레임 번호(f)가 저장된 PMT의 엔트리 주소는 "PMTBR의 내용(b) + 페이지 번호(p) x 엔트리 크기"로 계산된다. 이 주소에서 얻은 프레임 번호(f)를 이용하여 물리 주소는 "프레임 번호(f) x 페이지 크기 + 논리 주소의 변위(d)"로 변환된다.

② 연관 사상(associative mapping)

연관 사상 기법은 PMT를 연관 메모리(associative memory)에 유지하며, PMT를 연관 사상으로 검색하여 논리 주소(p, d)를 물리 주소(f, d)로 변환한다. 연관 메모리는 주소가 아닌 키(key)값으로 검색이 가능한 캐시(cache) 메모리이다. 주소 변환을 위해 주고 사용되므로 "주소 변환 캐시(address translation cache)" 혹은 "TLB(Translation Lookaside Buffer)"라고도 부른다.

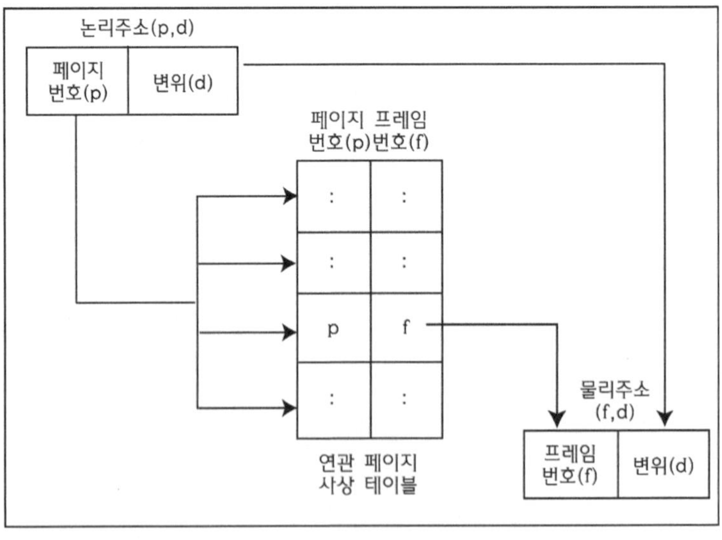

[그림 5.9] 연관 사상에 의한 주소 변환

연관 사상 기법에서 논리 주소를 물리 주소로 변환하는 과정은 그림 5.9와 같이 직접 사상 기법과 매우 유사하다. 그러나 PMT에 페이지 번호가 추가되어 있음을 유의하라. 그림 5.9에서 페이지 번호를 키값으로 하여 PMT의 모든 항목을 동시에 검색하여 페이지 번호에 해당하는 프레임 번호를 얻는다. 따라서 연관 사상 기법에서의 주소 변환은 매우 빠르다.

③ 직접/연관 혼용(combined direct/associative)

연관 메모리는 하드웨어적으로 접근 속도는 빠르지만, 가격이 비싸다. 따라서 프로세스의 PMT 전체를 유지하는 데 비용이 너무 많이 든다. 이러한 단점을 개선하기 위하여 직접/연관 사상 기법을 혼용하여 사용한다. 기본적으로 프로세스의 전체 PMT는 메모리에 유지하여 직접 사상으로 변환하고, 최근에 접근한 페이지에 해당한 일부 PMT는 연관 메모리에 유지하여 연관 사상으로 변환하는 것이다.

직접/연관 혼용 기법에서 논리 주소를 물리 주소로 변환하는 과정은 그림 5.10과 같다. 그림 5.10에서 임의의 페이지(p)에 해당하는 프레임(f)을 찾기 위하여 연관 사상 PMT를 우선 검색한다. 만약 찾고자 하는 페이지(p)가 존재하지 않을 경우, 직접 사상 PMT를 검색한다. 이때 직접 사상 PMT에 존재하는 페이지를 연관 사상 PMT에 등록시켜 줌으로써 다음에는 빠르게 접근할 수 있도록 한다. 한편, 연관 사상 PMT가 꽉 차게 될 경우, 연관 사상 PMT 엔트리 중 하나를 선택하여 직접 사상 PMT로 내보낸다. 결국, 직접/연관 혼용 기법의 주소 변환은 접근하고자 하는 페이지가 연관 사상 PMT에 존재하면 빠르지만 그렇지 않을 경우, 직접 사상 기법보다 느려지게 된다. 따라서 자주 접근되는 페이지들을 연관 사상 PMT에 유지할 수 있는 효과적인 페이지 교체 기법이 요구된다. 페이지 교체 기법에 대해서는 5.4.2 절에서 자세히 설명하도록 한다.

페이징 기법에서 신속한 주소 변환과 함께 페이지 크기의 결정은 매우 중요하다. 일반적으로 페이지의 크기는 2^n 바이트로 정의되며 시스템의 특성과 주로 실행되는 프로세스의 크기에 따라 다양하다. 페이지 크기를 작게 할 경우, PMT의 엔트리 수가 늘어나게 되어 PMT의 크기가 커지게 되고, 페이지 크기를 크게 하면 내부 단편화가 커지게 된다.

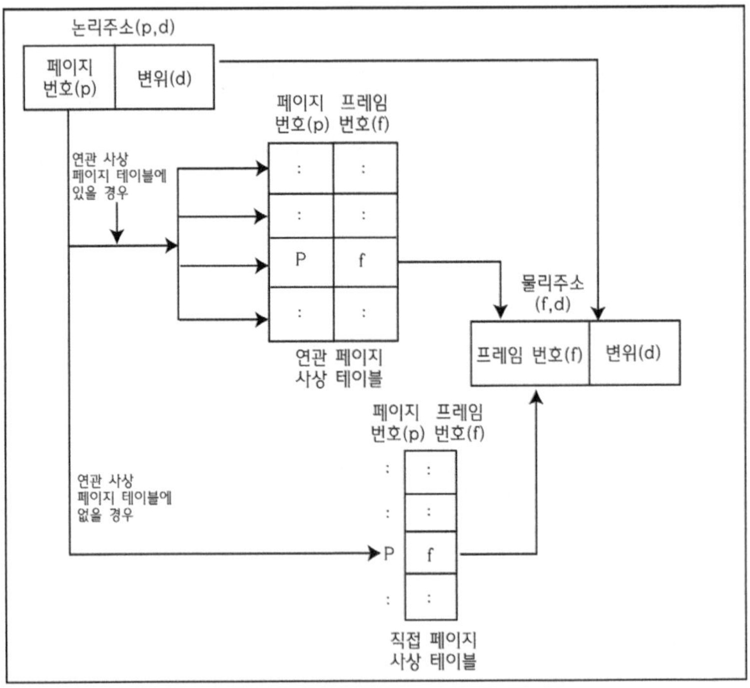

[그림 5.10] 직접/연관 혼용에 의한 주소 변환

일반적으로 페이징 기법을 지원하는 운영체제에서는 관리의 편의성을 위하여 프로세스 당 하나의 페이지 사상 테이블을 유지한다. 그러나 시스템 내부에 하나의 페이지 사상 테이블을 유지할 수도 있다. 예를 들어 그림 5.11과 같이 실제 프레임 수와 같은 크기의 역 페이지 테이블(inverted page table)을 유지하고, 각 프레임에 할당된 프로세스 ID(pid)와 프로세스의 페이지 번호(p)를 역 페이지 테이블에 기록한다. 따라서 역 페이지 테이블의 엔트리 번호(i)는 프레임 번호(f)에 해당한다.

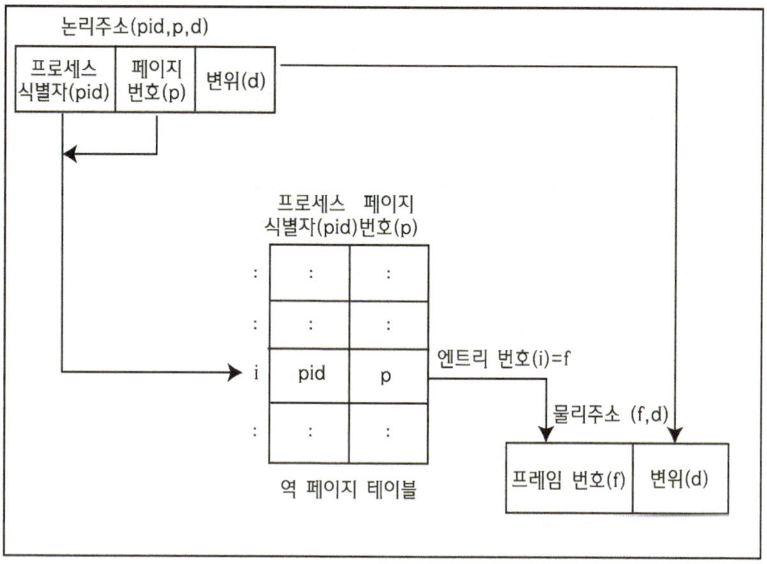

[그림 5.11] 역 페이지 테이블에 의한 주소 변환

그림 5.11에서 역 페이지 테이블의 엔트리 번호(i)는 물리 메모리의 프레임 번호(f)를 의미하며, 엔트리 내용은 할당된 프로세스 ID(pid)와 페이지 번호(p)로 구성된다. 또한, 논리 주소는 프로세스 ID(pid), 페이지 번호(p), 변위(d)로 표현한다. 역 페이지 테이블에서 논리 주소의 프로세스 ID(pid)와 페이지 번호(p)를 검색하여 해당하는 엔트리 번호(i)가 프레임 번호(f)가 된다. 결국, 역 페이지 테이블은 임의의 프레임(f)에 할당된 프로세스의 식별자(pid)와 그 프로세스의 페이지(p)를 나타내고 있으므로 "역 페이지 테이블(inverted page table)"이라고도 부른다.

페이징 기법에서 프로세스의 주소 공간이 크거나 혹은 페이지 크기가 작으면 PMT의 크기가 커지게 된다. PMT는 배열구조이므로 연속적으로 할당되어야 한다. 만약, PMT의 크기가 페이지 크기를 초과할 경우, 문제가 생긴다. 이러한 문제를 해결하는 방법으로 다단계 페이징 기법이 있다. 예를 들어 그림 5.12와 같이 PMT를 두 단계(1차, 2차)로 분할되어 불연속 할당한다. 결국, PMT 자체의 크기를 줄이는 효과가 있다.

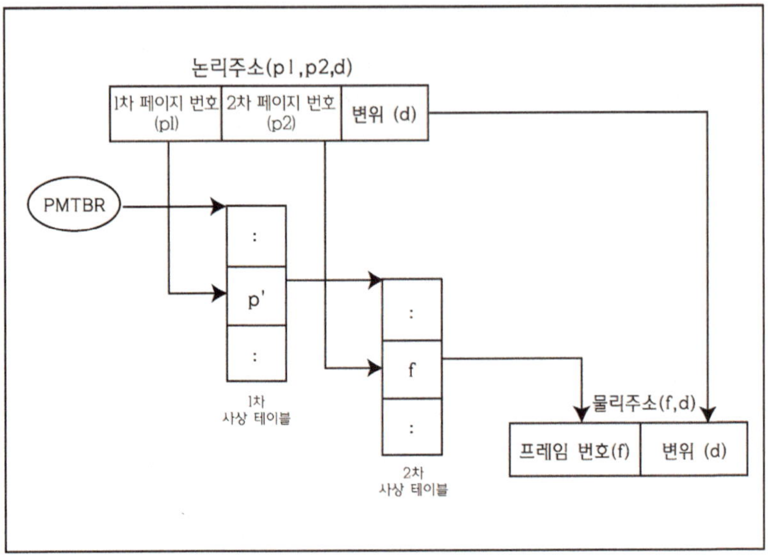

[그림 5.12] 2-단계 페이징에 의한 주소 변환

그림 5.12에서 두 개의 PMT가 불연속 할당되고 1차 PMT의 내용(p')은 2차 PMT의 시작 주소를 가리킨다. 논리 주소는 두 개의 페이지 번호(p1, p2)와 변위(d)로 표현된다. 논리 주소의 p1은 1차 PMT의 엔트리 번호를 가리키며 p2는 2차 PMT의 엔트리 번호를 가리킨다. 다단계 페이징 기법은 PMT 자체가 페이지 크기로 분할되어 불연속 할당함으로써 PMT의 크기가 페이지 크기를 초과할 경우, 발생하는 문제점을 해결할 수 있지만, 주소 변환을 위하여 단계별로 PMT를 접근해야 하는 오버헤드가 있다.

지금까지 살펴본 페이징 기법은 기본적으로 프로세스의 주소 공간과 메모리의 주소 공간을 페이지 크기로 고정 분할되어 불연속 할당하였다. 따라서 고정 분할에 의한 내부 단편화 발생이 예상된다. 그러나 페이징 기법에서의 내부 단편화는 항상 마지막 페이지에서만 발생하기 때문에 5.3.1에서 설명한 연속 할당 기법에서 발생하는 내부 단편화에 의한 메모리 낭비보다 훨씬 적어진다.

(2) 세그멘테이션 기법

세그멘테이션(segmention) 기법은 프로세스의 주소 공간을 논리적으로 연관이 있는 세그멘트(segment) 단위로 가변 분할되어 불연속 할당한다. 페이지의 크기는 일정하지만 세그멘트의 크기는 서로 다르다. 따라서 세그멘테이션 기법에서 메모리 공간은 할당되는 세그멘트 크기로 가변 분할된다. 그림 5.13과 같이 프로세스의 주소 공간은 여러 개의 세그멘트로 구성되며 각각의 세그멘트는 메모리 공간에 불연속 할당한다.

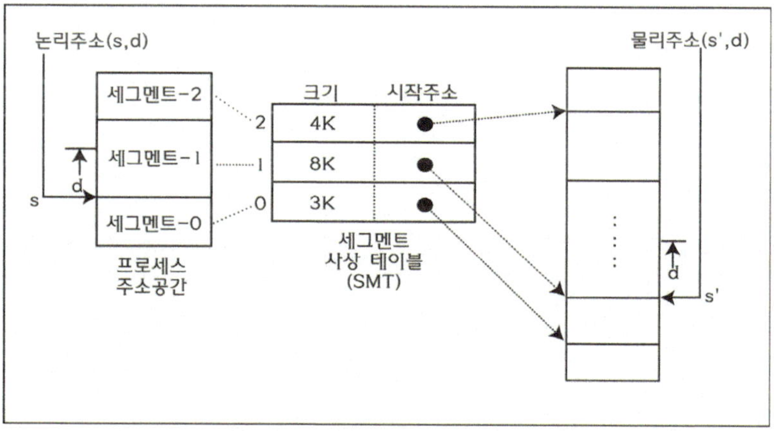

[그림 5.13] 세그멘테이션 기법

그림 5.13에서 프로세스의 주소 공간은 메모리의 주소 공간과 구별된다. 프로세스의 논리 주소와 메모리의 물리 주소는 세그멘트 번호(s, s')와 변위(displacement)로 표현된다. 운영체제는 논리 주소

(s,d)를 물리 주소(s',d)로 변환하기 위하여 "세그멘트 사상 테이블(SMT: Segment Mapping Table)"이라고 부르는 자료구조를 유지, 관리한다. 프로세스마다 SMT를 유지, 관리하며 할당된 메모리의 세그멘트 시작 주소와 크기를 포함하여 세그멘트 관리에 필요한 정보를 가지고 있다.

세그멘테이션 기법에서 주소 변환 방법은 페이징 기법과 유사하며 직접 사상, 연관 사상, 그리고 직접/연관 혼합 사상 기법을 적용할 수 있다. 직접 사상에 의한 세그멘테이션 기법에서 논리 주소를 물리 주소로 변환하는 과정을 그림 5.14와 같다.

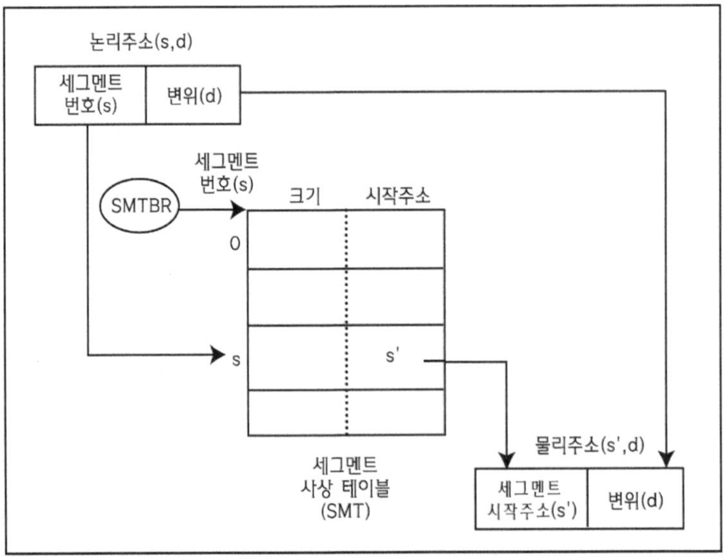

[그림 5.14] 세그멘테이션에 의한 주소 변환

그림 5.14에서 SMT의 시작 주소는 CPU 내부의 레지스터(SMTBR: Segment Mapping Table Base Register)에 저장되어 있다. 따라서 논리 주소의 세그먼트 번호(s)에 해당하는 SMT의 엔트리 주소는 "SMTBR의 내용(b) + 세그멘트 번호(s) x 엔트리 크기"로 계산된다.

결국, 논리 주소(s, d)에 해당하는 물리 주소는 "메모리의 세그멘트 시작 주소(s') + 논리 주소의 변위(d)"로 변환된다.

(3) 페이징/세그멘테이션 혼용

페이징 기법은 프로세스와 메모리의 주소 공간을 일정한 크기(페이지 크기)로 분할되어 불연속 할당한다. 따라서 코드와 데이터 영역이 같은 페이지에 섞일 수 있는 단점이 있다. 반면, 세그멘테이션 기법은 세그멘트의 크기가 다르므로 불연속 할당이 어려운 단점이 있다. 페이징/세그멘테이션 혼용 기법은 이러한 단점을 보완하기 위하여 두 기법을 혼용하여 적용하는 기법이다. 페이징/세그멘테이션 혼용 기법에서 논리 주소를 물리 주소로 변환하는 과정은 그림 5.15와 같다.

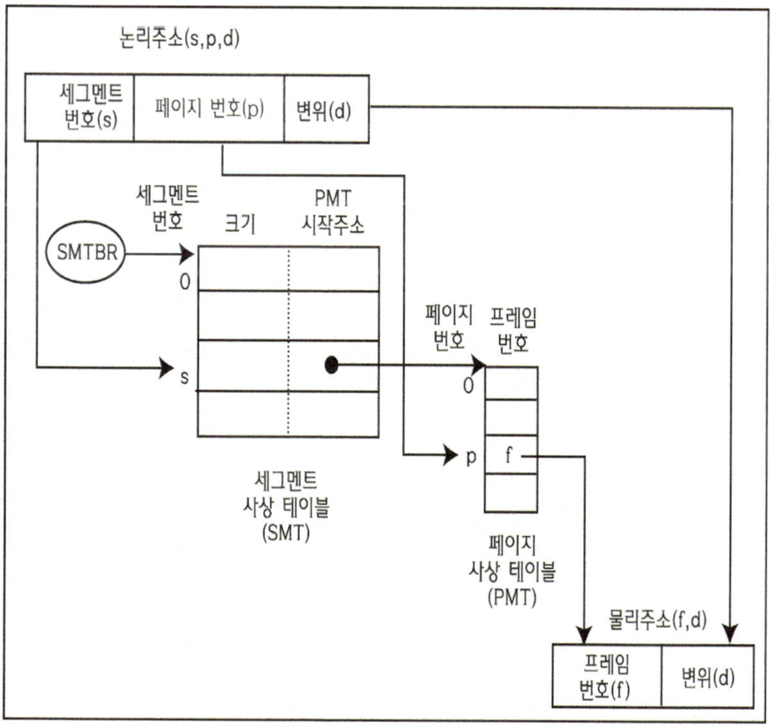

[그림 5.15] 페이징/세그멘테이션 혼용 기법에서 주소 변환

그림 5.15에서 페이징/세그멘테이션 혼용 기법은 우선 프로세스 주소 공간을 논리적으로 연관성이 있는 세그멘트 단위로 분할되고, 다시 각 세그멘트를 일정한 크기의 페이지 단위로 분할된다. 논리 주소는 세그멘트 번호(s), 페이지 번호(p), 그리고 변위(d)로 표현되고 물리 주소는 프레임 번호(f)와 변위(d)로 표현된다. 운영체제는 논리 주소(s, p, d)를 메모리의 물리 주소(f, d)로 변환하기 위하여 SMT와 PMT를 각각 유지, 관리한다.

SMT의 시작 주소는 CPU 내부의 레지스터(SMTBR: Segment Mapping Table Base Register)에 저장되어 있다. 따라서 논리 주소의 세그멘트 번호(s)에 해당하는 SMT의 엔트리 주소는 "SMTBR의 내용(sb) + 세그멘트 번호(s) x 엔트리 크기"로 계산된다. SMT 엔트리에는 그 세그멘트에 연관된 PMT의 시작 주소(pb)를 가지고 있다. 따라서 논리 주소의 페이지 번호(p)에 해당하는 PMT의 엔트리 주소는 "SMT의 내용(pb) + 페이지 번호(p) x 엔트리 크기"로 계산된다. 마지막으로 물리 메모리 주소는 "PMT의 내용(f) x 페이지 크기 + 논리 주소의 변위(d)"로 계산된다.

페이징/세그멘테이션 혼용 기법은 페이징과 세그멘테이션의 단점을 보완할 수 있지만 두 개의 사상 테이블을 유지, 관리해야 하고 주소 변환을 위하여 SMT와 PMT를 두 번 참조해야 하는 오버헤드가 있다. 또한, 세그멘트의 크기가 페이지 크기의 정수배로 고정되기 때문에 고정 분할에 의한 내부 단편화가 발생할 수 있다. 그러나 이러한 내부 단편화는 항상 세그멘트의 마지막 페이지에서만 발생하게 된다.

페이징/세그멘테이션 혼용 기법을 사용하고 있는 가장 전형적인 Intel 프로세서에의 주소 변환 과정은 그림 5.16과 같다.

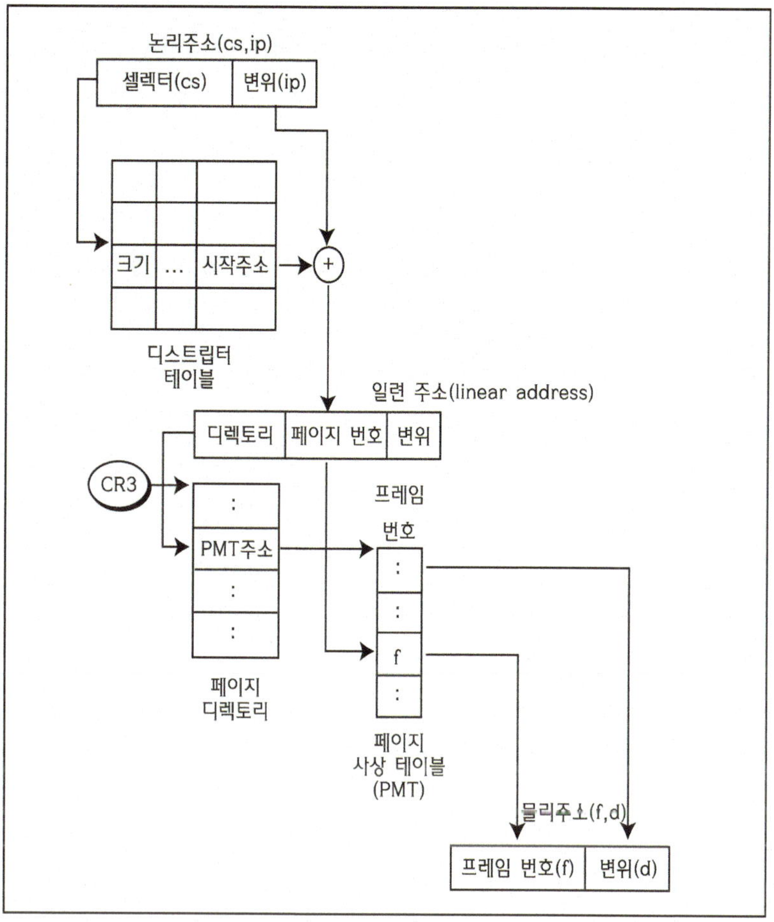

[그림 5.16] Intel 프로세서에서 주소 변환

그림 5.16에서 논리 주소(cs, ip)가 물리 주소(fd, d)로 변환되는 과정을 보여주고 있다. 이 과정에서 참조되는 디스크립터 테이블이 SMT 역할을 담당하며 일련 주소(linear address)를 사용하여 2-단계 페이징 기법을 사용하고 있으며 페이지 디렉터리가 1차 PMT에 해당함을 알 수 있다.

5.4 가상 메모리

지금까지 살펴본 메모리 관리 기법에서는 물리 메모리(physical memory) 주소 공간보다 더 큰 프로세스는 실행시킬 수 없다. 그러나 가상 메모리(virtual memory) 기법을 이용할 경우, 물리 메모리보다 더 큰 프로세스를 실행시킬 수 있게 한다.

가상 메모리를 지원하는 운영체제에서는 프로세스의 주소 공간 중에서 프로세스 실행에 필요한 부분만을 물리 메모리에 적재하면서 프로세스를 실행시킨다. 프로세스가 실행하는 과정에서 물리 메모리의 주소 공간이 부족할 경우 디스크와 같은 보조기억장치의 가상 메모리로 내보냈다(swap-out)가 필요할 때 다시 메인 메모리로 읽어들인다(swap-in). 따라서 사용자는 물리 메모리보다 더 큰 메모리가 존재하는 것처럼 느끼게 된다. 여기서 가상 메모리의 주소 공간과 물리 메모리의 주소 공간이 서로 다름을 유의하여야 한다.

물리 메모리의 주소 공간은 하나이지만 가상 메모리 주소 공간은 프로세스마다 존재한다. 한편, 물리 메모리의 주소를 "물리 주소(physical address)", 가상 메모리의 주소를 "가상 주소(virtual address)"라고 부른다. 가상 주소는 지금까지 사용했던 논리 주소와 같은 개념이다. 따라서 프로세스가 실행되는 과정에서 가상 주소는 물리 주소로 변환되어야 한다.

가상 메모리에서 주소 변환 과정은 5.3.2절에서 살펴본 페이징 혹은 세그멘테이션 기법을 적용할 수 있다. 가상 메모리를 지원하는 운영체제에서는 실행 중인 프로세스의 전체 페이지 혹은 세그멘트가 물리 메모리에 반드시 존재하는 것이 아니므로 이들에 대한 물리 메모리의 존재 여부를 파악할 수 있는 추가정보가 필요하다. 예를 들어 그림 5.17과 같이 해당 페이지의 물리 메모리 존재 여부에 대한 정보를 유지하기 위하여 페이지 사상 테이블에 존재 비트를 추가한다.

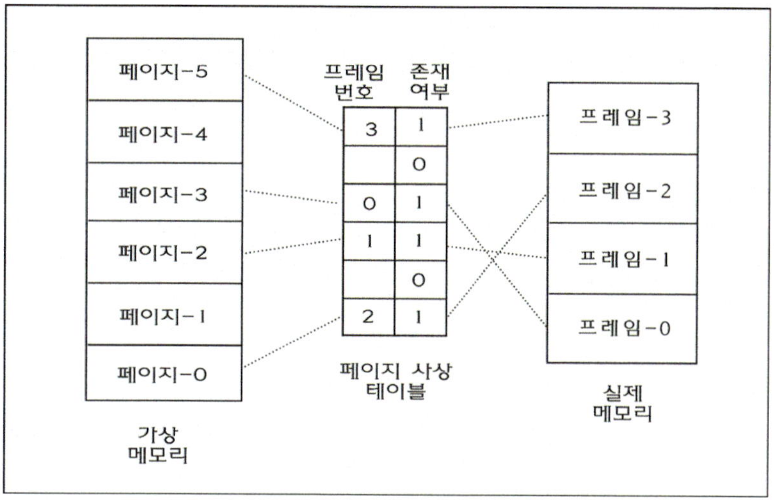

[그림 5.17] 가상 메모리를 위한 페이지 사상 테이블

그림 5.17에서 페이지 사상 테이블의 존재 비트는 해당 페이지의 물리 메모리 존재 여부를 나타내고 있다. 존재 비트가 1이면 해당 페이지가 물리 메모리에 적재되어 있음을 의미하고 존재 비트가 0이면 해당 페이지가 물리 메모리에 부재함을 의미한다.

만약 물리 메모리에 존재하지 않은 프로세스의 일부분(페이지 혹은 세그멘트)을 참조하려고 할 경우, 시스템 오류가 발생하게 된다. 이러한 시스템 오류를 "페이지 부재(page fault)" 혹은 "세그멘트 부재(segment fault)"라고 부른다. 이러한 오류가 발생할 경우, 운영체제는 해당 페이지 혹은 세그멘트를 가상 메모리(예: 디스크)로부터 읽어 적재한 후 다시 실행하도록 한다. 한편, 물리 메모리에 적재할 수 있는 공간이 없는 경우, 적재된 페이지 혹은 세그멘트를 가상 메모리로 스왑-아웃(swap-out)시켰다가, 참조될 때 다시 가상 메모리로부터 스왑-인(swap-in) 시켜야 한다. 결국, 가상 메모리 기법에서는 디스크와 같은 보조 기억 장치를 이용하여 사용자에게 가상의 연속적인 메모리 공간을 지원함으로써 물리 메모리 크기보다 더 큰 프로세스를 실행시킬 수 있는 장점이 있지만, 페이지 혹은 세그멘트 부재 오류와 스와핑으로 인한 소요 시간은 시스템 성능 저하를 초래하는 단점이 된다. 이러한 단점을 효과적으로 보완하기 위하여 운영체제는 다음과 같은 사항들을 고려하여야 한다.

- 반입 정책(fetch policy) : 언제 필요한 프로세스 일부분을 가상 메모리로부터 실제 메모리로 가져올 것인가?
- 교체 정책(replacement policy) : 실제 메모리 공간이 부족할 경우, 어느 부분을 교체할 것인가?
- 할당 정책(allocation policy) : 프로세스마다 얼마만큼의 물리 메모리 공간을 할당할 것인가?

가상 메모리 기법은 프로세스의 주소 공간이 분할되어 물리 메모리와 가상 메모리에 불연속 할당한다. 5.3.2에서 살펴보았듯이 분할 방법에는 고정 분할의 페이징과 가변 분할의 세그멘테이션을 사용할 수 있다. 대부분의 가상 메모리 기법에서는 페이징을 사용하므로 페이징을 중심으로 가상 메모리 관리 정책에 대하여 알아보도록 한다.

5.4.1 반입 정책

반입 정책에는 페이지 참조 요구가 발생했을 때 반입하는 요구 페이징(demand paging)과 페이지 참조를 예상하여 반입하는 예상 페이징(anticipatory paging)이 있다.

(1) 요구 페이징(demand paging)

요구 페이징은 프로세스가 실행되는 과정에서 참조하려는 페이지가 메모리에 존재하지 않아 페이지 부재가 발생할 경우, 해당 페이지를 가상 메모리로부터 물리 메모리로 적재하는 것이다. 따라서 요구 페이징에서는 처음 참조되거나 스왑-아웃 페이지가 참조될 때 페이지 부재 오류가 발생한다. 페이지 부재 오류는 1.3에서 살펴보았듯이 예외 현상으로써 운영체제로 진입하게 되고 운영체제에서는 페이지 부재를 처리한다. 이러한 기능을 담당하는 운영체제 내부의 루틴을 "페이저(pager)"라고 부른다. 페이저는 해당 페이지를 가상 메모리로부터 메모리에 적재하고 PMT의 존재 비트를 1로 설정한 후 페이지 부재를 발생시킨 명령을 재실행하도록 한다. 이러한 과정을 처리하는데 소요되는 페이지 부재 처리 시간은 가상 메모리 기법의 성능에 직접적인 영향을 미치게 된다.

페이지 부재 처리 시간을 포함하여 요구 페이징 기법에서 메모리 접근할 때 걸리는 유효 접근 시간에 대하여 알아보자. 페이지 부재가 아닐 경우는 물리 메모리의 접근 시간과 같다. 그러나 페이지 부재일 경우, 디스크와 같은 가상 메모리 접근하여 페이지 부재를 처리하는데 걸리는 시간이다. 따라서 유효 접근 시간은 페이지 부재율을 p(0 ≤p≤1)라고 할 때, 다음과 같이 정의할 수 있다.

유효 접근 시간 = (1-p) x 실제 메모리 접근 시간
+ p x 페이지 부재 처리 시간

예를 들어 메모리 접근 시간 100nsec, 디스크 접근 시간 25msec인 시스템에서 페이지 부재율(p)이 1/1,000일 경우, 유효 접근 시간은 다음과 같이 계산된다.

유효 접근 시간 = (1-p) x 100 + p x 25,000,000
= 100 + 24,999,900 x 0.001
≒ 25,000(nsec)

이 예에서 페이지 부재율(p)이 1/1,000 임에도 불구하고 유효 접근 시간은 25,000ns로써 메모리 접근 시간(100ns)과 비교할 때 250배 증가함을 알 수 있다. 따라서 요구 페이징 기법에서 페이지 부재율을 낮게 유지하는 것이 매우 중요하다.

(2) 예상 페이징(anticipatory paging)

예상 페이징 기법은 참조하려는 페이지를 예측하여 해당 페이지를 메모리에 적재하는 반입 정책으로써 "선 페이징(pre-paging)"이라고도 부른다. 만약 올바른 예측으로 참조 페이지를 미리 반입할 수 있다면 요구 페이징 보다 프로세스의 실행 시간을 단축할 수 있을 것이다. 그러나 프로세스가 실행되는 과정에서 참조 페이지를 예측하기란 매우 어려운 일이다. 요구 페이징에서는 반입된 페이지의 참조를 확신할 수 있지만, 예상 페이징에는 반입된 페이지의 참조를 확신할 수 없다.

일반적으로 프로세스가 실행되는 과정에서 메모리 주소 공간 전체를 균일하게 참조하지 않고 일부분을 집중적으로 참조하는 경향이 있다. 이러한 경향을 "참조의 지역성(locality)"이라고 부른다. 참조의 지역성에는 "시간적 지역성(temporal locality)"과 "공간적 지역성(spatial locality)"이 있다. 시간적 지역성은 일정 시간 동안 동일 주소 공간을 반복적으로 참조하는 경향으로써 반복문과 같은 명령을 처리하는 경우 나타난다. 반면 공간적 지역성은 일정 시간 동안 인접된 주소 공간을 연속적으로 참조하는 경향으로써 배열의 초기화와 같은 명령을 처리하는 경우 나타난다.

이러한 참조의 지역성은 참조하려는 페이지는 최근에 참조된 페이지와 관련이 높음을 의미한다. 따라서 예상 페이징 기법은 프로세스가 실행되는 과정에서 어떤 페이지가 참조될 경우, 참조의 지역성을 고려하여 예상 반입한다. 그러나 예측이 잘못될 수도 있으므로 대부분의 가상 메모리 기법에서는 요구 페이징을 사용하고 있다.

5.4.2 교체 정책

페이징을 이용한 가상 메모리 기법에서 페이지 부재가 발생하고, 메모리의 빈 프레임이 없는 경우, 메모리에 적재된 임의의 페이지에 해당하는 프레임을 가상 메모리로 내보내고 요청한 페이지를 적재하여야 한다. 이러한 상황에서 어떤 페이지의 프레임을 선택하여 요청한 페이지로 교체할 것인가를 결정하는 것이 교체 정책이다. 교체 정책은 프로세스의 응답시간과 시스템 성능에 직접적인 영향을 미치기 때문에 매우 중요하다.

교체 정책의 목표는 페이지 부재율을 최소화할 수 있는 희생 페이지를 선택하는 것이다. 이를 위하여 현재 메모리에 적재된 페이지 중에서 가까운 미래에 참조되지 않을 페이지를 선택하여야 하는데 가까운 미래에 참조되지 않을 희생 페이지를 정확하게 판단할 수 없다.

한편, 희생 페이지의 프레임의 범위에 따라 지역 교체(local replacement)와 전역 교체(global replacement) 정책으로 구분할 수 있다. 지역 교체는 페이지 부재가 발생한 프로세스에 할당된 프레임 중에서 희생 페이지를 선택한다. 반면, 전역 교체는 전체 프레임 중에서 희생 페이지를 선택한다. 결국 교체 정책에 의한 시스템 성능의 영향은 어떤 프로세스가 실행되는 과정에서 참조되는 페이지의 순서와 그 프로세스에 할당된 프레임 수, 그리고 희생 페이지의 프레임을 선택하는 범위에 따라 다르게 된다.

교체 정책이 가상 메모리 시스템의 성능에 미치는 영향은 프로세스가 실행되는 과정에서 참조되는 페이지의 순서와 프로세스에 할당된 프레임 수, 그리고 희생 페이지의 프레임을 선택하는 범위에 따라 다르게 평가될 수 있다. 예를 들어 지역 교체 정책에서 어떤 프로세스가 실행되는 과정에서 다음과 같은 순서로 가상 주소를 참조한다고 가정하자.

350, 254, 148, 075, 328, 232, 485, 386, 238, 184

또한, 페이지의 크기를 100바이트라고 가정하자. 프로세스의 페이지가 참조되는 페이지 순서는 다음과 같으며 이 순서를 페이지의 참조 열(reference string)이라고 부른다.

(3, 2, 1, 0, 3, 2, 4, 3, 2, 1)

마지막으로 프로세스당 3개의 프레임을 할당하는 요구 페이징을 가정하자, 이제, 여러 가지 교체 정책을 소개하고 각각에 대하여 위와 같은 가정을 기준으로 비교, 평가해 보도록 한다.

(1) 선입 선출(FIFO) 교체

선입 선출(FIFO: First-In First-Out)은 가장 간단한 교체 정책으로써 가장 먼저 메모리에 적재된 페이지를 교체의 대상으로 선택한다. 다시 말해서 가장 오랫동안 메모리에 적재된 페이지를 교체의 대상으로 선택하는 것이다.

참조열	3	2	1	0	3	2	4	3	2	1
프레임	3	3	3	0	0	0	4	4	4	4
		2	2	2	3	3	3	3	3	1
			1	1	1	2	2	2	2	2
부재 여부	f	f	f	f	f	f	f	h	h	f

[그림 5.18] 선입 선출(FIFO) 교체

그림 5.18에서 맨 처음 참조되는 3개의 페이지(3, 2, 1)는 페이지 부재 발생으로 3개의 프레임에 적재된다. 그러나 4번째 페이지(0)가 참조되는 시점에서는 빈 프레임이 없으므로 가장 먼저 적재된 페이지(3)가 교체 대상으로 선택된다. 동일 방법으로 교체할 경우, 총 10회 페이지 참조 중에서 8회 페이지 부재가 발생함을 알 수 있다. 따라서 페이지 부재율은 80%가 된다.

일반적으로 프로세스 당 프레임 할당량이 증가할수록 페이지 부재율은 감소하는 것이 정상적이다. 그러나 선입 선출 알고리즘에서는 프로세스당 프레임 할당량이 증가하여도 오히려 페이지 부재율이 증가하는 비정상적인 현상이 발생할 수도 있음을 유의하여야 한다. 이러한 현상을 "Belady의 이상 현상(Belady's Anomaly)" 라고 부른다.

예를 들어 어떤 프로세스가 다음과 같은 순서로 페이지를 참조할 경우, 프레임 할당량과 페이지 부재율의 관계는 그림 5.19와 같이 Belady의 이상 현상이 발생함을 알 수 있다.

페이지 참조열 : 1, 2, 3, 4, 1, 2, 5, 1, 2, 3, 4, 5

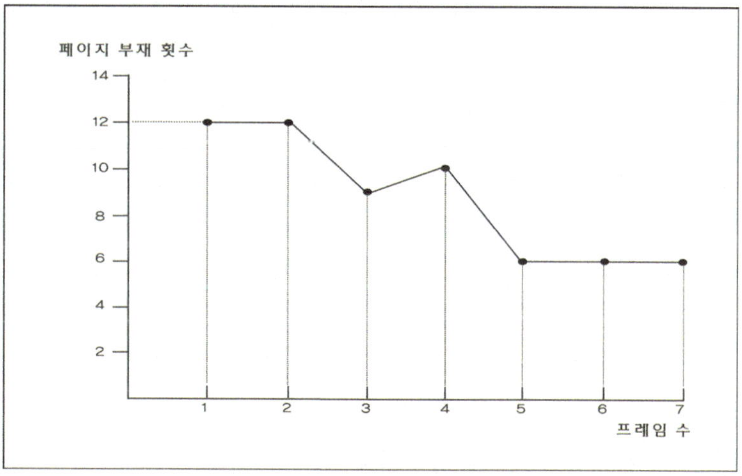

[그림 5.19] Belady의 이상 현상

(2) 최적(OPT) 교체

Belady는 페이지 부재율을 최소화할 수 있는 최적(OPT: OPTimal) 교체 정책을 제안하였다. 이 정책은 가장 오랫동안 참조되지 않을 페이지를 교체의 대상으로 선택한다. 다시 말해서 적재된 페이지 중에서 앞으로 참조되지 않을 페이지 혹은 가장 나중에 참조될 페이지를 교체의 대상으로 선택하는 것이다. 이 기법은 할당된 프레임 수가 고정된 경우,

모든 교체 정책 중에서 가장 낮은 페이지 부재율 보장이 가능하며 Belady의 이상 현상이 발생하지 않는다.

참조열	3	2	1	0	3	2	4	3	2	1
프레임	3	3	3	3	3	3	3	3	3	3
		2	2	2	2	2	2	2	2	2
			1	0	0	0	4	4	4	1
부재 여부	f	f	f	f	h	h	f	h	h	f

[그림 5.20] 최적(OPT) 교체

그림 5.20에서 맨 처음 참조되는 3개의 페이지(3, 2, 1)는 페이지 부재 발생으로 3개의 프레임에 적재된다. 그러나 4번째 페이지(0)가 참조되는 시점에서는 빈 프레임이 없으므로 가장 오랫동안 참조되지 않을 페이지(1)가 교체 대상으로 선택된다. 동일 방법으로 교체할 경우 페이지 부재율은 60%로써 FIFO 교체 정책보다 낮아짐을 알 수 있다.

OPT 교체 정책을 구현하기 위해서는 페이지 참조에 대한 정확한 예측이 필요하다. 그러나 정확한 예측은 불가능하므로 실제로 OPT 교체 정책을 구현할 수 없지만, 이론적으로 다른 교체 정책들을 비교 평가하는데 중요한 척도로써 의미가 있다.

(3) LRU 교체

LRU(Least Recently Used) 정책은 페이지 참조의 시간적 지역성을 고려하여 FIFO 교체 정책에서 Belady의 이상 현상을 해결하고 OPT 교체 정책의 예측에 대한 문제점을 개선하기 위하여 제안된 것이다. 이 정책은 어떤 페이지가 참조되면 가까운 장래에 그 페이지가 또다시 참조된다는 시간적 지역성을 고려하여 가장 최근에 참조되지 않은 페이지를 교체의 대상으로 선택한다. 다시 말해서 적재된 페이지 중에서 가장 오래전에 참조된 페이지를 교체의 대상으로 선택하는 것이다.

참조열	3	2	1	0	3	2	4	3	2	1
프레임	3	3	3	0	0	0	4	4	4	1
		2	2	2	3	3	3	3	3	3
			1	1	1	2	2	2	2	2
부재 여부	f	f	f	f	f	f	f	h	h	f

[그림 5.21] LRU 교체

그림 5.21에서 맨 처음 참조되는 3개의 페이지(3, 2, 1)는 페이지 부재 발생으로 3개의 프레임에 적재된다. 그러나 4번째 페이지(0)가 참소되는 시점에서는 빈 프레임이 없으므로 가장 최근에 참조되지 않은 페이지(3)가 교체 대상으로 선택된다. 동일 방법으로 교체할 경우, 페이지 부재율은 80%가 된다.

일반적으로 LRU 교체 정책은 FIFO 교체 정책보다 평균적으로 페이지 부재율이 개선되기 때문에 가장 널리 사용되고 있다. 그러나 LRU 교체 정책을 구현하기 위해서는 페이지 참조 시간에 대한 정보가 필요하다. 이를 위하여 운영체제에서는 다음과 같은 방법으로 참조 시간을 유지, 관리한다.

① 계수기(counter)를 이용하는 방법

계수기(counter)를 이용하는 방법은 정확한 페이지 참조 시간 대신에 상대적인 시간으로 참조 순서를 유지 관리한다. 이를 위하여 프로세스의 PMT에 페이지 참조 순서를 기록하기 위한 계수기 부분을 추가한다. 예를 들어 CPU 내부의 레지스터를 이용하여 페이지가 참조될 때마다 레지스터값을 1씩 증가시켜 그 값을 PMT의 계수기 부분에 기록하도록 한다. 따라서 계수기값이 작을수록 가장 최근에 참조되지 않은 페이지임을 의미한다. 페이지 교체가 요구될 때마다 프로세스의 PMT에서 적재된 페이지들의 계수기 부분을 비교하여 가장 작은 값의 페이지를 교체 대상으로 선택한다.

이 방법을 사용할 경우, 페이지가 참조될 때마다 계수기값을 갱신하여야 하며 페이지 교체 때마다 프로세스의 PMT를 검색해야 하는 오버헤드가 존재한다. 또한, 계수기값이 증가함에 따라 CPU 내부의 레지스터의 오버플로우(overflow)도 고려하여야 한다.

② 스택(stack)을 이용하는 방법

스택(stack)을 이용하는 방법은 스택 구조의 자료구조를 이용한다. 프로세스의 페이지 개수만큼의 스택 자료구조를 생성하고 프로세스의 어떤 페이지가 참조될 때마다 그 페이지의 번호를 스택의 맨 위로 이동시킴으로써 가장 최근에 참조된 페이지는 스택의 맨 위에 존재하게 한다. 결국 항상 가장 최근에 참조되지 않은 LRU 페이지가 스택의 맨 아래에 존재하게 된다. 예를 들어 페이지 참조 열이 (3, 2, 1, 0, 3, 2, 4, 3, 2, 1)일 경우, A, B 시점에서의 스택 상태는 그림 5.22와 같다.

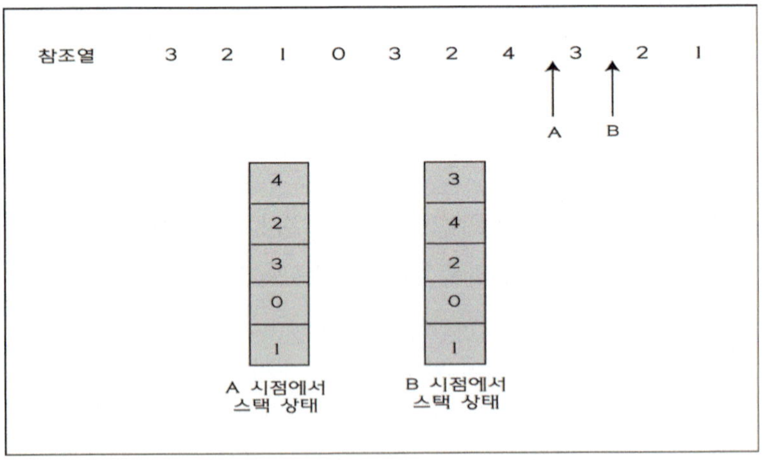

[그림 5.22] 스택을 이용한 LRU 교체

그림 5.22에서 알 수 있듯이 페이지가 참조될 때마다 그 페이지를 스택의 위로 옮김으로써 스택의 바닥에는 항상 가장 최근에 참조되지 않은 페이지가 존재한다. 따라서 페이지 교체가 요구되면 스택의 바닥에 존재하는 페이지를 교체 대상 페이지로 선택한다.

이 방법을 사용할 경우, 페이지가 참조될 때마다 스택의 내용을 검색하여 해당 페이지를 제거하여 스택의 맨 위로 옮기고 나머지 스택을 적절하게 수정해야 하므로 스택을 이중 연결 리스트(doubly linked list) 형태로 구현하는 것이 유리하다. 결국, LRU 교체 정책에서는 페이지의 참조 시간을 유지, 관리하기 위하여 페이지가 참조될 때마다 PMT 혹은 스택을 갱신해야 하는 오버헤드가 존재한다. 이러한 오버헤드를 개선하기 위해서는 하드웨어의 지원이 요구된다.

(4) LRU 근사 교체

LRU 근사(approximation) 교체 정책은 LRU 교체 정책에서 페이지의 참조 시간을 유지, 관리하기 위한 오버헤드를 개선하기 위하여 하드웨어의 지원을 이용한 페이지 교체 정책으로써 다음과 같은 것들이 있다.

① 참조 비트를 이용하는 방법

프로세스의 PMT에 페이지 참조 비트(reference bits)를 추가한다. 참조 비트는 일정 주기 동안 그 페이지가 참조될 때마다 1로 설정된다. 페이지 교체가 요구될 때 운영체제는 참조 비트가 0인 페이지 중에서 FIFO 방식으로 교체하는 것이다. 또한, 모든 페이지의 참조 비트가 1이 되는 경우를 방지하기 위하여 운영체제는 주기적으로 모든 페이지의 참조 비트를 0으로 리셋(reset) 시킨다.

이 방법에서 참조 비트가 0인 페이지는 페이지 일정 주기 동안 한 번도 참조되지 않았음을 의미한다. 따라서 페이지의 일정 주기 동안 참조 순서는 정확히 알 수 없지만, 참조 여부는 판단할 수 있다. 참조 순서를 정확하게 유지하기 위하여 참조 비트를 추가할 수 있다. 예를 들어 참조 비트를 8개 사용할 경우, 클럭 인터럽트를 이용하여 운영체제에서 1초 간격으로 참조 비트의 값을 오른쪽으로 이동시킨다. 이 경우 참조 비트의 값이 00000000인 페이지는 최근 8초 동안 한 번도 참조되지 않았음을 의미하고 참조 비트의 값이 11111111인 페이지는 최근 8초 동안 매초 마다 한 번 이상 참조되었음을 의미한다. 따라서 최근 8초 동안의 참조 이력을 유지할 수 있으며 페이지 교체가 요구될 때 적재된 페이지 중에서 참조 비트의 값이 가장 작은 페이지를 교체 대상으로 선택할 수 있다.

② 이차 기회를 이용하는 방법

이차 기회(second chance)를 이용하는 방법은 FIFO 교체 정책에 한 개의 참조 비트를 추가하여 LRU 교체 정책의 효과를 기대하는 방법이다.

페이지가 처음 적재될 때 참조 비트의 초깃값은 1로 설정된 후 그 페이지가 참조될 때마다 1로 설정한다. 페이지 교체가 요구될 때 FIFO 방식으로 진행하면서 참조 비트를 검사하여 참조 비트가 0일 경우에만 교체한다. 만약 참조 비트가 1일 경우 그 페이지는 교체하지 않고 참조 비트를 0으로 변경한 후 다음 페이지의 참조 비트를 검사한다. 결국, 참조 비트가 1인 페이지에 한 번의 기회를 주는 점만 제외하면 FIFO 교체 정책과 같다. 그러나 참조 비트가 1인 페이지는 참조 비트가 0인 페이지보다 최근에 사용되었음을 의미함으로 최근에 사용된 페이지에 이차 기회를 줌으로써 LRU 교체 정책의 효과가 있음을 알 수 있다.

그림 5.23과 같이 메모리에 적재된 모든 페이지를 참조 비트와 함께 환형 큐로 연결하여 적재된 순서를 유지함으로써 페이지 교체가 요구될 때 FIFO 방식으로 교체 대상 페이지를 선정한다.

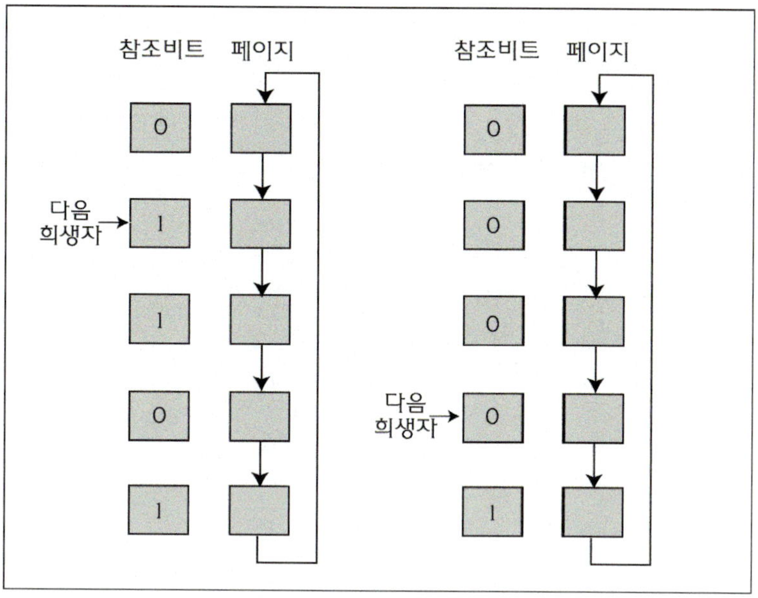

[그림 5.23] 이차 기회 교체

그림 5.23에서 다음 희생자로 선정된 페이지의 참조 비트가 1이기 때문에 그 페이지를 곧바로 교체하지 않고 단순히 참조 비트의 값을 0으로 변경한 후 계속해서 FIFO 방식으로 참조 비트가 0인 페이지를 다음 희생자로 선정한다. 극단적으로 모든 페이지의 참조 비트가 1일 경우에는 환형 큐를 한 바퀴 순회하게 되어 결국 FIFO 방식에 의해 첫 번째 선정되었던 페이지가 교체될 것이다. 이 방식은 시계의 바늘이 도는 것과 유사하므로 "클럭(clock) 방식"이라고도 부른다.

③ 참조 및 변경 비트를 이용하는 방법

메모리에 적재된 페이지 중에서 그 내용이 변경되지 않은 페이지는 가상 메모리의 내용과 같으므로 변경된 페이지보다 교체하는 데 걸리는 시간이 짧다. 이러한 사실을 고려하기 위하여 프로세스의 PMT에 페이지 참조 비트(reference bit)와 변경 비트(modified bit)를 추가한다.

페이지 부재로 인해 메모리에 적재될 때 참조 비트와 변경 비트의 초깃값은 운영체제에 의해서 0으로 설정되고, 페이지가 참조 혹은 변경될 때 각각 1로 설정된다. 따라서 물리 메모리에 적재된 페이지들의 비트 조합(참조, 변경)은 다음 4가지 경우에 속하게 될 것이다.

① (0,0) - 최근에 참조되지 않고 변경되지 않은 상태.
② (0,1) - 최근에 참조되지 않고 변경된 상태.
③ (1,0) - 최근에 참조되고 변경되지 않은 상태.
④ (1,1) - 최근에 참조 및 변경된 상태.

페이지 교체가 요구되면 참조 및 변경 비트를 비교하여 그 값이 가장 작은 페이지를 교체 대상 페이지로 선택한다. 이 방법은 참조 비트가 1인 페이지는 참조 비트가 0인 페이지보다 최근에 사용되었음을 의미함으로 참조 비트에 변경 비트를 추가한 LRU 근사 기법임을 알 수 있다.

(5) 계수(counting) 교체

지금까지 살펴본 교체 정책들은 참조된 횟수는 전혀 고려하지 않고, 오직 적재 혹은 참조된 시간을 기준으로 교체 대상 페이지를 선택하였다. 그러나 계수(counting) 기법은 페이지가 참조된 횟수를 고려하여 교체 대상 페이지를 선택하는 기법으로써 다음과 같은 방법이 있다.

① LFU(Least Frequently Used)

LFU(Least Frequently Used) 기법은 참조된 횟수를 비교하여 가장 적게 참조된 페이지를 교체 대상 페이지로 선택하는 것으로써 NFU(Not Frequently Used) 기법이라고 부른다.

② MFU(Most Frequently Used)

MFU(Most Frequently Used) 기법은 참조된 횟수를 비교하여 가장 많이 참조된 페이지를 교체 대상 페이지로 선택하는 것이다.

(6) 지역 혹은 전역 교체

지금까지 살펴본 교체 정책들은 프로세스가 실행되는 과정에서 페이지 교체가 요구될 경우, 그 프로세스에 할당된 프레임 중에서만 교체 대상 페이지를 선택하였다. 따라서 프로세스가 실행되는 과정에서 그 프로세스에 할당된 프레임의 수는 변하지 않는다. 이러한 방식을 일반적으로 "지역(local) 교체"라고 부른다.

반면 시스템의 모든 프로세스에 할당된 전체 프레임을 대상으로 선택하는 방식을 "전역(global) 교체"라고 부른다. 프로세스가 실행되는 과정에서 페이지 교체가 요구될 경우, 다른 프로세스에 할당된 프레임 중에서 교체 대상 페이지를 선택할 수 있으므로 그 프로세스에 할당된 프레임의 수는 증가하게 되며 다른 프로세스는 상대적으로 감소하게 된다. 따라서 전역 교체는 다른 프로세스의 실행 속도에 직접적인 영향을 미치게 되므로 시스템 전체의 상태를 고려하여야 한다.

5.4.3 할당 정책

가상 메모리 시스템에서 할당 정책은 프로세스마다 얼마만큼의 메모리 공간을 할당할 것인가를 결정하는 것이다. 일반적으로 프로세스 당 메모리의 공간을 많이 할당하게 되면 페이지 부재율은 낮아지지만 다중 프로그래밍의 정도가 낮아지기 때문에 CPU의 이용률이 떨어지게 된다. 한편 프로세스 당 메모리의 공간을 너무 적게 할당하게 되면 반대 현상이 발생하게 될 것이다. 따라서 가상 메모리 시스템에서 할당 정책은 다음과 같은 사항을 고려하여 결정하여야 한다.

(1) 균등 혹은 비례 할당

제한된 프레임을 프로세스들에 할당하는 방법에는 균등(equal) 할당과 비례(proportional) 할당이 있다. 균등 할당은 모든 프로세스에 물리 메모리 공간을 균등하게 할당하는 것이다. 예를 들어 물리 메모리 공간이 m 개의 프레임으로 구성되어 있고 프로세스가 n 개일 경우 각각의 프로세스에 m/n 개의 프레임을 균등하게 할당하는 것이다. 이 방법은 간단하지만, 프로세스의 크기를 고려하지 않기 때문에 물리 메모리 공간의 이용이 비효율적이다.

한편 비례 할당은 프로세스의 크기에 따라 비례적으로 할당하는 것이다. 예를 들어 물리 메모리 공간이 m 개의 프레임으로 구성되어 있고 i개의 페이지로 구성된 프로세스(P1)와 j개의 페이지로 구성된 프로세스(P2)가 있는 경우, i/(i+j) * m 개의 프레임과 j/(i+j) * m 개의 프레임을 P1, P2에 각각 할당하는 것이다.

이러한 방법들은 다중 프로그래밍의 정도에 따라 할당량을 동적으로 조정해야 하는 오버헤드가 있다. 또한, 프로세스의 우선순위와 전혀 관계없이 결정된다. 따라서 프로세스의 크기와 우선순위를 고려하여 비례적으로 할당량을 결정할 수 있다.

(2) 스래싱

스래싱(thrashing)이란 "프로세스가 진행하는 과정에서 페이지 부재가 너무 자주 발생하여 프로세스의 실제 처리 시간보다 페이지 부재 처리 시간이 더 많이 소요되는 현상"을 말한다. 다시 말해서 반복적인 페이지 부재로 인해 디스크 입출력이 심각하게 증가하게 되어 CPU 이용률이 대폭 감소하는 현상이다. 이러한 현상은 시스템 성능의 급격한 저하를 초래하게 된다.

1) 스래싱 원인

일반적으로 다중 프로그래밍의 정도가 증가함에 따라 CPU 이용률도 증가한다. 따라서 다중 프로그래밍을 지원하는 시스템에서는 CPU 이용률을 최대화하기 위하여 CPU 이용률이 떨어지게 되면 새로운 프로세스를 메모리에 적재하여 다중 프로그래밍의 정도를 높이게 된다.

이러한 시스템에서 페이지 부재가 자주 발생하게 되면 디스크 입출력으로 인해 CPU 이용률은 점점 떨어지게 될 것이고 운영체제는 CPU의 이용률을 향상하기 위하여 또 다른 프로세스를 적재하게 될 것이다. 이러한 상황이 반복될 경우, 그림 5.24와 같이 다중 프로그래밍의 정도가 증가함에 따라 CPU 이용률이 어느 정도 증가하다가 갑자기 저하되는 현상이 발생하게 된다.

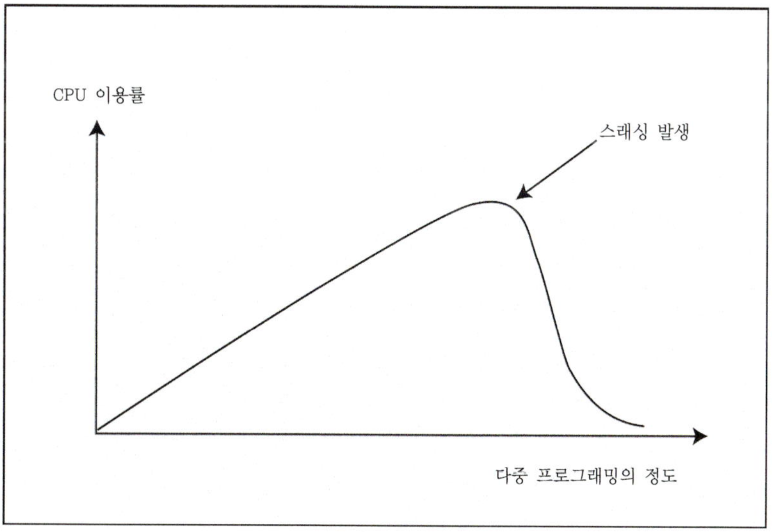

[그림 5.24] 스래싱 발생

그림 5.24에서 다중 프로그래밍의 정도가 증가함에 따라 CPU의 이용률도 최댓값이 될 때까지 증가할 것이다. 그러나 다중 프로그래

밍의 정도가 너무 증가하게 되면 프로세스 당 사용이 가능한 프레임의 수가 감소하기 때문에 페이지 부재가 점점 더 자주 발생하게 되어 프로세스의 실제 처리 시간 보다 페이지 부재 처리 시간이 더 많이 소요되는 스래싱 현상이 발생하게 될 것이다.

2) 스래싱 방지책

스래싱 현상을 방지하기 위한 가장 좋은 방법은 프로세스가 필요로 하는 프레임을 충분히 할당하는 것이다. 그러나 가상 메모리를 지원하는 시스템에서는 프로세스가 필요로 하는 프레임을 충분히 할당할 수 없으므로 운영체제는 스래싱 현상이 발생하지 않을 정도의 프레임 수를 항상 유지해야 할 필요가 있다. 따라서 스래싱 현상을 방지하기 위한 기법에 대하여 살펴보도록 한다.

① 작업 집합(WS)

작업 집합(working set) 기법은 5.4.1에서 살펴본 참조의 지역성(locality) 이론에 근거하여 프로세스가 실행되는 과정에서 어떤 페이지들을 주로 사용하고 있는가를 추적하여 이러한 페이지들은 메모리에 유지함으로써 스래싱 현상을 방지하려는 것이다.

작업 집합이란 최근 일정 시간(Δ) 동안 프로세스가 참조하는 페이지들의 집합으로써 t 시점에서 작업 집합, 즉 WS(t, Δ)는 다음과 같이 정의된다.

WS(t, Δ) = { Δ 동안 참조된 페이지 번호 }

예를 들어 페이지 참조의 순서가 다음과 같을 경우, t1, t2 시점에서 작업 집합 즉 WS(t1, Δ)와 WS(t2, Δ)는 그림 5.25와 같다.

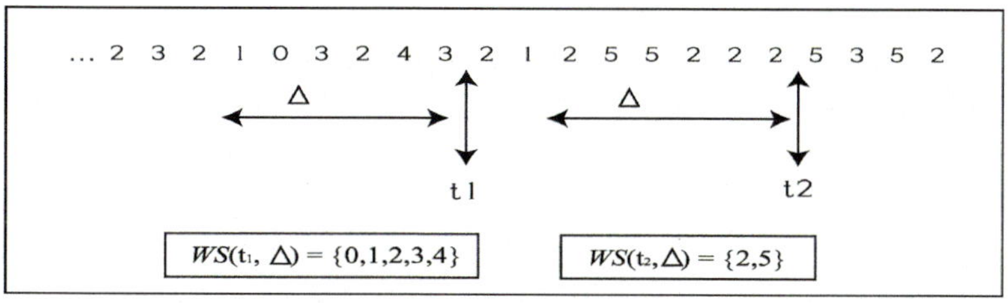

[그림 5.25] 작업 집합(WS)

작업 집합을 이용하여 스래싱 현상을 방지하기 위해서 운영체제는 프로세스가 실행되는 과정에서 작업 집합을 유지 관리하여야 한다. 정확한 작업 집합을 유지하는데 중요한 요소는 일정 시간(Δ)의 결정이다. 만약 Δ가 너무 짧으면 참조의 지역성을 충분히 반영하지 못하게 되고 너무 길면 필요 이상의 프레임을 할당하게 될 것이다. 또한, 운영체제는 프로세스의 작업 집합이 적재된 상태에서만 그 프로세스를 실행시키고 페이지 부재가 발생할 경우, 작업 집합에 포함된 페이지를 교체하지 않아야 한다.

② 페이지 부재 빈도(PFF)

페이지 부재 빈도(PFF: Page Fault Frequency) 기법은 페이지 부재가 발생하는 빈도(frequency)를 측정하여 스래싱 현상을 방지하는 것이다. 이를 위하여 운영체제는 그림 5.26과 같이 페이지 부재 빈도의 상한선(upper bound)과 하한선(lower bound)을 설정하고 시스템에서 페이지 부재가 발생하는 빈도수를 주기적으로 측정한다. 페이지 부재 빈도수 측정값이 상한선에 도달하게 되면 스래싱 현상이 발생할 위험이 있음을 의미하고, 페이지 부재 빈도수 측정값이 하한선에 도달하게 되면 너무 많은 프레임이 할당되고 있음을 의미한다.

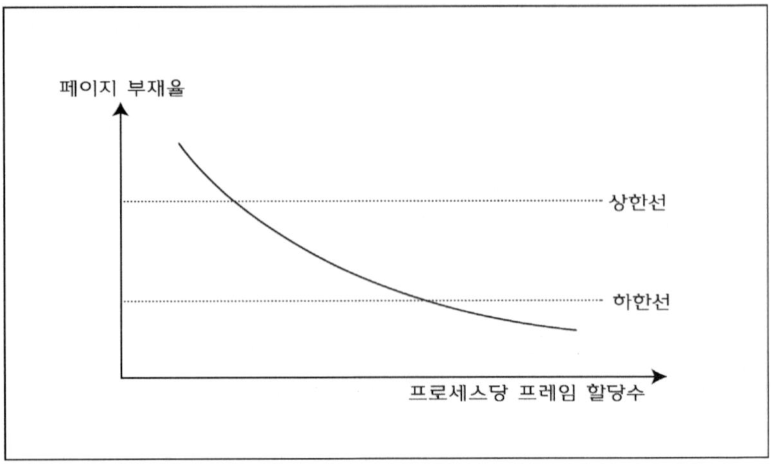

[그림 5.26] 페이지 부재 빈도(PFF)

그림 5.26에서 측정된 페이지 부재 빈도수가 상한선에 도달하게 되면 스래싱 현상이 발생할 위험이 있음을 의미함으로 운영체제는 메모리에 적재된 임의의 프로세스를 스왑-아웃시켜 다중 프로그래밍의 정도를 떨어뜨림으로써 스래싱 현상을 방지한다. 반면 측정된 페이지 부재 빈도수가 하한선에 도달하게 되면 너무 많은 프레임이 할당되고 있음을 의미함으로 새로운 프로세스를 스왑-인함으로써 다중 프로그래밍의 정도를 증가시킨다. 이렇게 페이지 부재 빈도를 측정하여 페이지 부재율을 직접 제어하는 스래싱 방지책은 작업 집합을 이용한 스래싱 방지책보다 적극적인 기법이다.

지금까지 가상 메모리 관리 기법에서 요구 페이징 반입 정책을 중심으로 교체 정책, 그리고 할당 정책들을 구별하여 살펴보았다. 그러나 반입 정책, 교체 정책, 그리고 할당 정책은 서로 영향은 미치게 된다. 예를 들어 스래싱을 방지하기 위한 기법들은 전역 교체가 가능하여야 할 것이다. 따라서 가상 메모리를 지원하기 위한 반입 정책, 교체 정책, 그리고 할당 정책은 상호 연관성이 있음을 유의하여야 한다.

5.4.4 기타 고려사항

페이징 기법을 이용한 가상 기억장치 관리에서 페이지 반입, 교체, 그리고 할당 정책 외에 가상 기억장치를 효과적으로 지원하기 위하여 고려해야 할 몇 가지 사항들에 대하여 알아보도록 한다.

(1) 페이지 크기

페이징 기법에서 페이지 크기는 시스템 성능과 직접적인 관계가 있다. 이론적으로 페이지의 최소 크기는 가장 긴 CPU 명령어 길이에 해당하고, 최대 크기는 사용이 가능한 메모리의 주소 공간에 해당할 것이다. 그러나 일반적으로 0.5KB~4KB 정도로 사용되고 있으며 시스템의 특성과 주로 실행되는 프로세스의 크기에 따라 다르게 결정된다.

페이지 크기를 결정할 때 우선 고려해야 할 사항은 PMT 크기이다. PMT 크기는 페이지 크기가 작을수록 커진다. 예를 들어 4MB 가상 메모리에서 0.5KB 페이지가 8,192개가 존재하지만, 4KB 페이지는 오직 1,024개 존재한다. 따라서 PMT 크기를 줄이기 위해서는 페이지 크기를 크게 설정하는 것이 유리하다. 그러나 페이지 크기를 크게 설정하게 되면 마지막 페이지에서 발생하는 내부 단편화에 의한 낭비가 커지게 된다.

페이지 크기를 결정할 때 고려해야 할 또 다른 사항은 페이지를 읽거나 쓰기 위하여 디스크 접근하는 데 걸리는 시간이다. 디스크 접근하는 데 걸리는 시간은 기본적으로 탐색 시간, 회전 지연 시간 그리고 전송 시간으로 구성된다. 전송 시간은 페이지 크기에 비례하기 때문에 페이지 크기가 작을수록 유리하다. 그러나 탐색 시간과 회전 지연 시간은 페이지 크기와 무관하며 전송 시간보다 훨씬 많은 시간이 소요된다. 따라서 페이지를 읽거나 쓰기 위하여 디스크 접근하는데 소요되는 총시간은 페이지 크기를 크게 설정하는 것이 유리하다.

페이지 크기를 결정할 때 고려해야 할 또 다른 사항은 페이지 부재율이다. 페이지 부재율은 페이지 크기가 작을수록 높아진다. 따라서 페이지 부재율을 줄이기 위해서는 페이지 크기를 크게 설정하는 것이 유리하다. 이같이 페이지 크기를 크게 혹은 작게 설정함에 따라 각각의 장단점이 있으며 페이지 크기를 작게 설정할 경우의 특성은 다음과 같다.

- 다중 프로그래밍의 정도가 높아진다.
- PMT 크기가 커진다.
- 내부 단편화에 의한 메모리 낭비가 줄어든다.
- 페이지 부재율이 증가한다.

(2) 프로그램 구조

일반적으로 프로그래머는 운영체제의 메모리 관리 기법을 고려하지 않고 프로그램을 작성한다. 그러나 페이징 기법으로 가상 기억장치 관리에서 프로그램의 구조는 페이지 부재율과 관계가 있다. 따라서 자신의 프로그램이 운영체제에 의해 어떻게 참조될 것인지를 고려하여 프로그램 구조를 결정할 경우보다 빠르게 실행시킬 수 있을 것이다. 예를 들어 다음과 같은 C 프로그램의 구조를 살펴보자.

```
/*** 프로그램-1 ***/
main() {
 int i, j;
 int buffer[256][256];
  for(j = 0; j < 256; j++)
        for(i = 0; i < 256; i++)
                buffer[i][j] = 0;
```

C 언어에서 2차원 배열은 행 우선(row major)이기 때문에 배열 buffer[256][256]은 그림 5.27과 같이 buffer[0][0], buffer[0][1], …, buffer[0][255], buffer[1][0], …, buffer[255][255] 순서로 저장된다.

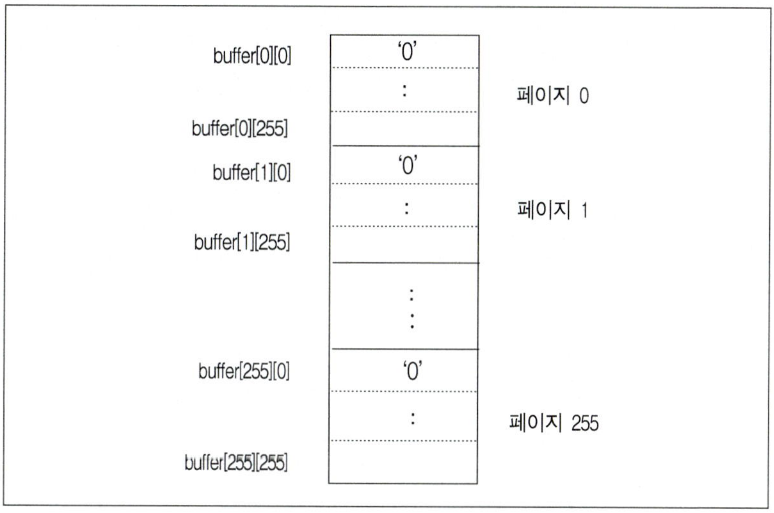

[그림 5.27] C 언어에서 2차원 배열의 저장 순서

그림 5.27에서 페이지 크기가 1KB일 경우, 0번 페이지부터 255번 페이지 순서로 256번 참조하게 된다. 그러나 프로그램 구조를 다음과 같이 재구성함으로써 효과적으로 처리할 수 있다.

```
/*** 프로그램-2 ***/
main() {
 int i, j;
 int buffer[256][256];
  for(i = 0; i < 256; i++)
        for(j = 0; j < 256; j++)
              buffer[i][j] = 0;
```

(3) 페이지 잠금

일반적으로 프로세스의 입출력 요구에 대한 서비스는 입출력 장치에서 처리되며 이를 요청한 프로세스는 대기 상태에서 기다리게 된다. 페이징 기법으로 가상 메모리 관리에서 프로세스의 입출력 요구가 발생하였을 경우 데이터를 저장하기 위한 프로세스의 주소 공간이 포함된 페이지 잠금(page lock)의 필요성이 있다.

예를 들어 어떤 프로세스가 입력 장치로부터의 입력을 요구하였을 경우 프로세스는 입력이 완료될 때까지 기다리게 된다. 입력 장치로부터 입력된 데이터는 이를 요청한 프로세스의 주소 공간으로 전달된다. 이때 입력 데이터를 저장해야 할 프로세스의 주소 공간이 포함된 페이지가 스왑-아웃 되면 곤란하게 된다.

이러한 어려움을 해결하기 위한 두 가지 방법이 있다. 첫 번째 방법은 프로세스의 입출력 요구에 의한 데이터 이동은 반드시 커널 영역을 통하여 이루어지도록 하는 것이다. 예를 들어 디스크로부터 데이터를 입력할 경우, 입력된 데이터를 커널 영역에 저장한 후 다시 프로세스의 주소 공간으로 이동시킨다. 따라서 입출력 데이터를 저장하기 위한 프로세스의 주소 공간이 포함된 페이지의 스왑-아웃이 가능하지만, 커널 영역과 프로세스의 주소 공간 사이의 데이터 이동에 의한 오버헤드가 있다.

또 다른 방법은 페이지의 잠금 비트를 이용하여 특정 페이지에 대한 스왑-아웃을 방지하는 것이다. 이를 위하여 모든 프레임마다 잠금 비트를 부여하고 잠금 비트가 설정된 페이지는 페이지 교체 대상에서 제외한다. 따라서 프로세스의 입출력 요구가 발생할 경우, 입출력 데이터를 저장하기 위한 프로세스의 주소 공간에 해당한 프레임의 잠금 비트를 설정함으로써 그 페이지가 입출력 작업이 완료되기 전에 스왑-아웃 되는 것을 방지할 수 있다.

연습문제

1. 컴퓨터 시스템에서 다양한 종류의 기억장치를 계층적으로 구성한다. 기억장치의 계층적 구조의 기본개념과 그 효율성에 대하여 설명하시오.

2. 메모리 관리 정책을 결정할 때 고려해야 할 사항들에 대하여 설명하시오.

3. 메모리 주소 공간의 연속 할당과 불연속 할당의 장단점에 대하여 설명하시오.

4. 내부 및 외부 단편화(fragmentation) 현상이 발생하는 근본적인 원인은 무엇인가? 이들을 해결하는 방법에 대하여 설명하시오.

5. 페이징(paging) 기법의 기본개념과 페이지 사상 테이블(PMT)을 효과적으로 관리하기 위하여 고려해야 할 사항에 대하여 설명하시오.

6. 역 페이지 테이블(inverted page table)의 기본개념과 이을 사용하는 이유에 대하여 설명하시오.

7. 다단계 페이징 기법의 기본개념과 논리 주소가 물리 주소로 변환되는 과정을 설명하시오.

8. 세그멘테이션(segmentation) 기법의 기본개념과 세그멘트 사상 테이블(SMT)을 효과적으로 관리하기 위하여 고려해야 할 사항에 대하여 설명하시오.

9. 페이징/세그멘테이션 혼용 기법의 기본개념과 논리 주소가 물리 주소로 변환되는 과정을 설명하시오.

10. 운영체제의 메모리 관리 정책은 하드웨어에 의존하게 된다. 인텔 프로세서에서 적용할 수 있는 메모리 관리 기법에 대하여 설명하시오.

11. 컴퓨터 시스템에서 가상 메모리를 사용하려는 근본적인 이유와 가상 메모리를 효과적으로 지원하기 위하여 고려해야 할 사항에 대하여 설명하시오.

12. 가상 메모리를 효과적으로 지원하기 위한 운영체제의 궁극적인 목표는 무엇이며, 이 목표를 달성하기 위한 페이지 교체 정책의 중요성에 대하여 설명하시오.

13. 요구 페이징(demand paging) 기법을 지원하는 운영체제에서 페이지 부재가 발생하였을 경우 이를 처리하는 과정을 설명하시오.

14. Belady의 이상 현상(Belady's anomaly)란 무엇인가? 이러한 현상이 발생하는 근본적인 원인은 무엇이며 이를 해결하는 방법에 대하여 설명하시오.

15. LRU(Least Recently Used)는 가장 많이 사용되는 페이지 교체 방법이

다. 이 기법의 기본개념과 이론적 근거에 대하여 설명하시오.

16. LRU 근사 방법으로 사용되고 있는 이차 기회(second chance) 교체 기법의 타당성을 FIFO(First-In First-Out)와 LRU 관점에서 설명하시오.

17. 페이지 프레임의 수가 3개이고 페이지 참조 순서가 다음과 같을 경우, 각 페이지 교체 기법에서의 페이지 부재율은 얼마인가?

페이지 참조 순서 : 2, 5, 4, 3, 4, 5, 3, 5, 1, 3, 4

(1) FIFO(First-In First-Out)
(2) OPT(Optimal)
(3) LRU(Least Recently Used)
(4) MFU(Most Frequently Used)

18. 스래싱(thrashing) 현상이란 무엇이며, 이러한 현상이 발생하는 원인과 방지책을 다음과 같은 관점에서 설명하시오.

(1) 지역(local) 교체와 전역(global) 교체
(2) 작업 집합(working set)
(3) 페이지 부재 빈도(page fault frequency)

19. 메모리 참조의 지역성(locality)이란 무엇이며, 이것이 가상 메모리 관리 정책에 미치는 영향에 대하여 설명하시오.

20. 페이징 기법에서 페이지 크기의 결정은 매우 중요하다. 페이지 크기가 페이징 기법에 미치는 영향에 대하여 설명하시오.

제6장 파일 시스템

파일은 운영체제에서 생성하고 관리하는 자원으로써 운영체제를 이해하는데 프로세스와 함께 매우 중요한 개념이다. 파일 시스템은 논리적 단위인 파일과 물리적 단위인 블록 사이의 인터페이스 기능을 제공한다. 이 장에서는 파일의 주소 공간 관리와 디스크 관리 기법들에 대하여 알아본다. 마지막으로 이러한 기법들의 이해를 돕기 위하여 리눅스 가상 파일 시스템에서 지원하는 FAT, Ext2 파일 시스템을 소개한다.

6.1 개 요

파일(file)은 사전적으로 "관련이 있는 문서들을 묶어 놓은 하나의 서류철이다"라는 의미가 있다. 이러한 사전적 의미가 있는 파일이 컴퓨터 시스템에서는 어떤 개념일까? 일반 사용자들은 컴퓨터 시스템에서 새로운 파일을 저장하고 저장된 파일 목록을 검색하는 등 파일과 관련된 작업을 가장 많이 수행한다. 이러한 작업을 지원하는 파일 시스템은 운영체제의 구성요소로써 일반 사용자가 가장 가깝게 접하게 되는 요소이다. 따라서 사용자의 편의성 제공을 추구하는 운영체제에서 파일 시스템 기능은 가장 중요하다.

컴퓨터 시스템에서 파일은 운영체제에서 생성하고 관리하는 중요한 자원이다. 파일은 보조 기억장치에 데이터를 저장하고 관리하는 논리적인 단위로써 사용자 혹은 프로그램에서 데이터를 영구적으로 보관하기 위하여 파일을 사용한다. 임의의 파일명을 부여하여 데이터를 저장한 후 파일명을 사용하여 접근한다. 그러나 파일은 저장 장치가 아니고 물리적으로 데이터는 디스크와 같은 보조 기억장치에 저장됨을 유의하자.

파일에는 파일명 외에 파일의 종류, 크기, 블록 번호, 작성 날짜 및 시간 등의 여러 가지 속성을 가지고 있다. 운영체제는 이러한 속성에 대한 정보를 저장하기 위한 자료구조를 유지 관리한다. 파일 시스템에서 제공하는 기능은 운영체제에 따라 다양하지만, 일반적으로 다음과 같은 기능이 요구된다.

- 파일생성(creation)과 삭제(deletion)
- 파일 열기(open)와 닫기(close)
- 파일 읽기(read)와 쓰기(write)
- 파일 공유(sharing)와 보호(protection)

파일 시스템은 사용자의 요청에 따라 디스크와 같은 보조 기억장치에 파일의 내용을 저장하고 저장된 파일의 내용을 다시 사용할 수 있도록 사용자와 보조 기억장치 사이의 인터페이스 기능을 제공한다. 이러한 기능을 제공하기 위하여 논리적 단위인 파일과 물리적 단위인 블록 사이의 매핑(mapping) 과정이 요구된다. 예를 들어 문서 혹은 프로그램을 작성한 후, 이를 보조 기억장치에 저장하기 위하여 파일명을 부여한다. 저장된 파일의 내용을 다시 사용하기 위하여 파일명에 해당하는 보조 기억장치의 블록 번호로 매핑되는 과정이 효율적으로 이루어져야 한다.

6.1.1 파일 접근

사용자 혹은 프로그램에서 논리적으로 파일의 데이터가 바이트 단위로 연속하여 저장되어 있다고 생각된다. 또한, 운영체제에서는 파일의 데이터를 블록 단위로 보조 기억장치에 연속하여 저장한다. 그러나 물리적으로 보조 기억장치에 반드시 연속하여 저장되는 것은 아니다. 파일의 데이터를 블록 단위로 보조 기억장치에 저장할 때, 블록을 할당하는 방법은 보조 기억 장치의 특성과 밀접한 관계가 있으며 파일 접근 방법은 이 보조 기억장치에 블록을 할당하는 방법에 의존하게 된다.

(1) 순차 접근

순차 접근(sequential access)은 파일을 구성하는 임의의 블록을 차례대로 접근하는 방식이다. 순차 접근에서는 파일의 블록이 논리적 순서와 같게 보조 기억장치에 연속적으로 배치되어야 한다. 이러한 구조의 파일은 단순하며 저장된 순서에 따라 연속적으로 접근하기 때문에 다음 블록을 접근 속도가 빠르다. 그러나 특정 블록 접근할 경우, 항상 파일의 첫 번째 블록부터 찾아야 하므로 매우 번거롭다. 또한, 파일의 블록을 연속적으로 할당해야 하므로 보조 기억장치의 외부 단편화 현상이 발생할 수 있으며 파일 내용을 추가 혹은 삭제할 경우 파일 전체 블록을 재배치해야 하는 어려움이 있다.

순차 접근은 자기 테이프와 같이 순차적인 저장 특성을 갖는 보조 기억장치에 적합하며 디스크와 같이 직접 접근이 가능한 보조 기억장치에도 적용할 수 있다.

(2) 직접 접근

직접 접근(direct access)은 파일을 구성하는 임의의 블록을 직접 접근하는 방식이다. 직접 접근에서는 파일을 구성하는 블록을 논리적 순서와 무관하게 보조 기억장치에 불연속적으로 배치할 수 있다. 이러한 구조의 파일은 블록이 불연속적으로 배치되기 때문에 다음 블록을 직접 접근할 수 있어야 한다. 따라서 디스크와 같이 직접 접근이 가능한 보조 기억장치에서만 적용할 수 있다.

직접 접근이 가능할 경우 파일의 블록을 불연속적으로 배치할 수 있으므로 보조 기억장치의 빈 공간을 효과적으로 이용할 수 있으며 파일의 내용을 추가 혹은 삭제할 경우, 파일 전체 블록을 재배치할 필요가 없다. 그러나 하나의 블록 접근한 후 다음 블록을 찾는데 오버헤드가 있다.

(3) 색인 접근

색인 접근(indexed access)은 파일을 구성하는 임의의 블록을 색인표를 통하여 순차 혹은 직접 접근하는 방식이다. 색인표에는 파일의 데이터가 저장된 보조 기억장치의 블록 주소를 가지고 있다. 파일을 구성하는 블록들은 연속 혹은 불연속적으로 할당할 수 있다. 연속적으로 할당된 구조의 파일은 색인 순차 접근이 가능하며 불연속으로 할당된 구조의 파일은 색인 직접 접근이 가능하다. 따라서 색인 접근은 자기 테이프와 같이 순차적인 저장 특성을 갖는 보조 기억장치와 디스크와 같이 직접 접근이 가능한 보조 기억장치에 적용할 수 있다.

6.1.2 디렉터리 구조

디렉터리(directory)는 일종의 파일이지만 일반 파일(ordinary file)과 구별된다. 일반 파일의 내용은 프로그램 혹은 데이터를 가지고 있지만, 디렉터리의 내용은 서브 디렉터리와 일반 파일의 이름과 속성에 대한 정보를 가지고 있다. 디렉터리 파일은 파일 시스템에서 파일 관리에 필요한 정보를 저장하기 위한 영역이고, 일반 파일은 사용자가 필요로 하는 데이터를 저장하기 위한 영역이다. 따라서 사용자가 일반 파일의 데이터 접근을 하기 위해서는 반드시 접근하려는 파일명이 저장된 디렉터리의 접근이 요구된다. 디렉터리의 구조에 따라 파일 시스템을 구성하는 형태가 다르고 여러 가지 형태로 구현할 수 있다.

(1) 1-단계 디렉터리

1-단계 디렉터리(single-level directory)는 파일 시스템 내부에 오직 하나의 디렉터리만을 유지하는 구조이다. 따라서 모든 일반 파일의 접근은 한 번의 디렉터리 참조로 이루어진다. 이러한 디렉터리 구조는 매우 간단하지만, 파일의 수가 증가할 경우, 모든 파일명을 다르게 부여해야 하는 불편함이 있다.

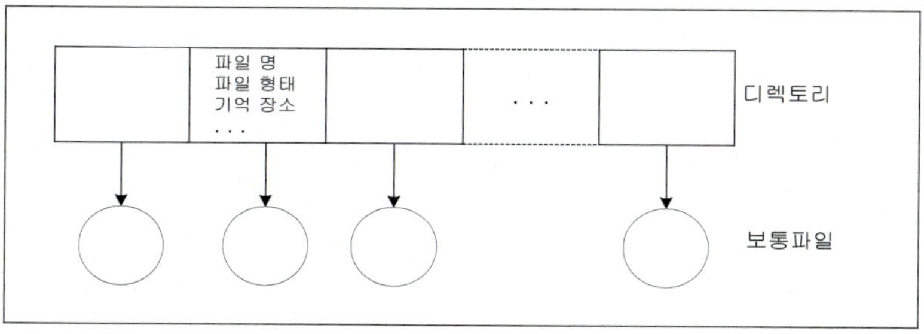

[그림 6.1] 1-단계 디렉터리

(2) 2-단계 디렉터리

2-단계 디렉터리(two-level directory) 구조는 1-단계 디렉터리 구조의 단점을 개선하기 위한 것으로써 마스터 디렉터리와 사용자 디렉터리를 유지한다. 마스터 디렉터리는 모든 사용자 디렉터리에 관한 정보를 가지고 있으며 사용자 디렉터리는 각 사용자의 파일에 관한 정보를 갖는다. 따라서 모든 일반 파일 접근하기 위해서 사용자 명과 파일명을 반드시 명시해야 하며 항상 두 번의 디렉터리 참조가 요구된다.

이러한 디렉터리 구조는 사용자마다 자신의 디렉터리를 유지하여야 하며 사용자가 다를 경우, 동일 파일명을 부여할 수 있지만 각 사용자 디렉터리 내에서의 파일명은 다르게 부여해야 한다.

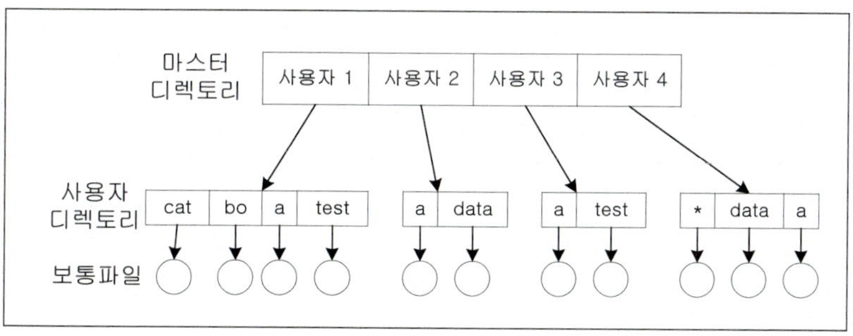

[그림 6.2] 2-단계 디렉터리

(3) 트리 구조 디렉터리

트리 구조 디렉터리(tree-structured directory)는 2-단계 디렉터리 구조를 일반화하여 디렉터리의 구성을 트리 형태로 확장한 것으로써 가장 많이 사용되고 있는 디렉터리 구조이다. 트리 구조의 디렉터리는 루트 디렉터리와 서브 디렉터리로 구성되며 모든 파일은 고유의 경로명을 갖게 된다.

경로명에는 절대 경로명과 상대 경로명이 있다. 절대 경로명은 루트 디렉터리로부터 특정 파일까지의 경로가 명시된 것이고 상대 경로명은 현재 디렉터리로부터 특정 파일까지의 경로가 명시된 것을 말한다. 상대 경로명을 효과적으로 지원하기 위하여 파일 시스템에서는 현재 디렉터리(.)와 부모 디렉터리(..) 디렉터리를 유지한다.

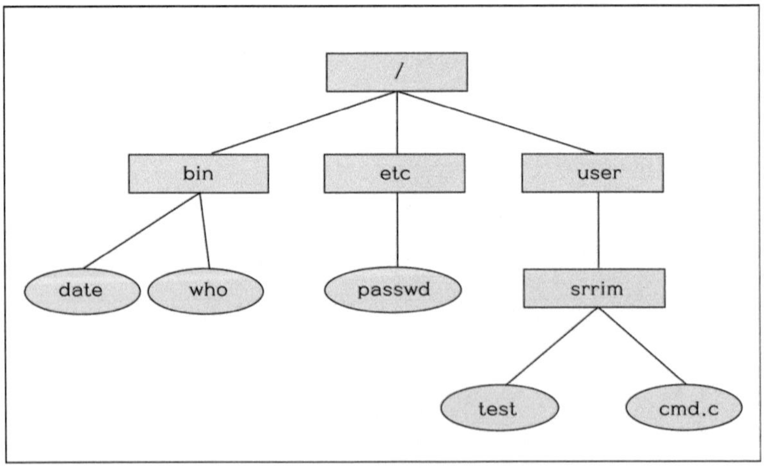

[그림 6.3] 트리 구조 디렉터리

(4) 그래프 구조 디렉터리

그래프 구조의 디렉터리(graph-structured directory)는 트리 구조의 디렉터리를 일반화하여 디렉터리의 구성을 그래프 형태로 확장한 것이다. 그래프 구조의 디렉터리는 루트 디렉터리와 서브 디렉터리로 구성되며 모든 서브 디렉터리와 파일의 공유가 허용된다. 따라서 동일 파일을 서로 다른 경로명으로 지정할 수 있다.

그래프 구조의 디렉터리에서 디렉터리 혹은 파일을 공유할 경우, 이들에 대한 경로명 지정이 간단하므로 파일에 대한 접근을 쉽게 할 수 있다. 그러나 서브 디렉터리 혹은 파일들이 순환(cycle) 구조로 연결되어있는 경우, 이들을 탐색하는 과정에서 무한 루프에 빠질 수가 있다. 따라서 그래프 구조의 디렉터리를 구성할 때 순환 구조를 허용하지 않는 비순환 그래프로 구성할 수도 있다.

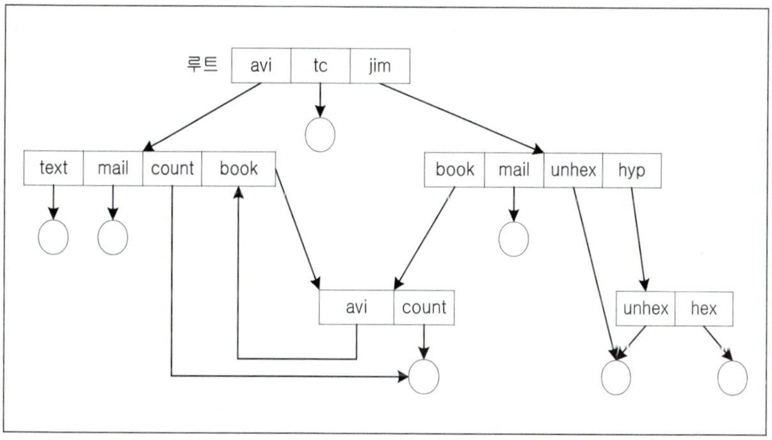

[그림 6.4] 그래프 구조 디렉터리

6.1.3 파일 보호

파일의 내용을 정상적으로 보관하기 위해서는 물리적인 손상과 불법적인 접근으로부터의 보호가 필요하다. 물리적인 손상으로부터의 보호는 일반적으로 파일의 내용을 복사해 둠으로써 복구할 파일의 내용을 정상적으로 보관하기 위해서는 물리적인 손상과 불법적인 접근으로부터의 보호가 필요하다. 물리적인 손상으로부터의 보호는 일반적으로 파일의 내용을 복사해 둠으로써 복구할 수 있도록 한다. 여기에서는 파일을 효율적으로 관리하기 위하여 공유할 경우, 불법적인 접근으로부터의 보호 방법에 대하여 알아본다.

(1) 파일명

사용자는 자신만이 알아볼 수 있는 파일명을 부여함으로써 다른 사용자의 불법적인 접근을 제한하는 가장 소극적인 방법이다. 이 방법은 다른 사용자 파일명을 알 수 없고 추측하기도 어렵다는 가정에 근거하고 있다. 그러나 일반적으로 사용자는 기억하기 쉽고 파일 내용과 유사한 파일명을 부여하기 때문에 다른 사용자에게 불법적으로 접근되기가 간단하다.

(2) 암호화

사용자는 각각의 파일에 대하여 자신만이 알아볼 수 있는 암호를 부여함으로써 다른 사용자의 불법적인 접근을 제한하는 방법이다. 따라서 암호를 아는 사용자들에게 접근할 수 있도록 허용하여 공유한다. 이 방법은 지원하기 위해서는 사용자가 부여한 암호를 암호화(encryption)하여 저장하고, 저장된 암호를 해독(decryption)할 수 있는 알고리즘이 필요하다.

(3) 접근 제어 행렬

각 파일에 대한 사용자의 접근 권한을 접근 제어 행렬(access control matrix)로 부여함으로써 불법적인 접근을 제어하는 방법이다. 따라서 파일에 대한 접근이 허용된 사용자는 파일 공유가 가능하며 접근 권한에 대한 제어가 가능하다. 예를 들어 그림 6.5에서 파일-1에 대하여 사용자-1은 읽기 및 쓰기 권한이 있으며 사용자-2와 사용자-3은 오직 읽기 권한만 허용된다.

이 방법은 지원하기 위해서는 모든 파일과 사용자에 대한 접근 관계를 유지하기 위한 행렬(matrix)이 필요하며 임의의 파일에 대한 사용자의 접근 권한 여부를 검색하는 데 많은 시간이 요구된다. 따라서 리눅스와 같은 운영체제에서는 사용자를 소유자(owner), 소유자가 속한 그룹(group), 그리고 기타(others)로 구분하고 접근 권한은 읽기, 쓰기, 실행으로 제한하여 보호하고 있다.

	사용자-1	사용자-2	사용자-3
파일-1	R,W	R	R
파일-2	R,X	R,W,X	R,X
파일-3	R	R	R,W

[그림 6.5] 접근 제어 행렬

6.2 파일 공간 관리

파일의 내용을 저장하기 위해서는 보조 기억장치의 빈 공간을 파악하고 빈 공간을 할당하는 기법이 필요하다. 여기에서는 디스크와 같은 보조 기억장치의 빈 공간을 관리하는 기법과 빈 공간의 할당 기법에 대하여 알아본다.

6.2.1 빈 공간 관리

파일 시스템은 새로운 파일을 생성하기 위하여 보조 기억장치의 빈 공간의 크기와 주소를 관리하여야 한다. 이러한 빈 공간을 관리하는 기법에는 보조 기억장치의 용량에 따라 다르지만, 일반적으로 다음과 같은 것들이 있다.

(1) 비트 맵

비트 맵(bit map) 기법은 모든 블록에 해당하는 비트 맵(bit map) 혹은 비트 벡터(bit vector)를 유지하고 각 블록의 사용 여부를 비트 단위로 표시한다. 만약 보조 기억장치의 해당 블록이 사용 중이면 '1', 아니면 '0'으로 표시한다. 예를 들어 20개의 블록으로 구성된 디스크에서 블록 번호 〈 0, 1, 2, 10, 11, 15, 16, 17 〉이 사용 중이고 나머지는 비어있으면, 비트 맵의 내용은 111000000011000111000이 될 것이다.

파일 시스템은 보조 기억장치 빈 공간을 신속하게 파악하기 위하여 비트 맵의 내용을 메모리에 적재하여 사용한다. 따라서 이 기법은 구현이 쉽고, 순차 파일과 같이 여러 개의 연속적인 빈 공간을 요구할 경우, 매우 효과적이다. 그러나 용량이 큰 보조 기억장치의 빈 공간 관리에는 부적합하므로 주로 용량이 작은 보조 기억장치의 빈 공간 관리에 사용되고 있다.

(2) 연결 리스트

연결 리스트(linked list) 기법은 보조 기억장치 빈 공간을 연결 리스트 구조로 관리하는 기법이다. 모든 빈 공간은 그림 6.6과 같이 연결 리스트 구조로 연결되기 위한 포인터(pointer)를 가지고 있다.

파일 시스템은 보조 기억장치 빈 공간을 신속하게 파악하기 위하여 첫 번째 빈 공간과 마지막 빈 공간을 가리키는 포인터를 메모리에 유지한다. 이 기법은 보조 기억장치의 용량과 상관없이 적용할 수 있다. 그러나 다음 빈 공간을 탐색하거나 새로운 빈 공간이 추가될 경우, 보조 기억장치 접근해야 하는 오버헤드가 있다. 이러한 오버헤드를 개선하기 위한 계수(counting)와 그룹핑(grouping) 기법이 있다.

계수 기법은 보조 기억장치의 빈 공간이 연속적으로 존재할 경우, 첫 번째 빈 공간의 주소와 연속된 빈 공간의 계수(count)를 지정함으로써 다음 빈 공간의 탐색 시간을 최소화하는 것이다. 그러나 불연속적으로 존재하는 빈 공간은 포인터로 연결한다. 반면 그룹핑 기법은 첫 번째 빈 공간에 빈 공간들의 주소를 지정함으로써 다수의 빈 공간을 한 번에 탐색할 수 있도록 한다. 빈 공간의 수가 너무 많아 첫 번째 빈 공간이 부족할 경우 또 다른 빈 공간을 포인터로 연결하여 나머지 빈 공간의 주소가 지정하는 연결 리스트 구조이다.

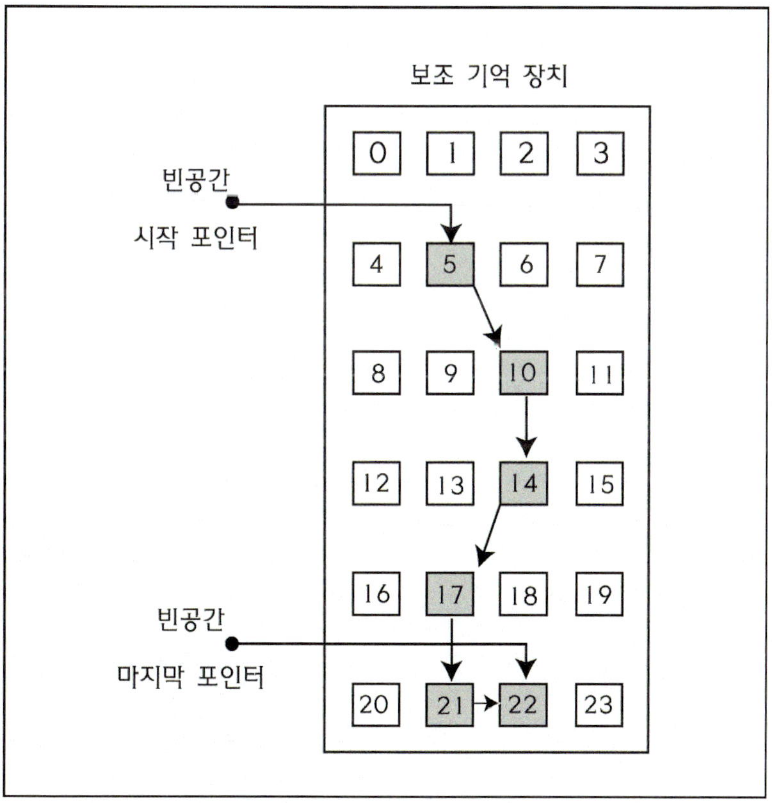

[그림 6.6] 연결 리스트를 이용한 빈 공간 관리

6.2.2 빈 공간 할당

파일 시스템은 새로운 파일을 생성하기 위하여 보조 기억장치의 빈 공간의 크기와 주소를 확인한 후 빈 공간을 할당하여야 한다. 임의의 파일 내용을 저장하기 위한 보조 기억장치의 빈 공간 할당 기법은 가변 분할 다중 프로그래밍에서 메모리 할당 기법과 유사하다. 보조 기억장치의 빈 공간 할당 기법은 보조 기억장치의 특성과 파일의 접근 방식에 따라 다르지만, 일반적으로 연속 할당과 불연속 할당이 있다.

(1) 연속 할당

연속 할당은 파일을 구성하는 레코드들을 보조 기억장치의 인접된 빈 공간에 연속적으로 할당하는 기법이다.

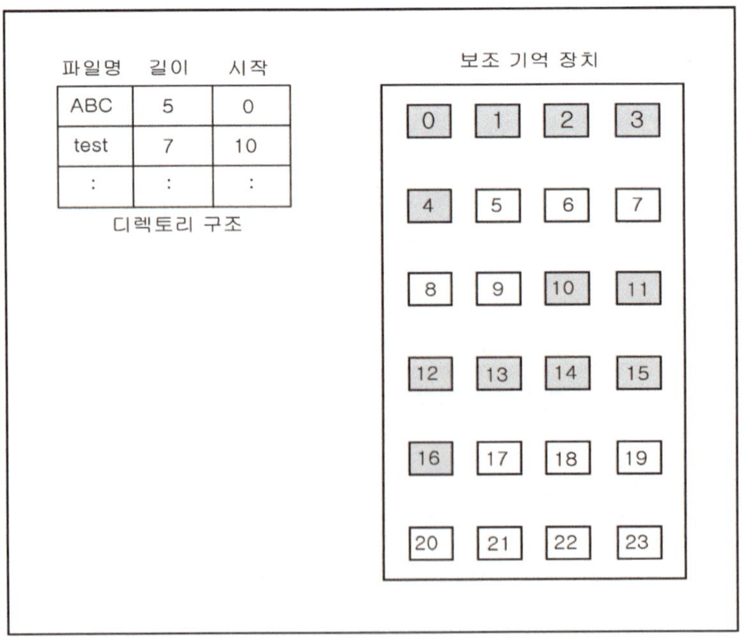

[그림 6.7] 연속 할당

보조 기억장치의 빈 공간을 연속적으로 할당할 경우, 파일 시스템은 각 파일에 대한 보조 기억장치의 시작 주소와 길이에 대한 정보를 디렉터리에 유지함으로써 파일의 내용을 쉽게 접근할 수 있도록 한다. 따라서 파일을 구성하는 블록들을 보조 기억장치에 불연속적으로 할당하는 기법보다 훨씬 빠르게 접근할 수 있다.

보조 기억장치의 빈 공간을 연속적으로 할당할 경우, 시간이 지남에 따라 파일생성과 삭제 작업이 반복되면서 보조 기억장치의 외부 단편화 현상이 발생하게 된다. 이를 해결하기 위해서는 5.3에서 설명한 것처럼 주기적으로 보조 기억장치의 빈 공간을 합병 혹은 집약시켜야 하는 오버헤드가 있다.

(2) 불연속 할당

불연속 할당은 연속 할당에 의한 단편화 현상을 근본적으로 해결하기 위하여 파일을 구성하는 블록들을 보조 기억장치의 임의의 빈 공간에 불연속적으로 할당하는 기법으로써 연결 리스트(linked list)와 색인 블록(indexed block)을 이용한 방법이 있다.

① 연결 리스트

연결 리스트를 이용한 불연속 할당 기법은 파일을 구성하는 블록들을 보조 기억장치의 임의의 빈 공간에 불연속적으로 할당하고 각각의 블록은 다음 블록을 연결하기 위한 포인터를 유지한다. 따라서 하나의 파일을 구성하는 블록들이 보조 기억장치에 저장된 형태는 포인터에 의한 연결 리스트 구조이다.

그림 6.8과 같이 보조 기억장치의 빈 공간을 연결 리스트를 이용하여 불연속적으로 할당할 경우, 파일 시스템은 파일의 내용 접근을 위하여 각 파일에 대한 보조 기억장치의 시작과 끝 주소에 대한 정보만을 디렉터리에 유지하면 된다.

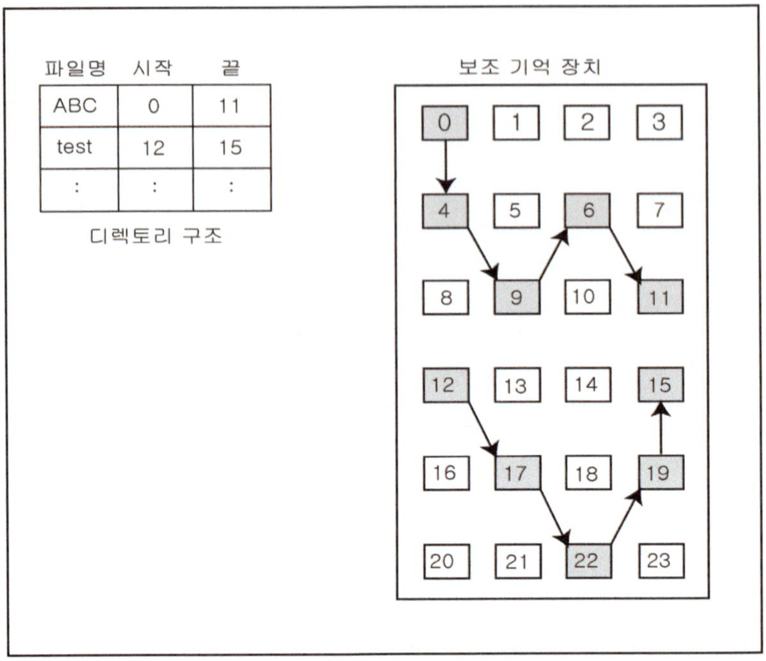

[그림 6.8] 연결 리스트를 이용한 불연속 할당

따라서 디렉터리 구조가 간단하며 파일 수정에 의한 블록의 추가는 물론 삽입 및 삭제 작업이 간단하다. 그러나 모든 블록이 포인터에 의해 보조 기억장치에 불연속적으로 연결되어있으므로 임의의 블록 접근을 위해서는 첫 번째 블록이 저장된 시작 주소에서부터 찾아가야 한다. 따라서 파일 접근을 위한 탐색 시간이 많이 소요된다. 또한, 모든 블록은 다음 블록이 저장된 주소를 지정하기 위한 포인터를 유지해야 하므로 실제 사용자가 필요로 하는 데이터를 저장할 수 있는 공간이 그만큼 줄어드는 단점이 있다.

② 색인 블록

색인 블록을 이용한 불연속 할당 기법은 파일을 구성하는 블록들을 보조 기억장치의 임의의 빈 공간에 불연속적으로 할당하고 각각의 파일은 색인 블록을 유지한다. 색인 블록은 그 파일을 구성하는 모든 블록이 저장된 보조 기억장치의 주소를 가리키는 포인터를 가지고 있다. 하나의 색인 블록이 부족한 경우에는 임의의 빈 공간을 할당하여 또 다른 색인 블록으로 지정하고 색인 블록끼리는 포인터로 연결한다. 따라서 파일을 구성하는 블록들은 색인 구조이고 색인 블록들은 연결 리스트 구조이다.

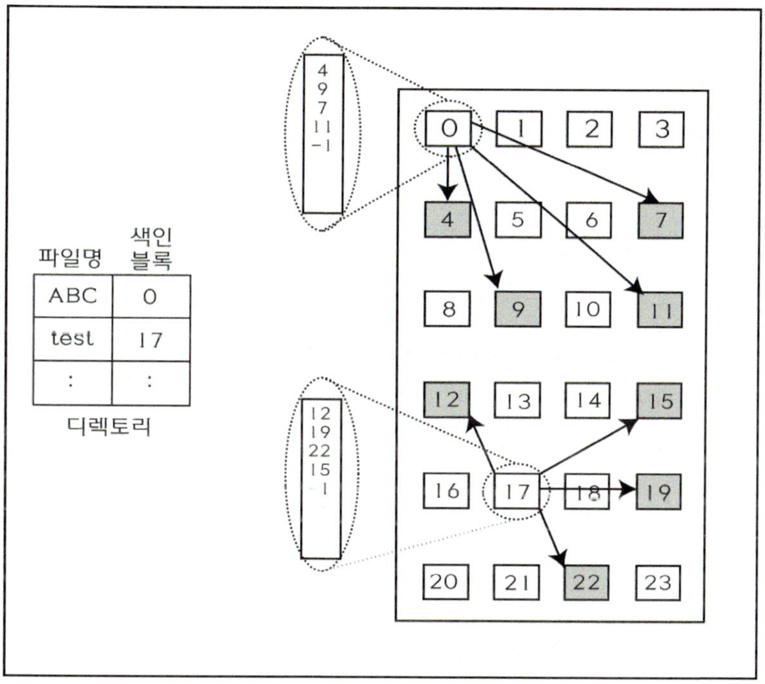

[그림 6.9] 색인 블록을 이용한 불연속 할당

그림 6.9와 같이 보조 기억장치의 빈 공간을 색인 블록을 이용하여 불연속적으로 할당할 경우, 파일 시스템은 파일의 내용 접근을 위하여 각 파일에 대한 색인 블록의 시작 주소에 대한 정보만을 디렉터리에 유지하면 된다. 따라서 디렉터리 구조가 간단하며 임의의 블록 접근을 위하여 보조 기억장치의 주소를 빠르게 탐색할 수 있다.

그러나 모든 파일마다 색인 블록을 유지해야 하므로 실제 사용자가 필요로 하는 데이터를 저장할 수 있는 공간이 그만큼 줄어들고 파일 수정에 의한 블록의 삽입 및 삭제 시 색인 블록을 수정해야 하는 번거로움이 있다. 특히 파일의 크기가 클 경우, 여러 개의 색인 블록이 필요하며 색인 블록들끼리는 포인터로 연결되어있음으로 연결 리스트 구조에 의한 단점이 존재한다.

6.3 디스크 관리

운영체제를 포함하여 대부분 파일은 디스크 상의 블록 단위로 저장된다. 또한, 하나의 파일은 여러 개의 블록으로 구성되기 때문에 하나의 파일을 참조하기 위해서는 파일을 구성하는 모든 블록 접근하여야 한다. 따라서 디스크 접근 속도는 물리적으로 제한되어 있지만 이를 운영하는 방법에 따라 시스템의 성능이 달라진다. 이 절에서는 시스템의 성능 향상을 위한 운영체제의 디스크 관리 기법에 대하여 알아보도록 한다.

6.3.1 디스크 구조 및 접근 시간

디스크는 여러 개의 원판(platter)과 헤드(head)로 구성되며 데이터는 헤드에 의해 원판의 표면에 저장된다. 하나의 원판은 그림 6.10과 같이 동심원을 그리는 여러 개의 트랙(track)으로 나누어지고 트랙은 또다시 여러 개의 섹터(sector)로 나눠어 사용된다. 여기서 유의할 점은 트랙 길이는 다르지만, 트랙당 섹터의 수는 일정하다는 것이다.

트랙 및 섹터의 수는 디스크의 특성에 의해 물리적으로 결정되지만, 일반적으로 하나의 디스크 원판에는 500~2,000개의 트랙이 있으며 하나의 트랙에는 10~100개의 섹터가 있다. 또한, 디스크의 데이터 저장은 섹터 단위로 이루어지며 섹터의 크기는 32B~4KB까지 다양하지만, 일반적으로 512B를 사용한다.

섹터는 디스크 입출력 장치의 물리적인 단위이고 블록(block) 혹은 클러스터(cluster)는 운영체제의 논리적인 단위이다. 블록의 크기는 운영체제에 따라 다르며 섹터와 1:1일 수도 있지만 보통 여러 개의 섹터로 구성된다.

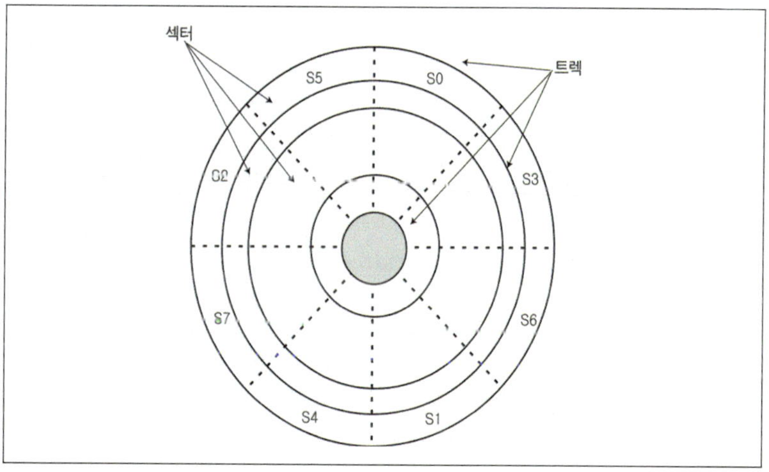

[그림 6.10] 디스크 트랙과 섹터

그림 6.10에서 섹터의 번호가 불연속적으로 할당되어 있음을 유의하자. 연속적으로 할당된 일련의 섹터로부터 데이터를 읽을 경우, 이미 읽은 데이터를 전송하는데 약간의 시간이 소요되기 때문이다. 따라서 한 섹터의 데이터를 전송하는 데 걸리는 시간만큼의 간격을 두고 다음 섹터 번호를 할당하는 것이 유리하다. 이러한 기법을 디스크 인터리빙(disk interleaving)이라고 하며 그 간격의 정도를 인터리빙 계수(interleaving factor)라고 부른다.

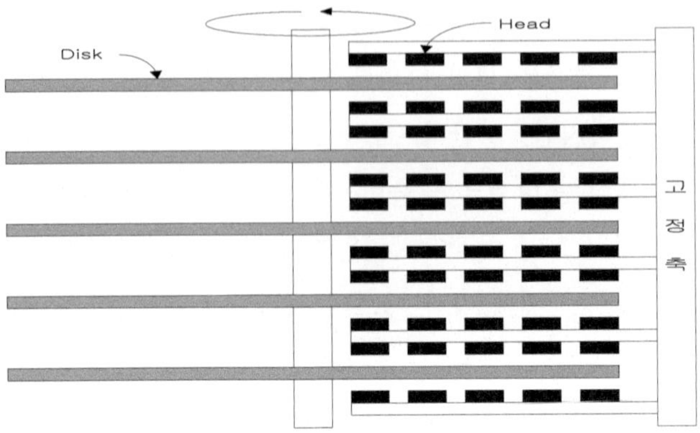

(a) 고정 헤드(fixed head) 디스크

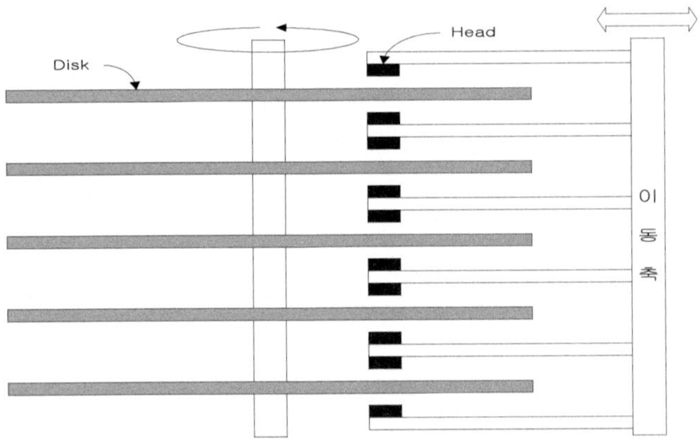

(b) 이동 헤드(moving head) 디스크

[그림 6.11] 디스크 헤드 유형

디스크 헤드에는 고정 헤드와 이동 헤드가 있다. 고정 헤드 디스크는 그림 6.11(a)과 같이 디스크 헤드가 트랙마다 하나씩 고정되어 있으며 이동 헤드 디스크는 그림 6.11(b)과 같이 디스크의 회전축은 고정되어 있고 디스크 헤드가 안팎으로 이동하는 방식이다. 그림 6.11(a)과 같이 고정 헤드 디스크는 트랙과 트랙 사이의 이동이 필요 없으므로 이동 헤드 디스크 보다 원하는 섹터를 빠르게 접근할 수 있다. 고정 헤드는 여러 개의 원판으로 구성된 디스크에 적합하다.

이러한 디스크 헤드의 유형은 운영체제의 디스크 관리 기법은 직접적인 영향을 미치게 된다. 디스크로부터 데이터 접근하는 데 걸리는 시간은 디스크 유형에 따라 약간의 차이가 있지만, 일반적으로 다음과 같은 3가지 요소로 구성된다.

접근 시간(access time) = 탐색 시간(seek time)
+ 회전 지연 시간(latency time)
+ 전송 시간(transmission time)

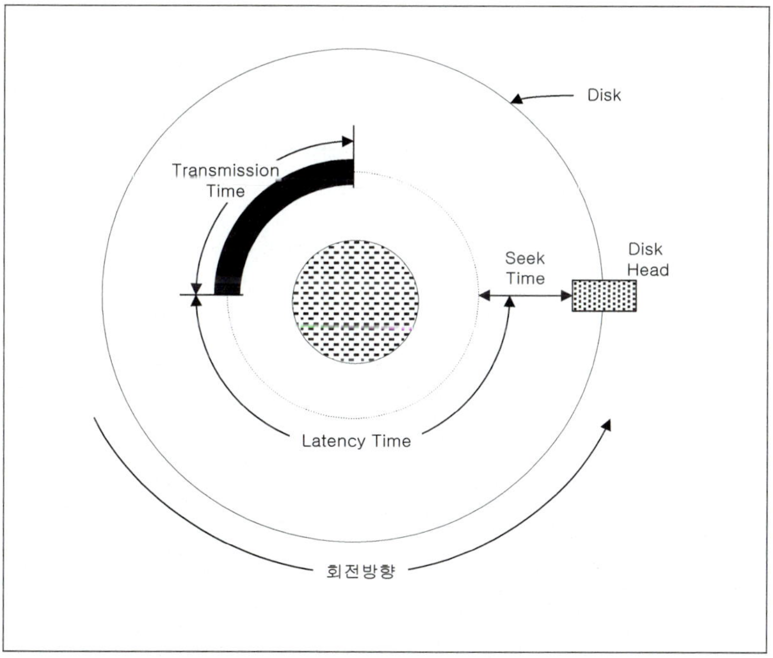

[그림 6.12] 디스크 접근 시간

그림 6.12에서 탐색 시간(seek time)은 접근하려는 섹터가 위치하는 트랙을 탐색하여 디스크의 헤드가 이동하는 데 걸리는 시간으로써 고정 헤드 디스크 유형에서는 필요 없다. 회전 지연 시간(latency time)은 접근하려는 섹터가 디스크의 헤드 아래로 회전하

는 데 걸리는 시간이다. 전송 시간(transmission time)은 디스크의 헤드에 의해서 실제 데이터를 전송하는 데 걸리는 시간이다.

이러한 요소 중에서 운영체제의 디스크 스케줄링을 통하여 단축할 수 있는 접근 시간은 탐색 시간과 회전 지연 시간이다. 탐색 시간은 회전 지연 시간보다 보통 10배 이상 더 걸린다. 디스크의 회전 속도(보통 5,000rpm)가 매우 빠르므로 회전 지연 시간은 상대적으로 적게 걸린다. 따라서 대부분의 디스크 스케줄링은 회전 지연 시간보다 탐색 시간을 단축하기 위한 기법이며 이동 헤드 디스크 유형에 적용된다.

6.3.2 디스크 스케줄링 정책

다중 프로그래밍 환경에서 디스크 입출력에 대한 프로세스들의 요청은 디스크 큐에서 기다리게 된다. 디스크 스케줄링은 "디스크 큐에 존재하는 요청 중에서 어떤 요청을 우선으로 선택할 것인가에 대한 정책"으로써 디스크 유형에 따라 다르게 적용된다. 이러한 정책은 프로세스 스케줄링과 유사하며 다음과 같은 기법들이 있다.

(1) 선입 선 처리(FCFS)

선입 선 처리(FCFS: First-Come First-Served) 스케줄링은 가장 간단한 기법으로써 디스크 큐에 도착한 순서대로 처리한다. 예를 들어 그림 6.13과 같이 5개의 트랙으로 구성된 디스크에서 현재 헤드는 트랙 번호 〈 2 〉에 위치한다고 가정하자. 디스크 요청이 트랙 번호 〈0, 4, 1, 3〉에 존재하는 섹터 순서로 발생하여 디스크 큐에서 대기할 경우, 디스크 큐 도착한 순서대로 처리된다.

이 기법은 구현하기가 쉽고 매우 공평하다고 볼 수 있다. 그러나 탐색 시간의 최소화를 고려하지 않기 때문에 비효율적이다. 따라서 디스크 요청이 적은 경우, 적합하지만 요청이 많아지면 탐색 시간이 길어지는 경향이 있다.

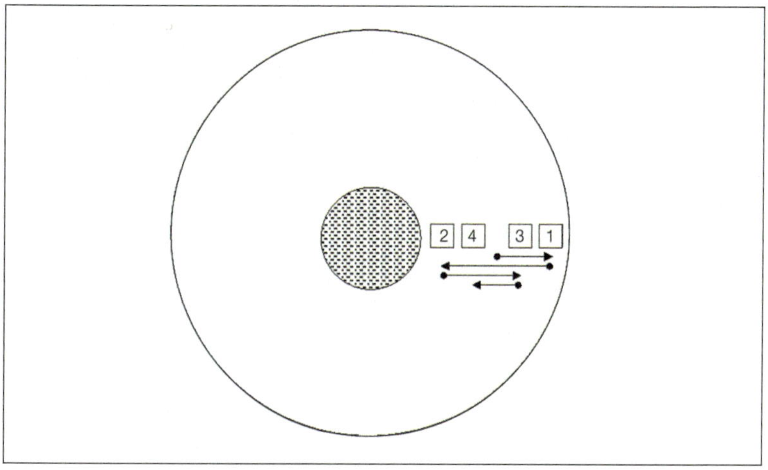

[그림 6.13] 선입 선 처리(FCFS)

(2) 최소 탐색 우선(SSTF)

최소 탐색 우선(SSTF: Shortest Seek Time First)은 탐색 시간을 최소화하기 위하여 현재 헤드의 위치에서 가장 가까운 트랙에 해당하는 요청을 우선으로 처리하는 기법이다. 예를 들어 그림 6.14와 같이 5개의 트랙으로 구성된 디스크에서 현재 헤드는 트랙 번호 〈2〉에 위치한다고 가정하자. 디스크 요청이 트랙 번호 〈 0, 4, 1, 3 〉에 존재하는 섹터 순서로 발생하여 디스크 큐에서 대기할 경우, 디스크 큐에 도착한 순서에 상관없이 현재 헤드 위치에서 가장 가까운 트랙 번호 〈2〉에 존재하는 섹터를 우선으로 처리한다.

이 기법은 FCFS 보다 탐색 시간을 단축할 수 있지만, 현재 헤드 위치에서 가장 가까운 트랙의 섹터를 검색하는데 소요되는 오버헤드가 있다. 또한, 현재 헤드 위치로부터 멀리 떨어진 섹터는 기아(starvation) 현상이 발생할 수 있는 단점이 있다.

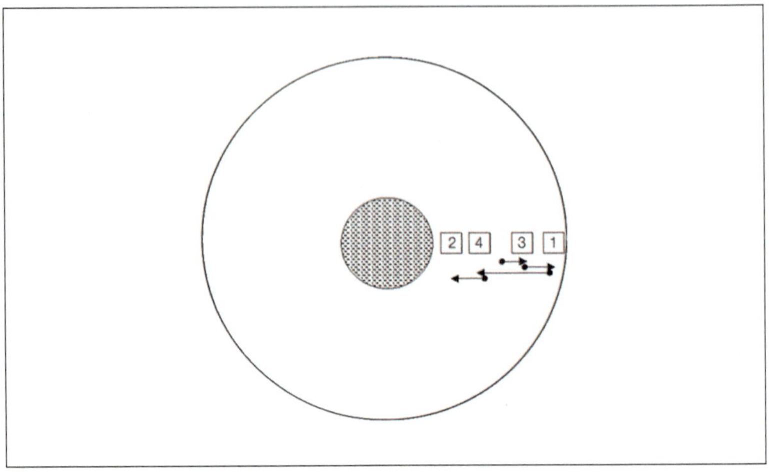

[그림 6.14] 최소 탐색 우선(SSTF)

(3) SCAN 및 C-SCAN

SCAN은 디스크 헤드가 단순히 안쪽과 바깥쪽을 왕복하면서 디스크 큐에서 기다리고 있는 섹터를 처리하는 기법으로써 일명 엘리베이터(elevator) 방식이라고도 부른다. 다시 말해서 디스크 헤드가 양쪽으로 이동하면서 요청한 트랙에 해당한 섹터를 처리한다. 예를 들어 그림 6.15와 같이 5개의 트랙으로 구성된 디스크에서 현재 헤드는 트랙 번호 〈0〉에서 안쪽으로 이동한다고 가정하자. 대기 큐에 트랙 번호 〈 0, 4, 2 〉에 존재하는 섹터 순서로 대기할 경우, 디스크 큐에 도착한 순서에 상관없이 헤드가 안쪽으로 이동하면서 트랙 번호 〈 0, 2, 4 〉 트랙의 섹터를 우선으로 처리한다. 반면 헤드가 이동한 후에 발생한 트랙 번호〈 1, 3 〉의 요청은 헤드가 바깥쪽으로 이동할 때 처리된다.

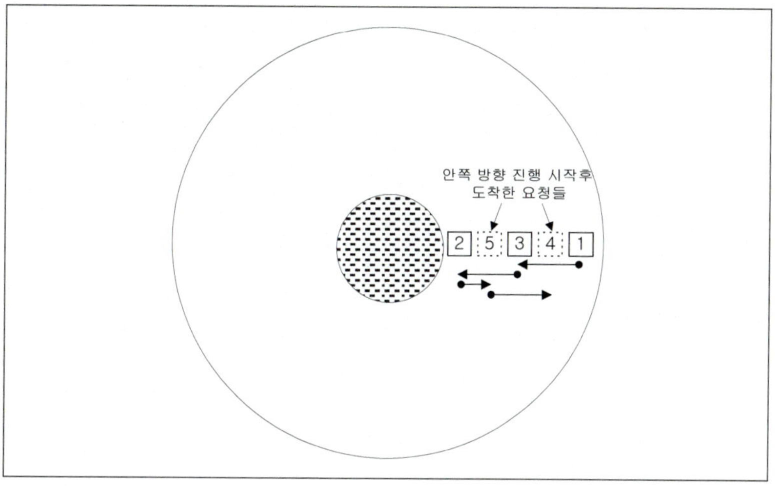

[그림 6.15] SCAN

SCAN은 SSTF 보다 간단하면서 탐색 시간을 단축할 수 있다. 그러나 디스크 헤드가 양쪽으로 이동하면서 처리하기 때문에 양쪽 끝의 트랙의 섹터는 가운데 트랙의 섹터에 비해 상대적으로 대기시간이 길다. 대기시간의 균등을 위하여 디스크 헤드를 항상 한쪽으로 진행하면서 처리하도록 하는 C-SCAN(Circular-SCAN) 기법이 있다.

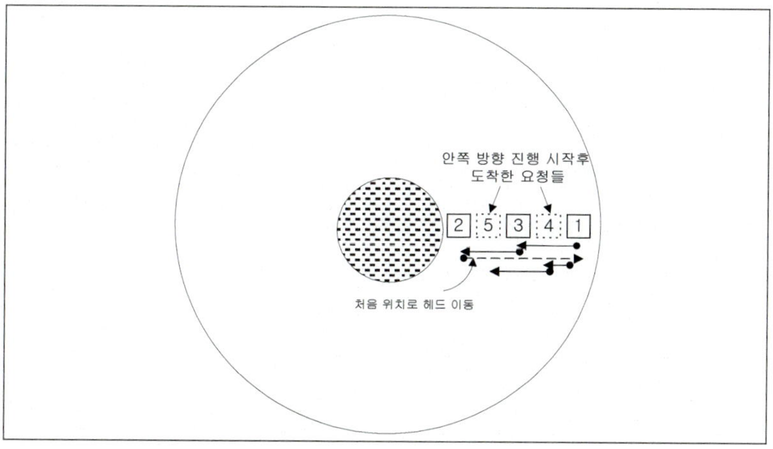

[그림 6.16] C-SCAN

C-SCAN 기법은 그림 6.16과 같이 디스크 헤드가 한쪽으로 진행하면서 처리한다. 그러나 한쪽 끝에 도달하게 되면 반대 방향으로 진행하면서 처리하는 것이 아니라 일단 헤드를 처음 위치로 이동한 후 다시 처리하기 시작한다. 이러한 방식의 SCAN 기법은 양쪽 끝이 연결된 것과 같으므로 C-SCAN이라고 한다.

(4) LOOK 및 C-LOOK

LOOK은 SCAN과 마찬가지로 디스크 헤드가 디스크의 안쪽과 바깥쪽을 왕복하면서 디스크 큐에서 기다리고 있는 섹터를 처리한다. 그러나 SCAN과 차이점은 현재 진행 방향에서 더 처리할 섹터가 없으면 진행 방향을 바꾼다. 이같이 요청된 섹터들을 바라보면서 진행하기 때문에 'LOOK' 기법이라고 부른다. 또한 C-LOOK(C-ircular-LOOK)은 C-SCAN과 마찬가지로 디스크 헤드가 한쪽으로 진행하면서 처리한다. 그러나 C-SCAN과 차이점은 현재 진행 방향에서 더 처리할 섹터가 없으면 더 진행하지 않는다.

이러한 기법은 불필요한 헤드의 이동시간을 제거할 수 있지만, 진행 여부를 결정하기 위하여 디스크 큐의 요청된 모든 섹터를 검사해야 하는 오버헤드가 있다.

(5) 최소 지연 우선(SLTF)

지금까지 탐색 시간을 단축하기 위한 디스크 스케줄링 기법들에 대하여 살펴보았다. 따라서 이러한 기법들은 탐색 시간이 필요 없는 고정 헤드 유형의 디스크에서는 적용할 수 없다. 최소 지연 우선(SLTF: Shortest Latency Time First)은 주로 드럼(drum)과 같이 헤드가 고정된 경우, 회전 지연 시간(latency time)을 단축하기 위한 기법이다.

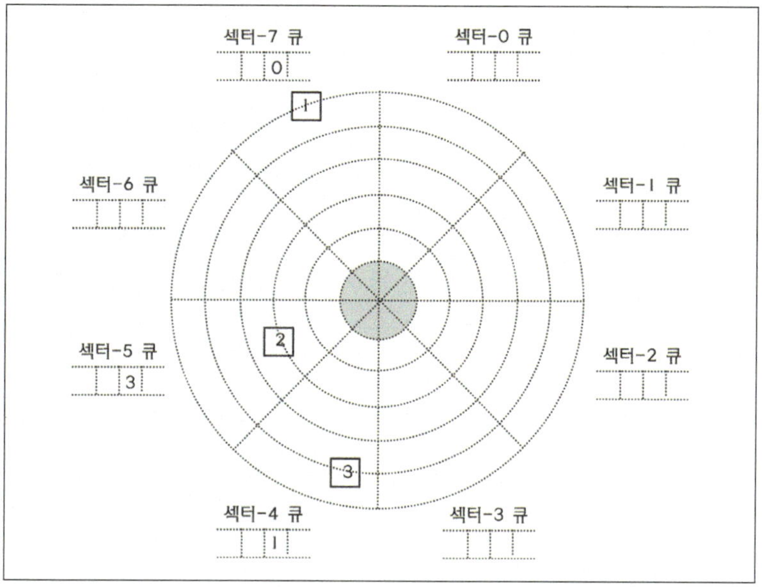

[그림 6.17] 최소 지연 우선(SLTF)

이 기법을 적용할 경우, 일반적으로 하나의 트랙을 일정한 수의 섹터로 구성된 섹터 단위로 나누어 관리한다. 따라서 디스크의 주소는 트랙과 섹터 번호로 구성된다. 또한, 모든 섹터마다 대기 큐를 유지하여 임의의 섹터에 대한 요청이 발생하면 해당 섹터 큐에서 대기하도록 한다.

예를 들어 현재 섹터 번호 2에 있는 섹터를 처리하였을 때 그림 6.17과 같이 섹터 번호 〈 7, 5, 4 〉 순서로 섹터 요청이 발생하면 각각의 요청은 해당 섹터 큐에서 기다리게 된다. 이 경우 해당 섹터가 헤드 아래로 회전하여 돌아오는 순서에 따라 섹터 번호 〈 4, 5, 7 〉 순서로 처리된다. 이같이 섹터마다 큐를 유지하기 때문에 SLTF 기법을 "섹터 큐잉(sector queuing)"이라고도 부른다.

6.3.3 디스크 캐시

디스크에 대한 접근 속도는 시스템 성능에 많은 영향을 미치기 때문에 운영체제에서는 이를 향상하기 위하여 디스크 캐시(disk cache)를 사용한다. 디스크 캐시는 디스크에 대한 접근 속도를 향상하기 위하여 메인 메모리와 디스크 사이에 위치하는 메인 메모리 일부분으로써 디스크 블록들을 저장해 놓은 버퍼 캐시(buffer cache)를 말한다.

예를 들어 일반적으로 라이브러리 함수 fread()를 이용하여 파일 데이터 읽기를 시도한다. 이 경우, 라이브러리에 존재하는 버퍼에서 해당 데이터 블록의 존재 여부를 검색한다. 만약 해당 블록이 존재하면 라이브러리 버퍼에서 프로세스 주소 공간으로 직접 복사하고, 없으면 시스템 호출 함수 read()를 통해 운영체제에 요청한다. 프로세스로부터 디스크의 특정 블록에 대한 입력 요청이 발생하였을 경우 운영체제는 해당 블록의 존재 여부를 디스크 캐시에서 먼저 검색한다. 만약 존재할 경우, 디스크 캐시의 내용을 프로세스의 주소 공간으로 직접 복사함으로써 디스크 접근 속도가 향상될 것이다. 그러나 만약 요청한 블록이 디스크 캐시에 존재하지 않을 경우, 해당 블록을 디스크로부터 디스크 캐시로 복사한 후 디스크 캐시의 내용을 프로세스의 주소 공간으로 복사하여야 한다.

따라서 디스크 캐시를 통한 디스크 접근 속도를 향상하기 위하여 운영체제에서는 가능한 한 디스크 캐시의 성공률(hit ratio)을 극대화하는 것이 중요하다. 디스크 캐시의 성공률을 향상하는 방법은 4장에서 설명한 요구 혹은 예상 페이징 기법에서 페이지 부재율을 최소화하기 위한 전략과 유사하다. 제한된 디스크 캐시에 대한 교체 알고리즘의 선택에 많은 영향을 받게 된다.

6.4 리눅스 파일 시스템

지금까지 살펴본 파일 개념과 파일 공간 관리 기법에 대한 이해를 돕기 위하여 리눅스의 가상 파일 시스템과 FAT, Ext2 파일 시스템을 소개한다. 각 파일 시스템에서 파일명에 해당하는 데이터가 저장된 디스크의 블록 번호를 검색하는 과정을 중심으로 알아본다.

6.4.1 가상 파일 시스템

가상 파일 시스템(VFS: Virtual File System)의 기본개념은 사용자가 다양한 파일 시스템을 일관된 형태로 접근할 수 있도록 하는 것이다. 일반적으로 운영체제는 자신의 파일 시스템만을 지원하고 있지만, 리눅스에서는 그림 6.18과 같이 가상 파일 시스템 개념을 도입하여 여러 종류의 파일 시스템을 지원하고 있다.

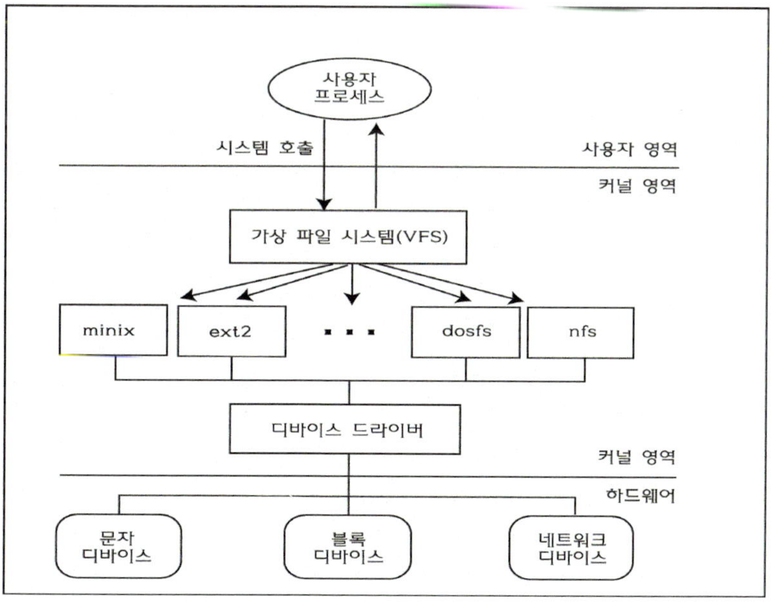

[그림 6.18] 가상 파일 시스템

리눅스에서는 그림 6.18과 같이 VFS를 통하여 다양한 운영체제(예: minix, ext2, dosfs, nfs 등)에서 사용하는 파일 시스템을 지원한다. 그림 6.18에서 VFS는 특정 파일 시스템들의 상위 계층에 위치하면서 하위 계층의 파일 시스템을 추상화한다. 따라서 사용자 프로세스의 파일 접근을 위한 시스템 호출은 일차적으로 VFS에서 동일 형식으로 받아들인 후 하위 파일 시스템에 해당 루틴을 이차적으로 호출함으로써 사용자는 마치 동일 파일 시스템을 사용하고 있는 것처럼 한다. 예를 들어 Windows에서 생성된 파일 "/cdrom/test.c"를 Ext2 파일 시스템의 파일 "/tmp/test.c"로 복사할 경우, 파일 시스템과 상관없이 다음과 같이 일관된 명령어로 가능하다.

```
$ cp /cdrom/test.c /tmp/test.c
```

현재 시스템에서 사용이 가능한 파일 시스템 종류에 대한 정보는 "/proc/filesystems" 파일에 저장되어 있으며 다음과 같은 명령으로 확인할 수 있다.

```
$ cat /proc/filesystems
nodev       sysfs
nodev       tmpfs
nodev       proc
              :
      --- 중간 생략 ---
              :
             ext2
             ext3
             ext4
             vfat
 nodev       fuse
$
```

6.4.2 FAT 파일 시스템

FAT 파일 시스템은 초기 PC를 위한 MS-DOS에서 사용되었던 파일 시스템으로 오늘날 Windows의 FAT32와 동작 원리는 같은 구조이다. 여기에서는 파일 시스템의 개념 이해를 돕기 위하여 간단한 구조인 MS-DOS의 FAT 파일 시스템을 중심으로 동작 원리를 소개한다. FAT 파일 시스템은 기본적으로 그림 6.19와 같이 부트 섹터, FAT(File Allocation Table), 루트 디렉터리, 그리고 디렉터리 및 데이터 영역으로 구성되어 있다.

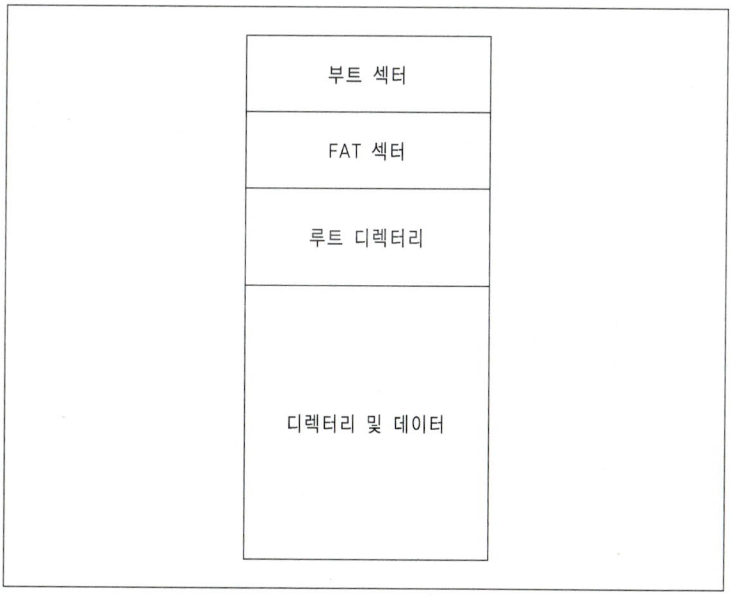

[그림 6.19] FAT 파일 시스템 구조

(1) 부트 섹터

부트 섹터(boot sector)는 파일 관리에 필요한 정보는 물론 시스템이 부팅될 때 운영체제를 디스크로부터 메모리에 적재시켜 주는 부트스트랩 루틴(bootstrap routine)을 포함하고 있으므로 "부트 섹터"라고 부른다. 부트 섹터에 존재하는 부트스트랩 루틴은 ROM-BIOS에 의해 적재된 후 실행된다. 부트 섹터의 정보는 디스크가 포맷될 때 〈표 6.1〉과 같이 설정되며 항상 디스크의 첫 번째 섹터에 존재한다.

부트 섹터 다음에는 MS-DOS에서 예약해 놓은 섹터들이 존재한다. 예를 들어 부트스트랩 루틴을 하나의 섹터에 저장할 수 없는 경우, DOS에서 예약해 놓은 섹터들을 연결하여 사용한다. 이에 대한 정보는 부트 섹터의 오프셋 0Eh에 기록되어 있다. 만약 부트 섹터가 하나의 섹터에 모두 저장될 수 있는 경우에는 부트 섹터의 오프셋 0Eh에 1이 기록되고 두 번째 섹터부터 FAT 섹터가 존재하게 된다.

〈표 6.1〉 부트 섹터 구조

오프셋	정 보	길 이
00h	부트스트랩 루틴으로 jump하는 명령어	3 바이트
03h	DOS 버전과 생산자 이름	8 바이트
0Bh	섹터 당 바이트 수	2 바이트
0Dh	클러스터 당 섹터 수	1 바이트
0Eh	DOS에서 예약된 섹터 수	2 바이트
10h	FAT의 개수	1 바이트
11h	루트 디렉터리의 엔트리 수	2 바이트
13h	전체 섹터 수	2 바이트
15h	디스크 타입에 대한 정보	1 바이트
16h	FAT에 사용되는 섹터 수	2 바이트
18h	트랙 당 섹터 수	2 바이트
1Ah	R/W 헤드의 개수	2 바이트
1Ch	숨겨진 섹터의 수	2 바이트
1Eh	부트스트랩 루틴의 시작 주소	?

(2) FAT 섹터

MS-DOS에서 새로운 파일을 생성하거나 기존의 파일을 확장하기 위한 디스크 공간 관리는 FAT(File Allocation Table)을 이용하여 이루어진다. FAT 섹터는 MS-DOS에서 예약해 놓은 섹터 바로 다음 섹터에 위치하는데 디스크에 존재하는 FAT의 수는 부트 섹터의 오프셋 10h에 기록되어 있다.

MS-DOS에서는 디스크 공간을 효율적으로 관리하기 위하여 몇 개의 연속된 섹터들을 하나의 클러스터(cluster)로 정의하여 디스크를 사용하는 최소 단위로 사용한다. 이에 대한 정보는 부트 섹터의 오프셋 0Dh에 기록되어 있다. FAT의 엔트리는 클러스터(cluster)와 1:1 관계이며 각 엔트리의 내용과 의미는 〈표 6.2〉와 같다.

〈표 6.2〉 FAT 엔트리 내용과 의미

내 용	의 미
0000h	사용되고 있지 않은 클러스터
FFF0h - FFF6h	MS-DOS에 의해 예약된 클러스너
FFF7h	고장 난 클러스터
FFF8h - FFFFh	파일에 할당된 마지막 클러스터
xxxxh	파일에 할당된 다음 번째 클러스터 번호

(3) 루트 디렉터리 섹터

루트 디렉터리는 FAT 바로 다음 섹터에 위치하는데 루트 디렉터리에 존재하는 엔트리 수는 부트 섹터의 오프셋 11h에 기록되어 있다. 디렉터리 엔트리의 크기는 32바이트이며 그 내용은 〈표 6.3〉과 같다.

디렉터리 엔트리의 처음 8바이트에 파일명이 기록되기 때문에 MS-DOS에서 파일명은 8자까지 유효하다. 만약 파일명이 8바이트보다 작을 경우는 파일명이 왼쪽에 기록되고 나머지 부분은 공백 문자로 채워진다. 또한, 파일명과 확장자 사이의 점('.')은 저장되지 않는다.

파일에 대한 속성은 1바이트로 표시되는데 각 비트의 의미는 〈표 6.4〉와 같으며 하나의 파일에 대한 속성은 각 비트의 조합으로 나타난다.

〈표 6.3〉 디렉터리 엔트리 구조

오프셋	정 보	길 이
00h	파일 이름	8 바이트
08h	확장자 이름	3 바이트
0Bh	파일 속성(attribute)	1 바이트
0Ch	사용되지 않음	10 바이트
16h	변경된 시간	2 바이트
18h	변경된 날짜	2 바이트
1Ah	파일이 저장된 첫 번째 클러스터 번호	2 바이트
1Ch	파일 크기	4 바이트

〈표 6.4 속성 바이트 구조〉

비 트	의 미
0	1 = 읽기 전용(read only) 0 = 읽기/쓰기(read/write)
1	1 = 파일명 숨기기(hidden file)
2	1 = 시스템 파일(system file)
3	1 = 볼륨 이름(volume name)
4	1 = 디렉터리(directory)
5	아카이브 비트(Archive bit)
6-7	사용하지 않음

(4) 디렉터리 및 데이터 영역

데이터 영역은 루트 디렉터리 바로 다음 섹터부터 나머지 섹터에 해당하며 사용자의 프로그램 혹은 데이터와 서브 디렉터리를 저장하는 데 사용한다.

예를 들어 MS-DOS의 파일 시스템에 "/MSDOS.SYS" 파일이 클러스터 번호 2부터 저장되어 있다고 가정할 경우, FAT와 루트 디렉터리의 관계는 그림 6.20과 같다. 그림 6.20과 같은 상황에서 "/MSDOS.SYS" 파일 접근하는 과정은 다음과 같다.

① 루트 디렉터리를 검색하여 파일명을 확인한다.
② 파일명에 해당한 첫 번째 클러스터 번호(02)를 찾는다.
③ FAT 엔트리(02)로부터 다음 클러스터의 번호(03)를 찾는다.
④ 같은 방법으로 마지막 클러스터 번호(1E)까지 찾아간다.

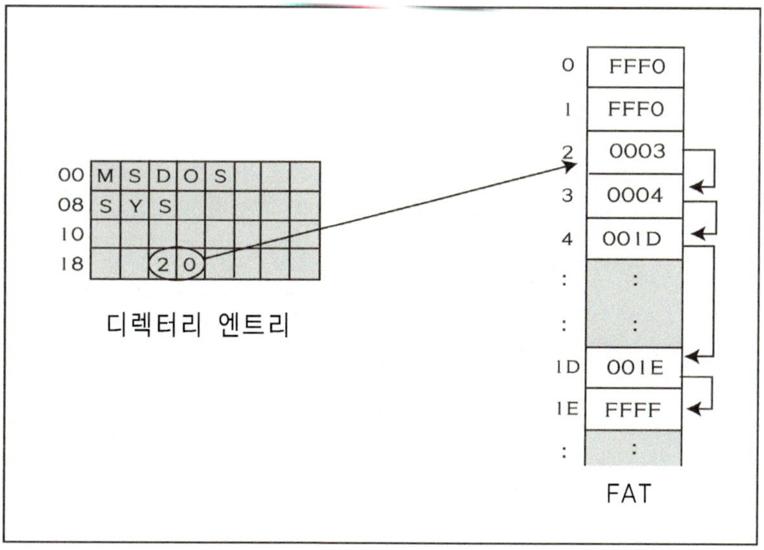

[그림 6.20] 디렉터리와 FAT 관계

이처럼 FAT 파일 시스템에서는 파일 관리에 필요한 정보를 FAT에 유지 관리한다. 새로운 파일을 생성할 경우, FAT를 검색하여 빈 클러스터를 할당하고 다음 클러스터 번호를 연결한다. 파일 공간 관리는 연결 리스트 기법으로 이루어진다. 한편, 파일을 삭제할 경우, 디렉터리 엔트리의 파일명의 첫 번째 바이트를 단순히 "E5h"로 변경한다. 이러한 정보를 이용하면 삭제된 파일의 복구가 가능하다.

6.4.3 Ext2 파일 시스템

리눅스 시스템의 기본 파일 시스템은 Ext2, Ext3, Ext4이다. 초기의 리눅스 시스템은 UFS(Unix File System)를 기본으로 개발된 Ext2(Second Extended) 파일 시스템을 사용하였다. 오늘날에는 데이터 복구를 위한 저널링(journaling) 기능이 추가된 Ext3와 대용량 데이터를 지원하는 Ext4 파일 시스템들이 많이 사용되고 있으며 이들은 호환성을 유지하고 있다. 여기에서는 앞에서 살펴본 파일 시스템의 기본개념과 기법들의 이해를 돕기 위하여 간단한 구조인 Ext2 파일 시스템을 중심으로 소개한다.

Ext2 파일 시스템의 구조는 그림 6.21과 같이 부트 블록과 여러 개의 블록 그룹(block group)으로 구성되어 있다. 각각의 블록 그룹은 슈퍼블록, 그룹 디스크립터 블록, 블록 비트 맵 블록, I-노드 비트 맵 블록, I-노드 블록, 그리고 디렉터리 및 데이터 블록으로 구성된다. 각 블록은 파일 관리에 필요한 정보를 저장하는 것과 사용자가 지정한 파일명 및 데이터를 저장하는 것으로 구분할 수 있다. 각 블록에 저장된 주요 정보들과 이 정보들은 이용한 파일 접근 과정에 대하여 알아본다.

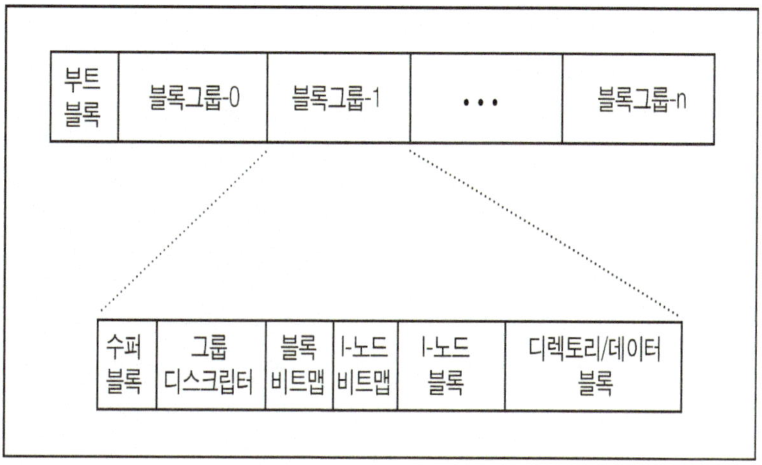

[그림 6.21] Ext2 파일 시스템 구조

(1) 부트 블록 [N Blocks]

부트 블록(boot block)은 디스크의 첫 번째 블록에 위치하며 시스템이 부팅될 때 리눅스 커널을 디스크로부터 메모리에 적재시켜 주는 부트스트랩 루틴(bootstrap routine)을 포함하고 있으므로 "부트 블록"이라고 부른다.

(2) 슈퍼블록 [1 Block]

슈퍼블록(super block)은 디스크의 두 번째 블록에 위치하며 디스크의 빈 공간 관리와 할당 정책에 관련된 다음과 같은 중요한 정보를 가지고 있다.

- 총 I-노드 수 및 사용 가능 I-노드 수
- 총 블록 개수 및 사용 가능 블록 리스트
- 블록 크기(1KB, 2KB, 4KB)
- 그룹당 I-노드 및 블록 수

- 파일 시스템 상태
- 생성한 운영체제
- 파일 시스템이 마지막으로 갱신된 날짜 및 시간

이러한 정보들의 초깃값은 파일 시스템을 만들 때 시스템 관리자에 의해 설정되며 파일생성 및 삭제 과정에서 파일 시스템에 의하여 갱신된다. 새로운 파일을 생성할 경우, 사용이 가능한 디스크 블록을 빠르게 검색하기 위하여 슈퍼블록의 내용은 부팅 시 메모리에 복사하여 유지한다. 또한, 메모리에 존재하는 슈퍼블록의 내용이 변경되면 그 내용과 갱신된 날짜 및 시간을 주기적으로 디스크에 복사하여 디스크의 내용과 일치하도록 한다.

(3) 그룹 디스크립터 블록 [N Blocks]

그룹 디스크립터(group descriptor) 블록은 각 블록 그룹을 관리하는 정보로써 다음과 같은 내용을 가지고 있다.

- 블록 비트 맵 불록 번호
- I-노드 비트 맵 블록 번호
- I-노드 테이블 블록 번호
- 빈 불록 수
- 빈 I-노드 수
- 디렉터리 수

(4) 블록 혹은 I-노드 비트 맵 블록 [1 Block]

블록 혹은 I-노드 비트 맵(bit map) 블록은 데이터 혹은 I-노드를 할당할 때 빈 공간을 찾기 위하여 블록 혹은 I-노드가 할당된 상태를 비트 단위로 표시한다. 즉 비트 값이 0이면 블록 혹은 I-노드가 할당되지 않았음을 의미하고 1이면 블록 혹은 I-노드가 할당되어 사용되고 있음을 의미한다. 블록 혹은 I-노드 비트 맵은 각각 한 개의 블록을 사용하기 때문에 블록 크기에 따라 표시할 수 있는 블록 혹은 I-노드의 개수가 결정된다.

(5) I-노드 블록 [N Blocks]

리눅스에서는 각 파일에 대한 정보를 저장하기 위하여 I-노드(Index Node)라 일컫는 자료구조를 사용한다. 파일 시스템에 존재하는 각 파일은 하나의 I-노드를 갖고 있으며 I-노드마다 고유의 번호가 할당된다. I-노드 번호는 1부터 시작되며 루트 디렉터리 파일의 I-노드 번호는 2번으로 예약되어 있다. I-노드 블록은 여러 개의 블록으로 구성되고 다음과 같은 내용을 가지고 있다. 리눅스에서는 여러 가지 종류의 파일이 있으며 입출력 장치도 파일로 취급한다.

- 파일 종류(일반 파일, 디렉터리 파일, 장치 파일 등)
- 파일 링크 수
- 파일 소유자
- 파일 크기
- 파일이 저장된 블록 주소([15] * 4B)
- 접근모드 및 시간

파일에 대한 모든 정보를 가지고 있는 I-노드는 디스크에 존재하기 때문에 보통 "디스크 I-노드(disk i-node)"라고도 부른다. I-노드의 크기는 128B로 같으며 여러 개의 I-노드들이 배열구조로 저장되어 있다. 따라서 블록 크기가 1KB일 경우 블록당 8개의 I-노드가 존재할 수 있다.

한편, 어떤 파일 접근을 위해서는 그 파일에 해당하는 정보를 빠르게 검색해야 하므로 디스크 I-노드의 내용을 메모리에 복사하여 사용한다. 이것을 "디스크 I-노드"와 구별하여 "메모리에 존재하는 I-노드(in-core i-node)"라고 부른다. 결국, I-노드의 내용은 디스크와 커널 내부의 자료구조로써 메모리에도 존재한다. 그러나 그 내용이 항상 같지는 않다는 점을 유의하여야 한다. 따라서 커널 내부의 내용을 디스크에 갱신시킬 필요가 있다.

I-노드의 중요한 정보 중의 하나는 해당 파일의 데이터가 존재하는 디스크의 블록 주소이다. 디스크의 블록 주소를 지정하기 위한 엔트리 수는 15개이며 각 엔트리의 값은 그림 6.22와 같은 의미를 나타낸다.

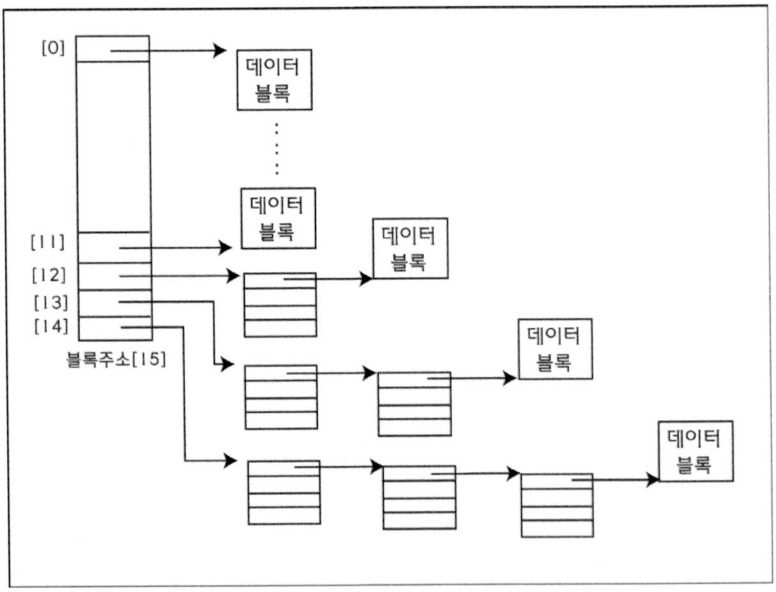

[그림 6.22] 데이터 블록 할당

즉 처음 12개의 엔트리([0] .. [11])는 직접 데이터 블록을 가리키며 나머지 3개의 엔트리([12], [13], [14])는 간접(indirect), 이중 간접(double indirect), 삼중 간접(triple indirect)으로 데이터 블록을 가리킨다. 따라서 삼중 간접에 의해 지정된 데이터 접근을 위해서는 실제 데이터 블록의 주소를 검색하기 위하여 세 번의 디스크 블록을 검색해야 하는 오버헤드가 있다. 그러나 이러한 디스크 블록 할당 정책은 I-노드의 크기를 작게 유지하면서 매우 큰 크기의 파일을 지원할 수 있는 장점이 있다.

예를 들어 블록 크기가 1KB이고 블록 주소를 4B로 표현할 경우, 블록당 256개의 블록 주소를 지정할 수 있다. 이 경우 (12 + 256 + 256*256 + 256*256*256) * 1KB ≒ 16GB 크기의 파일 지원이 가능하다.

(6) 디렉터리/데이터 블록 [N Blocks]

I-노드 블록의 다음 블록에서부터 나머지 블록들은 일반 파일의 데이터 혹은 디렉터리 파일의 내용이 저장된다. 저장된 내용이 일반 파일인지 디렉터리 파일인지에 대한 구별은 이 블록을 지정하고 있는 I-노드에 저장된 파일 종류에 의해 이루어진다.

디렉터리 블록의 구조는 그림 6.23과 같이 I-노드 번호와 파일명의 길이, 그리고 파일명으로 구성되며 사용자에 의해 주어진 파일명에 해당하는 I-노드 번호를 검색하는 데 이용된다.

변위	I-노드 번호 (4바이트)	레코드 길이 (2바이트)	파일명 길이 (2바이트)	파일명 (최대 255바이트)
0	2	12	1	.
12	2	12	2	..
24	12	12	3	etc
36	13	12	3	bin
48	14	12	3	dev

[그림 6.23] 디렉터리 블록 구조

그림 6.23에서 "."과 ".."은 현재 디렉터리와 부모 디렉터리를 각각 의미하며 둘 다 I-노드 번호가 2번이므로 루트 디렉터리임을 알 수 있다. 따라서 루트 디렉터리 파일에 관한 정보는 2번 I-노드에 기록되어 있다. 예를 들어 "/etc/passwd" 파일명에 해당하는 블록 주소를 찾아가는 과정은 다음과 같다.

① 2번 I-노드로부터 "루트(/)" 디렉터리 파일이 저장된 블록 주소(예:200)를 얻는다.
② 루트 디렉터리 블록에서 "etc" 에 해당한 I-노드 번호(예:12)를 얻는다.
③ 12번 I-노드로부터 "etc" 디렉터리가 저장된 블록 주소(예:215)를 얻는다.
④ 블록 주소(215)에서 "passwd" 에 해당한 I-노드 번호(예:20)를 얻는다.
⑤ 20번 I-노드로부터 "passwd" 파일이 저장된 블록 주소(예:250)를 얻는다.

이처럼 Ext2 파일 시스템에서는 파일 관리에 필요한 정보를 I-노드에 유지 관리한다. 파일명에 해당하는 I-노드 번호 정보는 디렉터리 블록을 검색해야 하고, 파일에 할당된 공간은 I-노드에서 직접 혹은 간접으로 검색해야 한다. 한편, 새로운 파일을 생성할 경우, I-노드 비트 맵 블록에서 빈 I-노드를 검색하여 할당하고, 블록 비트 맵 블록에서 빈 블록을 검색하여 할당한다. 따라서 파일 공간 관리는 비트 맵 기법과 직접 및 간접으로 지정하는 혼용 기법으로 이루어지고 있음을 확인할 수 있다.

연습문제

1. 파일 시스템은 일반 사용자가 가장 가깝게 접하는 운영체제의 구성요소이다. 파일 시스템의 고유 기능과 사용자의 편의성을 제공하기 위하여 고려해야 할 사항에 대하여 설명하시오.

2. 파일 시스템은 기본적으로 디렉터리(directory)와 데이터 영역으로 구성된다. 디렉터리 구조가 파일 시스템에 미치는 영향에 대하여 설명하시오.

3. 파일을 구성하는 여러 개의 레코드는 논리적으로 연속이지만 반드시 물리적으로 연속 구조는 아니다. 이러한 블록 접근하는 방법에 대하여 설명하시오.

4. 파일을 보호해야 할 필요성과 보호 기법들에 대하여 설명하시오.

5. 파일의 내용을 저장하기 위한 보조 기억장치의 빈 공간 관리 기법들을 설명하시오.

6. 파일 시스템의 디렉터리 구조는 파일을 저장하기 위한 보조 기억장치의 빈 공간을 할당하는 방법에 의존하게 된다. 다음의 빈 공간 할당 기법에 대한 디렉터리 구조를 설명하시오.

   (1) 연속 할당
   (2) 연결 리스트(linked list)를 이용한 불연속 할당

(3) 색인 블록(indexed block)을 이용한 불연속 할당

7. 이동 및 고정 헤드 디스크에 대한 디스크 접근 시간의 구성요소를 기술하고, 디스크 접근 시간을 개선하기 위하여 운영체제에서 고려해야 할 사항에 대하여 설명하시오.

8. 디스크 인터리빙(interleaving)의 개념과 그 필요성에 대하여 설명하시오.

9. 현재 디스크 헤드가 트랙 번호 58번에 위치하는 데 트랙 번호 36, 64, 24, 86, 122, 12에 해당하는 순서로 블록 요청이 발생하여 큐에서 기다리고 있다고 가정하자. 다음과 같은 디스크 스케줄링 알고리즘으로 접근할 때 디스크 헤드의 이동 상태를 설명하시오.

(1) 선입 선처리(FCFS: First-Come First-Served)
(2) 최소 탐색 시간 우선(SSTF: Shortest Seek Time First)
(3) C-SCAN(Circular SCAN)
(4) C-LOOK(Circular LOOK)

10. 리눅스 파일 가상 파일 시스템에서 특정 파일 시스템들에 대해 사용자 투명성을 제공하는 방법에 대하여 설명하시오.

11. FAT 파일 시스템에서 FAT(File Allocation Table)의 역할과 디렉터리와 관계를 설명하시오.

12. 리눅스 파일 시스템에서 i-노드 블록의 역할과 디렉터리와 관계를 설명하시오.

개념 이해를 위한 운영체제

부록 1 VI 편집기 명령어

(1) 입력 모드로 변환

명령어	의 미
i[소문자]	현재 문자 위치의 앞에서 입력 개시
I[대문자]	현재 행의 맨 앞에서 입력 개시
a	현재 문자 위치의 다음부터 입력 개시
A	현재 행의 끝에서 입력 개시
o	현재 행의 아래에 빈 줄을 넣고 입력 개시
O	현재 행의 위에 빈 줄을 넣고 입력 개시

(2) 커서 이동

명령어	의 미
h	왼쪽으로 이동
j	아래로 이동
k	위로 이동
l	오른쪽으로 이동
^	현재 행의 맨 앞으로 이동
$	현재 행의 맨 끝으로 이동
Ctrl+F	한 페이지 전방으로 이동
Ctrl+B	한 페이지 후방으로 이동

(3) 삭제 및 복사

명령어	의 미
x	커서 위치의 1문자 삭제
X	커서 위치의 왼쪽 1문자 삭제
dd	커서 위치의 한 줄 삭제
d$	커서 위치에서 행 끝까지 삭제
d^	커서 위치에서 행 시작까지 삭제
yy	현재 행 복사
p	복사된 행 붙이기

(4) 문자열 검색 및 치환

명령어	의 미
/string	파일의 후방으로 검색
?string	파일의 전방으로 검색
n	동일 검색 반복
:s/string1/string2	현재 행에서 string1을 string2로 치환
:%s/string1/string2^	모든 행에서 string1을 string2로 치환
:10,20s/string1/string2^	10행부터 20행까지 string1을 string2로 치환
:.,$s/string1/string2^	현재 행부터 끝까지 string1을 string2로 치환

(5) 파일 저장 및 종료

명령어	의 미
:w	파일 저장
:wq	파일 저장 및 종료
:q!	파일을 저장하지 않고 종료
:set nu	줄 번호 붙이기
:e filename	지정한 파일 열기
:r filename	지정한 파일 삽입
:w filename	지정한 파일로 저장

개념 이해를 위한 운영체제

부록 2 리눅스 기본 명령어

1. 파일 목록 보기 - ls

형식

```
ls [옵션]
```

옵 션	기 능
-a	디렉터리 내의 모든 파일 출력
-l	파일 정보(파일 종류, 접근모드, 크기 등)를 표시
-s	블록 단위로 파일 크기 표시
-t	최근의 파일부터 출력
-c	파일 최근 변경 시간에 따라 정렬해서 출력
--color	파일 종류에 따라 색상 표시
-R	현재 작업 디렉터리와 하위 디렉터리 모두 출력
--help	도움말

2. 파일 복사 - cp

형식 :

```
cp [옵션] 원본 파일 대상 파일
cp [옵션] 원본 디렉터리 대상 디렉터리
```

옵 션	기 능
-a	원본 파일의 속성, 링크 정보들을 유지하면서 복사
-b	복사할 대상을 덮어쓰거나 지울 때를 대비하여 백업 파일 만듦
-d	심볼릭 파일 자체를 심볼릭 정보와 함께 복사할 때
-f	복사할 파일이 존재할 때 삭제하고 복사
-i	복사할 파일 존재하는 경우 복사할 것인지 물음
-l	디렉터리가 아닌 경우 복사 대신 하드 링크로 만듦
-p	원본 파일의 소유, 그룹, 권한, 허용 시간을 보존할 채로 복사
-r	서브 디렉터리 내에 있는 모든 파일까지 통째로 복사
-s	디렉터리가 아닌 경우 복사 대신 심볼릭 링크로 만듦
-u	대상 파일보다 원본 파일이 새로운 것일 때 복사

3. 파일 삭제 - rm

형식

```
rm [옵션] 파일명
```

옵 션	기 능
-d	디렉터리 삭제
-f	삭제할 것인가를 메시지 없이 강제 삭제
-i	삭제 시 삭제할 것인지 물음
-r	하위 디렉터리를 포함한 파일들을 모두 삭제
-v	삭제되기 전의 파일들을 보여줌

4. 디렉터리 변경 - cd

형식

```
cd 상대경로 [절대 경로]
```

형 식	기 능
.	점 한 개는 현재 디렉터리 위치를 의미
..	점 두 개는 현 위치의 상위 디렉터리를 의미
~	홈 디렉터리 위치를 의미

5. 디렉터리 생성 - mkdir

형식

```
mkdir [옵션] 생성할 디렉터리 (복수 지정 가능)
```

옵 션	기 능
-p	지정한 하위 디렉터리까지 한 번에 생성

6. 디렉터리 삭제 - rmdir

형식

```
rmdir [옵션] 삭제할 디렉터리(복수 지정 가능)
```

옵 션	기 능
-p	지정한 하위 디렉터리까지 한 번에 삭제

7. 파일 옮기기 - mv

형식

```
mv [옵션] '원본 파일' '대상 파일'
```

옵 션	기 능
-b	파일이 지워지기 전에 백업 파일을 만듦
-f	대상 파일이 있더라도 파일을 강제로 삭제
-i	대상 파일이 있는 경우 덮어쓸 것인가 물어봄
-u	대상 파일보다 원본 파일이 최신 것일 때 업그레이드
-v	파일 옮기기 전 과정을 보여 줌

8. 파일 내용 확인 - cat

형식

```
cat [옵션]
```

옵 션	기 능
-e	-vE 옵션과 같음
-b	공백 라인을 제외한 모든 라인에 행 번호를 붙임
-n	출력되는 파일 내용에 대해서 번호 매김
-t	-vT 옵션과 같음
-v	LFD와 TAB를 제외한 컨트롤 문자 출력
-E	각 라인 끝에 '$' 표시
-T	'^I'로 TAB 문자를 표시

9. 프로세스 상태 확인 - ps, pstree

ps

형식 :

```
ps [옵션]
```

옵 션	기 능
l	긴 포맷으로 출력
u	실행한 유저와 실행 시간을 표시
j	"job" 형식으로 표시
s	시그널(signal) 포맷으로 표시
m	메모리 정보 표시
a	다른 유저의 프로세스 현황 표시
x	터미널 제어 없이 프로세스 현황 표시

pstree

형식 :

```
pstree [옵션] [pid | user]
```

옵 션	기 능
a	명령행에서 지정한 인수가 있다면, 명령어 라인 인수까지 보여줌
c	기본값은 동일 트리 내의 같은 프로세스를 하나의 프로세스만 보여주고 해당 프로세스의 개수를 나타내는데, 같은 프로세스를 모두 표시
G	트리 형태를 보기 좋게 VT100 형태로 표시
h	현재 프로세스와 부모 프로세스를 하이라이트로 표시
H pid	pid로 지정된 프로세스와 부모 프로세스를 하이라이트로 표시
l	긴 라인을 모두 표시
n	PID를 기준으로 정렬하여 표시
p	PID까지 표시
u	UID를 표시
U	UTF-8(Unicode) 형태로 표시
V	버전 정보 출력
pid	지정한 pid를 출력
user	지정한 사용자의 프로세스만 출력

10. 파일 묶기와 압축 및 해제 - tar, gzip, bzip2

tar

형식 :

```
tar [옵션] [묶음파일명] [7파일 또는 디렉터리]
```

옵 션	설 명
-c	여러 개의 파일을 하나의 파일로 묶을 때 사용
-d	묶음 파일(.tar)과 해당 파일 시스템 간의 차이점을 확인하고자 할 때 사용
-r	묶음 파일(.tar)에 파일을 추가할 경우 사용
-t	묶음 파일(.tar)의 내용을 확인하고자 할 때 사용
-f	묶은 파일(.tar)을 사용할 때 반드시 사용
-p	묶음 파일(.tar)을 생성할 때 원본 파일의 퍼미션을 그대로 유지 시킴
-v	진행되는 과정을 보여줌
-Z	compress로 압축이나 해제할 수 있는 옵션
-z	gzip로 압축이나 해제할 수 있는 옵션

gzip & gunzip

형식 :

```
gzip [옵션] [압축파일]
```

옵 션	설 명
-d	압축해제
*	현재 디렉터리 내 모든 파일을 한 번에 각각 압축, 기존 파일 삭제 gz 파일만 남김
-f	강제 압축하기
-l	압축 효율 확인 예) gunzip -r 디렉터리명
-S	임의 확장자 지정 예) gzip -S .zip textfile.txt
-r	특정 디렉터리를 내 모든 파일을 압축

bzip2

형식

bzip2 [옵션] [압축 후의 파일명] [압축할 파일 또는 디렉터리]

옵 션	설 명
*	여러 개 파일을 동시에 압축 및 해제
-f	동일 압축파일이 존재하면 덮어씀
-d	압축해제

〈개정7판〉 개념 이해를 위한 운영체제

1판 1쇄 발행 2006년 02월 20일
개정판 10쇄 발행 2024년 02월 01일
저 자 임성락, 정원일
발 행 인 이범만
발 행 처 21세기사 (제406-2004-00015호)
경기도 파주시 산남로 72-16 (10882)
Tel. 031-942-7861 Fax. 031-942-7864
E-mail : 21cbook@naver.com
ISBN 978-89-8468-243-6

정가 20,000원